LOS
CUSTODIOS
DE LA VERDAD

Si este libro le ha interesado y desea que lo mantengamos
informado de nuestras publicaciones, escríbanos indicándo-
nos qué temas son de su interés (Astrología, Autoayuda,
Naturismo, Nuevas terapias, Espiritualidad, Tradición,
Qigong, PNL, Psicología práctica, Tarot...) y gustosamente
lo complaceremos.

Puede contactar con nosotros en
comunicacion@editorialsirio.com

Título original: CUSTODIANS OF TRUTH
Traducido del inglés por José Vergara Varas
Diseño de portada: Editorial Sirio, S.A.

© de la edición original
2005, Tim Wallace-Murphy y Marilyn Hopkins

Publicado inicialmente por Red Wheel / Weiser,
Newburyport, MA
USA

© de la presente edición

EDITORIAL SIRIO, S.A.	EDITORIAL SIRIO	ED. SIRIO ARGENTINA
C/ Panaderos, 14	Nirvana Libros S.A. de C.V.	C/ Paracas 59
29005-Málaga	Camino a Minas, 501	1275- Capital Federal
España	Bodega nº 8 , Col. Arvide	Buenos Aires
	Del.: Alvaro Obregón	(Argentina)
	México D.F., 01280	

www.editorialsirio.com
E-Mail: sirio@editorialsirio.com

I.S.B.N.: 978-84-7808-607-8
Depósito Legal: B-4.982-2009

Impreso en los talleres gráficos de Romanya/Valls
Verdaguer 1, 08786-Capellades (Barcelona)

Printed in Spain

TIM WALLACE-MURPHY
MARILYN HOPKINS

LOS
CUSTODIOS
DE LA VERDAD

editorial Sirio, s.a.

Conferencia de Tim Wallace-Murphy sobre los Caballeros Templarios en Castello Visconti, Somma Lombardo, Varese (al fondo: escudo de armas de los Visconti)

Con el mayor respeto dedicamos este libro a un hombre cálido y maravilloso, cuyo apoyo a nuestro trabajo ha sido crucial: nuestro hermano espiritual Pat Sibille, que trasladó su residencia de Louisiana a Aberdeen.

AGRADECIMIENTOS

Ningún trabajo de estas características se puede realizar sin la ayuda, el aliento y el apoyo de un gran número de personas. Si bien la responsabilidad de este libro corresponde íntegramente a los autores, queremos agradecer la ayuda de Stuart Beattie, del Rosslyn Chapel Trust; Richard Beaumont, de Staverton, Devon; Lawrence Bloom, de Londres; Andy Boracci, de Sag Harbor, Nueva York; Robert Brydon, de Edimburgo; Richard Buades, de Marsella; Nicole Dawe, de Okehampton; la baronesa Edni di Pauli, de Londres; William y Heather Elmhirst, de Dartington; Jean Michel Garnier, de Chartres; Michael Halsey, de Auchterarder; Guy Jourdan, de Bargemon: Patrick Keane, de Paignton; Georges Keiss, del Centre d'Etudes et de Recherches Templière, Campagne-sur-Aude; Robert Lomas, de Bradford; Michael Monkton, de Buckingham; el doctor Hugh Montgomery, de Somerset; James Mackay Munro, de Penicuick; Andrew Pattison, de Edimburgo; Stella Pates, de Ottery St Mary; Alan Pearson, de Rennes-les-Bains; David Pyckett, de Burton-on-Trent; Amy Ralston, de Staverton, Devon; Víctor Rosati, de Totnes; Pat Sibille, de Aberdeen; Niven Sinclair, de Londres; el príncipe Michael, de Albania; y en último lugar, aunque no por ello menos importantes, Michael Kerber, Michael Conlon y Kate Hartke, así como a todos los que trabajan en RedWheel/Weiser.

Introducción

En 1994, Tim acababa de finalizar una conferencia sobre la capilla Rosslyn cuando un hombre de mediana edad se acercó a él. Era inglés y se presentó como Michael. Ambos conversaron animadamente sobre el simbolismo esotérico, una cuestión sobre la cual esta persona reveló tener un gran dominio. Al preguntarle cómo había llegado a tener tantos conocimientos sobre el tema, Michael respondió: «Gracias a las tradiciones secretas de mi familia, preservadas durante más de dos mil años». Intrigado por sus palabras, Tim continuó haciéndole preguntas. Según afirmó Michael –y más tarde tuvo ocasión de demostrarlo– era un descendiente directo de la familia de Hugo de Payen, uno de los fundadores de los Caballeros Templarios y el primer Gran Maestro de la orden. Tim y Michael volvieron a reunirse durante varias semanas y en el curso de sus conversaciones surgió la siguiente historia.

En 1982, Henry Lincoln, Michael Baigent y Richard Leigh publicaron por primera vez *The Holy Blood and the Holy Grail*,[1] libro que despertó la ira de muchos cristianos de diversa índole, pues afirmaba que Jesús se había casado y había fundado una dinastía. A pesar de que la mayoría de los lectores aceptaron las investigaciones de Lincoln sin cuestionarlas, hubo quienes las sometieron a un minucioso análisis y los resultados fueron devastadores. Un programa televisivo de la BBC, *The History of a Mistery*,[2] condenó el libro afirmando que se trataba de una mera combinación de hechos reales y fantasías, y considerándolo una simple patraña. En un intento por refutar esta herejía, la teóloga americana Margaret Starbird tuvo la valentía de escribir un libro en el que confirmaba el casamiento de Jesús.[3] Posteriormente, hubo varias personas que se ocuparon de investigar la dinastía de Jesús hasta nuestros días.[4]

Cuando Michael leyó *The Holy Blood and the Holy Grail* sintió un gran alivio, pues consideró que el libro lo liberaba del juramento sagrado de guardar el secreto familiar. Él afirmaba formar parte del grupo de familias elegidas que se habían diseminado por el mundo, cuyas tradiciones las identifican como descendientes de las familias reales de los hasmoneos y davídicos del Israel bíblico, así como también de las veinticuatro familias que constituían el linaje de los sumos sacerdotes del Templo de Jerusalén en la época de Jesús. En el seno de las familias esta tradición se transmitía a través del primogénito o, en algunos casos, del hijo que demostrara tener el nivel superior de conciencia espiritual. Los niños elegidos para difundir esta tradición recibían una educación esmerada. Por si se diese el caso de que llegaran a desvelar su secreto a algún extraño, estaban obligados a comprometerse con el siguiente juramento: «Que mi corazón sea desgarrado o cortada mi garganta». Con la publicación de *The Holy Blood and the Holy Grail*, Michael se sintió autorizado a compartir su secreto.

Las genealogías de las familias del relato de Michael, que llegaron a ser conocidas como *Rex Deus*, estaban originalmente inscritas en los muros de unas cámaras subterráneas situadas bajo el Templo de Jerusalén. Después de su destrucción, las familias *Rex Deus* emigraron a diversos destinos, pero permanecieron siempre unidas por el juramento sagrado de mantener viva su tradición. Cada una de ellas había asumido el compromiso de conservar un registro genealógico exacto de generación en generación. También estaban vinculadas por la sagrada obligación de restringir sus alianzas matrimoniales a otros miembros del grupo familiar, a la manera de los sacerdotes Cohen de la antigua Israel.

Aunque la historia de Michael resultaba algo extravagante, él parecía una persona sensata, equilibrada y sincera. Tim decidió investigar sus afirmaciones ya que, en caso de ser verídicas, podrían explicar muchos de los enigmas de la historia medieval; podrían incluso ayudar a desentrañar algunos enigmáticos episodios de esa época y a aclarar los vínculos existentes entre los distintos brotes de herejía que se produjeron en diferentes regiones de Europa.

El relato de Michael era fascinante. Sostenía que antes de la época de Jesús, el Templo de Jerusalén albergaba dos internados gobernados por altos sacerdotes, uno para niñas y otro para niños. Los graduados masculinos estaban destinados a convertirse en sumos sacerdotes, rabinos o líderes de Israel. Los alumnos de ambas escuelas procedían de la tribu de Leví, el sacerdocio hereditario de la época bíblica. Los veinticuatro *ma'madot* o altos sacerdotes que enseñaban en las escuelas del templo eran los guías de la religión judía, las únicas personas a las que se permitía entrar en el sanctasanctórum del templo y que podían situarse en sus escalones siguiendo un orden jerárquico ascendente durante la celebración de los actos ceremoniales. Se les llamaba ritualmente según su rango, por ejemplo: Melchizadek, Miguel y Gabriel.

Estas escuelas poco conocidas tenían extrañas tradiciones. Los sumos sacerdotes no sólo eran responsables de la administración y de la enseñanza; también tenían que fecundar a las discípulas cuando llegaban a la pubertad. Una vez que las niñas concebían, se las desposaba con integrantes de las familias líderes de Israel. Los niños nacidos de estas uniones rituales eran enviados a la escuela del templo a la edad de siete años para iniciar su educación. De este modo se preservaba la naturaleza hereditaria del alto sacerdocio y se garantizaba que los linajes sagrados permanecieran puros e inmaculados.

Una de las alumnas del templo fue Miriam, conocida históricamente como María, hija de una antigua discípula llamada Ana. El alto sacerdote Gabriel fecundó a María, y su matrimonio fue convenido en cuanto se confirmó que se encontraba en estado de gestación.

María rechazó al primer hombre elegido para ella y finalmente aceptó a un joven descendiente de David, José de Tiro, cuyo antecesor había sido Hiram de Tiro, conocido por la leyenda masónica como Hiram Abif. En la tradición cristiana este joven acaudalado y poderoso es denominado san José. El niño concebido por la unión de Miriam y el sacerdote Gabriel fue Jesús, quien, tras pasar los años de su primera infancia en Egipto, regresó a Jerusalén y asistió a la escuela del templo.

No obstante, tanto en los archivos históricos como en la narración de Michael existen ciertas omisiones. De hecho, tras relatar los acontecimientos de la época de Jesús, Michael pasó abruptamente a ocuparse de otros hechos que tuvieron lugar en el siglo IV de la era cristiana, época en que los miembros de las familias *Rex Deus* consideraron que ya era seguro regresar a Jerusalén y enterrar el cuerpo del Mesías en el único lugar en el que a nadie se le ocurriría buscarlo: el monte del Templo, un sitio considerado inviolable en la tradición judía, en el que estaba prohibido dar sepultura y que, por estos motivos, garantizaba la conservación del cuerpo del Mesías. Resulta difícil comprender cuál pudo haber sido la causa que impulsó a las familias que descendían de la rama más ortodoxa del judaísmo a contravenir la prohibición de enterramiento en el monte del Templo.

Después del siglo IV, las familias *Rex Deus* siguieron viviendo en Europa occidental. Sus tradiciones ordenaban a sus miembros que simularan profesar la religión imperante en la época y en la cultura en las que vivían, aunque en la intimidad continuaban comprometidos por su juramento a seguir el «verdadero camino.»

Con una gran serenidad, Michael le confesó a Tim que él era uno de los descendientes de Hugo de Payen y que por esta razón, sumada a los matrimonios endogámicos, su familia había heredado un contencioso legal en Inglaterra hasta tiempos muy recientes. Mencionó las conexiones de *Rex Deus* con ciertas importantes familias de Bizancio, el Imperio romano oriental fundado por Constantino el Grande en el año 330 de nuestra era. También describió detalladamente el simbolismo empleado por este grupo secreto, destacando que sus colores heráldicos eran el verde y el dorado.

Basándose en estas conversaciones, Tim elaboró una «hipótesis *Rex Deus*» que más adelante verificó examinando los archivos históricos de la era medieval. La nueva hipótesis dio una serie de explicaciones para algunos enigmas que hubiera sido imposible desentrañar de otra manera. Por ejemplo, ¿por qué se fundó la orden de los Caballeros Templarios sólo después de que el rey Balduino II accediera al trono de Jerusalén?, ¿cómo sabían cuál era el sitio exacto del monte del Templo donde debían cavar?, ¿por qué ciertas familias parecían tejer una intrincada red de alianzas políticas y matrimoniales en toda Europa, hecho que considerado

Estatua de María y Jesús (o acaso la Magdalena y el Niño), Rennes-le-Chateau

Estatua de José y el niño Jesús (o quizás Jesús y el Niño), Rennes-le-Chateau

a la luz de otros criterios desafiaba la lógica y el sentido común? La tradición de *Rex Deus* no sólo proporcionó respuestas esenciales para algunas de estas incógnitas, sino que también señaló el camino hacia pruebas documentales de ciertos episodios del pasado que, de otro modo, hubieran permanecido oscuros.

Después de muchos años de investigación y de varias entrevistas con Michael, escribimos el libro *Rex Deus* apelando a nuestro conocimiento de la historia europea y bíblica para completar las lagunas de sus relatos. Para nuestra sorpresa, los acontecimientos que a priori consideramos más difíciles de demostrar, como la existencia de las escuelas vinculadas al Templo de Jerusalén y la presencia de María en el sector femenino, fueron los más fáciles de corroborar. El libro fue acabado y publicado en marzo del 2000.

Algunas semanas después de su publicación, recibimos una carta escrita en un papel con un impresionante membrete, que contenía una frase inquietante:

...antes de haberse precipitado a publicar el libro, habría sido conveniente que se hubiesen puesto en contacto conmigo para verificar algunas de sus afirmaciones. Deberíamos conversar, o mejor aún, conocernos.

Tim telefoneó al autor de la carta y, tras presentarse, le preguntó: «¿En qué punto nos hemos equivocado?». La respuesta fue sorprendente: «No lo habéis hecho, querido amigo, se trata simplemente de que la versión es incompleta. ¿Estáis interesados en conocer el resto?».

Invertimos los tres años siguientes en comprobar la información que nos había suministrado nuestro misterioso interlocutor. Estudiamos los Textos de las Pirámides, los Rollos del Mar Muerto, los Documentos de Nag Hamadi, y gran parte de la historia europea y de Oriente Medio desde la época de Jesús hasta el Renacimiento. Es probable que las conclusiones a las que arribamos disgusten profundamente a las personas que profesan la fe cristiana. No fue difícil descubrir que la Iglesia cristiana distorsionó las verdaderas enseñanzas de Jesús y que conservó su poder a fuerza de suprimir la verdad, inculcar deliberadamente la culpa y practicar la represión, la tortura y el genocidio. Tanto en el mundo islámico

Simbolismo *Rex Deus* de la serpiente de la sabiduría, Castello Visconti,
Somma Lombardo, Varese, norte de Italia

como en el cristiano, las verdaderas heroínas de la historia son las familias *Rex Deus*, cuyo mensaje de cultivar el monoteísmo, la tolerancia, la hermandad y el respeto por la naturaleza sigue siendo tan relevante hoy en día como lo ha sido siempre.

Este libro narra detalladamente la historia de las familias *Rex Deus* a través de los siglos; comienza por las raíces demostrables más antiguas y llega hasta nuestros días. Explica que estas familias siempre fueron consideradas herejes y no creyentes, y que todavía lo siguen siendo para la Iglesia. A medida que se desenvuelve la historia, tendréis ocasión de descubrir que las familias *Rex Deus* merecen ser conocidas con el nombre más acertado de «Los Custodios de la Verdad».

1

TEP ZEPI.
EL ORIGEN DE LA GNOSIS EGIPCIA

La búsqueda de las verdaderas raíces de la tradición *Rex Deus* comienza en el antiguo Egipto, donde hallamos el origen más antiguo que se ha podido demostrar de un sistema constante de iniciación, preservado por un sacerdocio heredado. Esta tradición difundió sus enseñanzas a través de las tres religiones principales: el judaísmo, el cristianismo y el islamismo.

El descubrimiento y la traducción exacta de los Textos de las Pirámides fueron hechos decisivos para poder comprender la historia del antiguo Egipto. Estos textos no sólo nos ofrecieron una visión más profunda del antiguo pensamiento religioso egipcio, sino que también propiciaron dudas sobre la teoría generalizada de que las pirámides habían sido construidas únicamente como tumbas que conmemoraban la pompa y el poder de los faraones. Estas tumbas, que habían permanecido tanto tiempo en silencio, por fin se hacían escuchar a través de los Textos de las Pirámides.

LOS TEXTOS DE LAS PIRÁMIDES

En el invierno de 1879, entre los círculos arqueológicos egipcios comenzó a difundirse el rumor de un asombroso e importante descubrimiento que se había producido de forma aparentemente accidental, acaso provocado por una encarnación terrenal del dios Anubis. Entre los antiguos egipcios, Anubis era la forma deificada del chacal, conocido como Zorro del Desierto; la otra encarnación divina del chacal era Upuaut, también llamado el Abridor de Caminos.

Mientras se encontraba cerca de la pirámide Unas, en Saqqara, un obrero árabe divisó al amanecer la silueta de un zorro del desierto a contraluz. Este animal se comportaba de una forma extraña. Se movía, se detenía y miraba a su alrededor como si estuviera invitando a su silencioso observador a seguirlo. El zorro se giró una última vez antes de desaparecer a través de una gran grieta en la cara norte de la pirámide. Presintiendo que podía conducirlo hasta un tesoro, el hombre lo siguió y, después de arrastrarse con dificultad por un estrecho túnel, se encontró en una enorme cámara dentro de la pirámide.[1] Al encender su antorcha descubrió que los muros estaban llenos de inscripciones y jeroglíficos espléndidamente decorados con turquesas y oro.[2] Poco tiempo después, se hallaron leyendas similares en otras pirámides; a todas ellas se las conoce colectivamente como los Textos de las Pirámides.[3] En total se han descubierto más de cuatro mil líneas de himnos y fórmulas.

El 28 de febrero de 1881 el profesor Gastón Maspero, director del Servicio de Antigüedades Egipcias, fue el primer europeo en explorar el interior de la pirámide de Unas[4] y leer los textos in situ. Tanto para él como para el mundo de la egiptología, la moderna encarnación de cuatro patas de Upuaut había abierto el camino, literal y figuradamente. El descubrimiento de los Textos de las Pirámides desempeñó un papel muy importante y dio lugar a una comprensión más precisa de las creencias espirituales imperantes en la época de Unas y de la profundidad que había alcanzado el conocimiento sagrado, o gnosis, en la remota época en que estos escritos fueron redactados.

La confusión, la controversia y las disputas arruinaron la primera interpretación de los textos de Gastón Maspero,[5] que acaso fuera algo precipitada. Lamentablemente, este hecho enmascaró su verdadera relevancia durante décadas –una situación que más adelante se vio agravada por el eminente egiptólogo y traductor James Henry Breasted, que describió erróneamente estos escritos como expresiones de un culto solar.[6]

Gastón Maspero declaró que la mayoría de los textos eran versiones escritas de una tradición mucho más antigua, que databa del pasado prehistórico de Egipto,[7] y que precedían a los eventos descritos en el Libro del Éxodo en al menos dos milenios y a las Escrituras del Nuevo Testamento en alrededor de tres mil cuatrocientos años.[8] El profesor I. E. S. Edwards, del Museo Británico, confirmó sus declaraciones al afirmar de un modo inequívoco: «Los Textos de las Pirámides se originaron en la antigüedad más remota y no fueron invenciones de la V o VI dinastías; por lo tanto, no debe sorprendernos que contengan alusiones ocasionales a ciertas condiciones que ya no prevalecían en la época de Unas...».[9] Por consiguiente, según la opinión de dos de las mayores autoridades en egiptología, los Textos de las Pirámides son, sin lugar a dudas, la colección más antigua de escritos religiosos que se haya descubierto jamás.

El mundo tuvo que esperar casi noventa años la traducción definitiva de los textos. En 1969, Raymond Faulkner, profesor del antiguo idioma egipcio en la University College de Londres, publicó lo que la mayor parte de los especialistas en el tema aceptan ahora como la versión autorizada. En ella, el profesor concluye: «Los Textos de las Pirámides constituyen la obra más antigua de la literatura funeraria y religiosa de Egipto».[10] El resultado de su traducción es que hoy en día estos escritos son considerados como la colección más antigua de sabiduría sagrada o conocimiento esotérico.

El contenido esotérico de los textos fue evidente sólo después de que se publicara la traducción de Faulkner, que demuestra claramente que describen un culto estelar muy desarrollado y complejo, según el cual el difunto faraón asciende a los cielos y se reúne ritualmente con las estrellas después de su muerte.

†ep Zepi − El primer tiempo

Los Textos de las Pirámides se refieren en repetidas ocasiones a Tep Zepi, el denominado primer tiempo o primera vez. Se trata de la legendaria época de Osiris, cuando se creía que Egipto había sido gobernado directamente por los dioses que habían adoptado forma humana. Según la leyenda, dichos dioses concedieron a los egipcios el maravilloso don del conocimiento sagrado. Además, los textos revelaron un profundo y complejo dominio de la astronomía de una precisión asombrosa. ¿Cómo pudo surgir este nivel tan sofisticado de conocimientos astronómicos en el Egipto prehistórico si en los textos inicialmente redactados no existe ninguna evidencia de un período de desarrollo? ¿Cuál fue el primer tiempo y dónde tuvo lugar?

Un destacado autor moderno, John Anthony West, nos ofrece una respuesta posible para la primera pregunta:

Cada aspecto de la sabiduría egipcia parece haberse completado en sus mismos comienzos. Las ciencias, las técnicas artísticas y arquitectónicas y el sistema de jeroglíficos no indican ningún signo de «desarrollo»; de hecho, muchos de los logros de las primeras dinastías nunca llegaron a ser superados ni igualados... A pesar de que la respuesta al misterio es obvia, rara vez se toma en serio pues resulta bastante incómoda para el pensamiento moderno predominante. La civilización egipcia no fue el resultado de un proceso de desarrollo, sino un legado.[11]

Si estos complejos niveles de conocimiento fueron realmente heredados, ¿cuál es su origen? Nada en la naturaleza ni en la historia surge del vacío. Al no haber ninguna prueba que indique la existencia de un período de desarrollo en la historia egipcia, la conclusión evidente es que este conocimiento fue adquirido y desarrollado en otro sitio, o que procede de una civilización muy anterior, aún sin descubrir y que floreció en el mismo Egipto. Esta última hipótesis es una posibilidad viable, ya que todavía existen vastas regiones de Egipto aún sin excavar –zonas enterradas por las arenas del desierto o que permanecen inaccesibles debido al crecimiento incontrolado de los suburbios de El Cairo y de otras ciudades–. Sin embargo, es la primera de estas posibilidades la que ha despertado el interés y la especulación de los eruditos y la que ha desencadenado la mayor controversia.

Se han formulado varias teorías destinadas a explicar el origen de los sofisticados niveles de conocimiento que revelan estos textos. Dichas reflexiones sugieren un origen relacionado con los supervivientes de la

Atlántida, con una civilización egipcia previa no descubierta o, lo que parece ser más probable, que su saber fuera producto de la invasión de una cultura muy superior –la llamada «teoría de la raza dinástica», formulada seriamente por primera vez por el padre de la egiptología moderna, William Matthew Flinders–. A pesar de que la idea de una raza dominante resulte aborrecible para los modernos partidarios de lo políticamente correcto, no deberíamos permitir por ello que nos impida aceptar el hecho de que en muchas épocas históricas existieron razas dominadas por otras.

Las claves predínásticas

En la temporada arqueológica de 1893-1894, las excavaciones realizadas por Flinders Petrie y James Quibell en Nakada dejaron al descubierto más de dos mil tumbas del período predinástico. La alfarería y los objetos descubiertos indicaron claramente que provenían de dos períodos distintos, que Petrie designó como Nakada I y Nakada II.[12] En las tumbas de Nakada II, los fragmentos de cerámica encontrados eran característicos de Mesopotamia.[13] No obstante, en las excavaciones realizadas previamente en los emplazamientos del valle del Nilo casi no existen objetos fabricados en otras regiones.[14] Por otra parte, Petrie dejó constancia de haber encontrado lapislázuli en las tumbas de Nakada II, lo que supone la única ocasión en que se descubrió esta piedra exótica en localizaciones pertenecientes al período predinástico. Y ya no se la vuelve a hallar hasta la era del Reino Antiguo, unos seiscientos años más tarde. Sin embargo, era una piedra muy apreciada y buscada en Mesopotamia antes de los entierros de Nakada II en el valle del Nilo.

La súbita aparición de otros signos típicos de la cultura mesopotámica en Egipto en esta época puede también indicar los orígenes mesopotámicos de la denominada raza dinástica. Las representaciones de la maza con forma de pera, el sello cilíndrico, la notable arquitectura de ladrillos y la escritura jeroglífica son pruebas del verdadero origen de esta repentina transformación cultural.[15] Uno de los discípulos de Flinders Petrie, Douglas Derry, fue muy específico al referirse a los orígenes de este gran salto progresivo cuando en 1956 escribió:

También es muy sugestiva la presencia de una raza dominante, quizás relativamente escasa en número pero que superaba en inteligencia a los primeros habitantes; una raza que trajo a Egipto la práctica de construir con piedras, la escultura, la pintura, los relieves y, por encima de todo, la escritura; es a partir de este acontecimiento cuando se produce el enorme salto que se inicia con los egipcios predinásticos primitivos y llega hasta la avanzada civilización del Imperio Antiguo (el Reino Antiguo).[16]

Otro de los discípulos y protegidos de Petrie, el egiptólogo y orientalista holandés Henry Frankfort, describe la aparición del sello cilíndrico en el Egipto predinástico como «la mayor evidencia de la relación existente entre Mesopotamia y Egipto».[17] Lamentablemente, la repentina aparición de pruebas en los archivos egipcios, que dan fe de la existencia de un intercambio cultural, no llega a explicar la ruta por la cual dichos objetos e influencias llegaron al valle del Nilo.

Los descubrimientos realizados por Arthur Weighall, inspector de antigüedades del gobierno egipcio desde 1905 hasta 1914, pueden ayudar a aclarar este problema. Durante el mes de marzo de 1908 Weighall exploró la despoblada región de Wadi Abbad, en el desierto oriental. El *wadi* se extiende desde la ciudad de Edfú, en el valle del Nilo, hasta el puerto de Mersa Islam, en el mar Rojo. Allí se encuentra el Templo de Kanais, que fue construido por Seti I, padre de Ramsés el Grande, en honor al dios Amón-Re. Weighall registró los dibujos grabados en las rocas del *wadi* que representaban embarcaciones de proa alta. Sus dibujos a tinta de estos diseños marítimos encontrados en la mitad del desierto fueron publicados al año siguiente.[18] En la primavera de 1936, Hans Winkler exploró el cercano Wadi Hammamat y encontró otra serie de dibujos en las rocas, similares a los descubiertos dieciocho años antes por Weighall. Cuando publicó sus descubrimientos,[19] Winkler sugirió que pertenecían a los navegantes que habían arribado a la costa occidental del mar Rojo y atravesado el desierto en dirección al valle del Nilo, y los describió como una «expedición militar».[20]

Intrigado por estos hallazgos, el egiptólogo inglés David Rohl volvió a explorar Wadi Abbad y Wadi Hammamat antes de ampliar la búsqueda al Wadi Barramiya en 1997. En este último lugar encontró otros dibujos de embarcaciones de proa alta y sugirió que existía una conexión directa entre los navegantes cuyo viaje había quedado registrado en las rocas y las tumbas excavadas por Petrie.[21] Rohl estaba buscando pruebas de los *Shemsa-Hor* –los seguidores de Horus– que, según creía, eran los antepasados inmediatos de los primeros faraones.[22] Las primeras referencias a los seguidores de Horus se encontraron en los Textos de las Pirámides,[23] que mencionan una sucesión de sacerdotes iniciados que se ocuparon de transmitir un extraordinario *corpus* de conocimiento de maestro a discípulo a lo largo de sucesivas generaciones. El origen de este saber procedía de la «misteriosa época de Neteru», anterior a los primeros faraones y en la que, al parecer, Egipto era gobernado por los dioses. Estos iniciados no eran necesariamente reyes, sino individuos muy poderosos e ilustrados, seleccionados con extremado esmero por una élite académica que se estableció en el lugar sagrado de Heliópolis-Giza durante la prehistoria egipcia.[24] Georges Goyon, egiptólogo al servicio del rey Farouk, declaró: «Quizás fue elegida por los sacerdotes astrónomos por motivos religiosos y científicos».[25]

Los astrónomos antiguos

Sabemos que los eruditos del mundo clásico que tuvieron ocasión de experimentar directamente el saber de los antiguos egipcios estaban sorprendidos por los niveles de conocimiento y sabiduría sagrados que revelaban los sacerdotes de Heliópolis y Menfis. Los antiguos griegos reverenciaban especialmente la ciencia astronómica de los egipcios.[26] Aristóteles escribió que estos últimos eran astrónomos con conocimientos muy avanzados, «cuyas observaciones siguen vigentes y de las cuales se deriva la mayor parte de nuestras especulaciones sobre determinadas estrellas».[27]

En el siglo V de la era cristiana, Proclo escribió: «Dejemos que aquellos que creen en las observaciones causen que las estrellas se desplacen un grado alrededor de los polos del zodíaco en dirección al este en un plazo de cien años, tal como hicieron Ptolomeo e Hiparco antes de saber... que los egipcios ya habían enseñado a Platón el movimiento de las estrellas fijas...».[28] Los autores modernos Robert Bauval y Graham

Hancock concluyen: «Los sacerdotes de Heliópolis eran iniciados de jerarquía superior que dominaban los misterios de los cielos; su principal ocupación era la observación y el registro de los diversos movimientos del sol y de la luna, de los planetas y las estrellas»,[29] opinión que ha sido avalada por el profesor Edwards, del Museo Británico.[30] John Anthony West parafraseó los puntos de vista de uno de los más destacados especialistas en el tema, Schwaller de Lubicz, cuando afirmó que la ciencia, la medicina, las matemáticas y la astronomía egipcias eran de un orden de refinamiento y sofisticación exponencialmente superior a lo que están dispuestos a reconocer los eruditos modernos, y que la civilización egipcia en su conjunto estaba basada en una comprensión precisa y concreta de las leyes universales.[31]

La gnosis sagrada

Los sacerdotes y miembros de la realeza que habían sido iniciados en los misterios del templo egipcio no utilizaban en beneficio personal los sofisticados niveles de gnosis que habían alcanzado a través de su iniciación. Aunque es indudable que tanto la jerarquía eclesiástica como la realeza gozaban de privilegios, el conocimiento sagrado de disciplinas como la astronomía, la agricultura, la arquitectura, la construcción, la medicina, las matemáticas, la navegación y la metalurgia era empleado en favor de toda la comunidad. Protegida por el desierto que la rodeaba y sostenida por esta gnosis de inspiración divina, la civilización egipcia desarrolló una estabilidad y una complejidad que, hasta el momento, no han sido superadas. Este vasto conocimiento esotérico fue parcialmente registrado en los Textos de las Pirámides, en los Escritos de Edfú y en los Libros de los Muertos, además de ser codificado en las paredes del templo y en otros lugares. Bauval y Hancock se refirieron en los siguientes términos al dualismo que existe en el origen del sagrado conocimiento egipcio: «El idioma de todos estos textos es exótico, está cargado del pensamiento dualista que prevalecía en la sociedad egipcia y puede haber sido el motor de sus mayores logros».[32] Los Escritos de Edfú se refieren de forma constante a lo que denominan «el conocimiento de los sabios», y en ellos se enfatiza una y otra vez que su mayor y más preciado don era el saber.[33]

Schwaller de Lubicz llegó a la conclusión de que los antiguos egipcios tenían una forma propia y eficaz de comprender el universo y el lugar que la humanidad ocupa en él –un sistema de conocimiento absolutamente diferente al del hombre moderno–.[34] Utilizaban un tipo de saber que no se podía transmitir claramente mediante el lenguaje analítico normal y que requería el uso de los mitos y del simbolismo.[35] Schwaller comenzó su propio trabajo sobre los símbolos y el simbolismo afirmando una vez más que existen dos formas características de interpretar los textos religiosos egipcios: la exotérica y la esotérica. El significado exotérico constituye la base de la interpretación clásica, a la que se puede acceder mediante el estudio de los libros de religión e historia idóneos. Sirve también como vehículo para hallar el significado oculto o esotérico, que Schwaller describe como interpretación *simbólica*.[36] Este autor afirmó que a pesar de que esta forma de conocimiento esotérico fue olvidada durante mucho tiempo, sus remanentes simbólicos fueron transmitidos, de uno u otro modo, a todas las grandes religiones que poseen raíces egipcias.[37]

El simbolismo

Los símbolos y los jeroglíficos evocan respuestas mucho más complejas que las que pueden obtenerse mediante las palabras, independientemente de que los textos estén bien redactados. Quienes conozcan los trabajos del moderno iniciado Rudolph Steiner o aquellos que hayan estudiado los objetos creados por los masones artesanos del Medioevo o se hayan interesado por la egiptología conocerán la verdad de estos acontecimientos a partir de su propia experiencia. Los escritores modernos Pauwels y Bergier describieron ingeniosamente tanto este aspecto del antiguo simbolismo como a los iniciados que lo utilizaron:

Ellos... inscribían en piedra su mensaje hermético. Signos que resultaban incomprensibles para los individuos cuya conciencia no había sufrido transmutaciones... Estos hombres no eran reservados porque amaran la discreción sino por el simple hecho de que habían realizado sus descubrimientos sobre las Leyes de la Energía, la materia y la mente en otro estado de conciencia y, por tanto, no podían comunicarlos directamente.[38]

Los antiguos iniciados egipcios no fueron los únicos en emplear los símbolos de esta forma; este tipo de comunicación ha sido utilizado por los sabios e iniciados de todas las grandes tradiciones religiosas del mundo, desde la antigüedad hasta el presente. Los antiguos egipcios no restringieron el uso del simbolismo a cuestiones relacionadas con la religión y el conocimiento, considerados en esa época como sinónimos o como diferentes aspectos de la misma realidad; lo empleaban para reforzar el origen divino, el poder y la descendencia lineal de los faraones.

Durante milenios los faraones fueron representados con la corona del Alto y Bajo Egipto. En la parte frontal de sus tocados están claramente definidas las cabezas de un halcón y una cobra. La cabeza de halcón significaba la encarnación del faraón, como personificación viviente de Horus; la cabeza de la cobra tenía dos interpretaciones diferentes aunque asociadas entre sí –una, como la sede de la sabiduría y la otra, como símbolo de ascendencia divina–. Por otra parte, dicho simbolismo no estaba restringido al uso de la corona real. En épocas posteriores, otros símbolos religiosos que representaban la transmisión de la sabiduría divina a la familia real y a los iniciados sacerdotales fueron transformados con el objetivo de reafirmar de un modo similar la reivindicación de su origen divino.

A pesar de que los templos egipcios diferían en diseño, en general estaban adornados con símbolos y jeroglíficos que celebraban la sabiduría, el poder y los logros mundiales de los faraones que los ostentaban. Las avenidas que conducían a la mayoría de los templos estaban flanqueadas por pares de obeliscos decorados con pompa. Tradicionalmente se creía que la característica parte superior piramidal, o piedra *ben-ben,* de cada uno de los obeliscos era el lugar de descanso del Fénix, el ave legendaria que resurge de sus propias cenizas en un rito simbólico de muerte y renacimiento espiritual.

En la época de Tutmosis III (1476-1422 a. de C.), este tipo de simbolismo sufrió transformaciones y, de un modo u otro, sus efectos se harían sentir a través de la religión egipcia y del judaísmo emergente, e incluso llegarían hasta nuestros días. En un patio abierto que se encuentra delante del templo principal de Karnak, el simbolismo tradicional de los obeliscos fue sustituido por dos columnas puramente simbólicas, que carecen de soporte y no tienen ninguna función arquitectónica. David Rohl opina que representan a los dos reinos de Egipto[39] y describe las inscripciones que hay en ellas:

> La columna que se encuentra del lado sur tiene tres largos tallos que terminan en una flor, con un diseño elaborado y estilizado, de la que penden los pecíolos. Si siguiéramos el rastro de este diseño y lo transfiriéramos al escudo de armas de la monarquía francesa, reconoceríamos de inmediato la «flor de lis».[40]

Los lirios (flores de lis) no son originarios de Egipto y en aquella época sólo podían haber sido cultivados con mucha dificultad en esa región. Eran propiedad exclusiva de los faraones y se utilizaban por sus cualidades para modificar el estado de ánimo. Dado que la gnosis sagrada se adquiría durante estados alterados de conciencia, los lirios se convirtieron en un símbolo de sabiduría, así como las columnas que adornaban.

Con el paso del tiempo, también estuvieron inseparablemente asociados a la descendencia ancestral de la casa real de Egipto. A partir de esa época las columnas representaron los atributos reales gemelos de los dones divinos de la fuerza y la sabiduría.

Fresco de la Virgen María con lirios, Sacre Monte, Varese, norte de Italia

2

LOS ORÍGENES EGIPCIOS
DEL JUDAÍSMO

Los eruditos que acompañaron a Napoleón a Egipto en los últimos años del siglo XVIII exploraron los monumentos del valle del Nilo, y sus investigaciones constituyen la base de la egiptología moderna. Esta ciencia se desarrolló rápidamente, hasta transformarse en un análisis científico de la historia y la arqueología de estas antiguas tierras, gracias a la iniciativa de estudiosos franceses y británicos motivados esencialmente por el deseo de descubrir una base histórica de los acontecimientos descritos en el Antiguo Testamento. Éste sigue siendo el objetivo de la Sociedad de Exploraciones de Egipto en Inglaterra.

Independientemente de que la Biblia sea considerada como un documento histórico o como una forma de mitología religiosa basada en hechos reales, resulta muy complicado determinar la fecha exacta de cualquiera de sus episodios. La descuidada redacción de los relatos bíblicos y sus confusas cronologías han atormentado a todos los estudiosos interesados en encontrar pruebas concluyentes en los anales egipcios, pues las Escrituras no ofrecen fechas, no mencionan dinastías ni faraones específicos y no citan ningún suceso de la historia egipcia que sea posible identificar.

Abraham y Sara

Según se dice en la Biblia, cuando el patriarca Abraham llegó a Egipto desde Canaán entre los años 1500 y 1460 a. de C., hacía más de tres mil años que existía la civilización egipcia. Las Escrituras nos informan que fue calurosamente recibido por el faraón, quizás debido a la extraordinaria belleza de su esposa, Sara (Génesis 13, 16). En ellas se afirma que Abraham era originario de la ciudad de Ur, lo cual puede ser un intento premeditado de los escribas israelitas que vivieron muchos siglos más tarde de encubrir los verdaderos orígenes del patriarca. De hecho, el Génesis revela diversos hechos sobre él y su familia que indican de forma ostensible que pertenecía a la clase alta egipcia. Abraham habla de su mujer en los siguientes términos: «... y ella es en verdad mi hermana; es la hija de mi padre pero no la hija de mi madre; y se ha convertido en mi esposa» (Génesis 22, 12). El incestuoso hábito de casarse con la propia hermana era una característica de los miembros de la familia real egipcia; por tanto, este relato demuestra que es muy factible que Abraham formara parte de ella. Esto explicaría por qué razón un destacado estudioso de la primera época medieval, el rabino Salomón Isaacs –o Rachi– afirmó: «Deberíais saber que la familia de Abraham era de muy alto linaje»,[1] contradiciendo así la idea de que Abraham era un pastor nómada y confirmando su verdadera condición social.

El nombre por el cual era originariamente conocido el patriarca, Abram, se traduce como «padre elevado», uno de los muchos nombres rituales que solían utilizar los reyes de Egipto (Génesis 11, 27). Este nombre también se puede traducir como *Ab-ra-'am,* que en egipcio significa «el padre de la Casa de Ra». El extraño cambio de los nombres Abraham y Sara por Abram y Sarai refuerza la idea de su origen egipcio (Génesis 17, 5.15). En general, para la mayoría de las tradiciones judías, cristianas y musulmanas el nuevo nombre del patriarca, Abraham, quiere decir «el padre de muchas naciones». El de su mujer, Sara, es un indicativo de sus orígenes étnicos y sociales, pues es un término egipcio utilizado para designar a una princesa. Además, en el Génesis se asevera que la criada de Sara, Hagar, además de ser egipcia era también hija del faraón y de una de sus concubinas,[2] y que el hijo del patriarca, Ismael, tomó por esposa a una mujer egipcia (Génesis 21, 21).

La curiosa vinculación de Sara con el faraón, cuyo nombre no se menciona, dio lugar a muchas especulaciones entre los eruditos que profesaban la fe judía y musulmana. En el *Talmud* babilónico[3] y en el *Corán*[4] se plantean serias dudas respecto de la verdadera paternidad del hijo de Abraham, Isaac. En ambos se sugiere que el padre del niño era el faraón y no el patriarca. De modo que en el relato aceptado como genuino de la fundación del pueblo judío, existen dos temas polémicos: ¿era Abraham originario de Ur de los caldeos o era egipcio?, y ¿el pueblo de Israel desciende del patriarca o del faraón?

Debe de haber existido una razón de peso para que Abraham mantuviera una estrecha relación con el faraón; lo más probable es que fuera un pariente cercano cuya condición, sabiduría y conocimiento sagrado despertaban un inmediato y profundo respeto en los círculos de la corte egipcia. Esta teoría parece contradecir las Sagradas Escrituras; sin embargo, esto es lo que sugieren los hechos registrados en la Biblia y aparentemente confirmados por las palabras de Melchizedek, el Rey de la Rectitud: «Bendito sea Abraham, el Dios más elevado, poseedor del cielo y de la tierra».[5] Melchizedek, de acuerdo con la antigua tradición judía, era Shem, hijo de Noé.[6]
Y esto da lugar a una intrigante pregunta que carece de respuesta: ¿también Noé era egipcio?

Este encuentro entre Abraham y el faraón indica ciertamente el inicio de un constante intercambio de ideas y experiencias espirituales entre el pueblo de Israel y la tierra de Egipto que, en última instancia, condujo a la fundación de la religión judía.
Los principales eruditos de reputación internacional, como por ejemplo Sigmund Freud[7] y Ernst Sellin,[8] se han hecho eco de la abrumadora influencia del pensamiento egipcio en el judaísmo inicial. Por ejemplo, tanto Abraham como Melchizedek, el rey-sacerdote de Jerusalén, utilizaban una frase elocuente para describir a la deidad –el Dios Supremo–. Éste es uno de los términos más comunes utilizados en Egipto para el dios superior del panteón. Abraham también adoptó la costumbre egipcia de la circuncisión –para sí mismo y para todos sus hijos– por mandato ostensible de Dios. La circuncisión, una práctica

inusual en otros territorios, fue obligatoria entre la realeza egipcia, la casta sacerdotal heredada y la nobleza a partir del año 4000 a. de C.

La historia del niño Moisés, encontrado entre los juncos por la hija del faraón, y su posterior adopción por la familia real egipcia es el primer suceso importante de una larga serie de acontecimientos que conduce al éxodo del pueblo de Israel desde Egipto (Éxodo 2, 1-10). Esta fascinante fábula está basada en la presunción muy cuestionable de que en la época de Moisés el pueblo de Israel era una nación monoteísta identificable que había aceptado una alianza o *berit* con el Dios de Abraham. Esta creencia, profundamente arraigada, constituye el fundamento no sólo del judaísmo, sino también del cristianismo y del islam.

Nada más alejado de la verdad. Para poder apreciar la base histórica real de estos asombrosos acontecimientos, debemos analizar las raíces de la práctica religiosa y luego volver a analizar cuidadosamente la realidad que respalda el relato del Éxodo. El erudito islámico Ahmed Osman afirma que el faraón que recibió a Abraham era Tutmosis III (1476-1422 a. de C.),[9] mientras que el historiador inglés Robert Feather se inclina por Amenotep I (1517-1496 a. de C.).

El patriarca José

Ashmed Osman fue el primero en identificar de un modo definitivo al patriarca José con un individuo que está documentado en los archivos egipcios.[10] En la Biblia se afirma que cuando José reveló su identidad real a sus hermanos, les dijo:

...no habéis sido vosotros quienes me habéis enviado aquí, sino Dios; y Él ha hecho de mí un padre para el faraón, el señor de toda esta casa y un gobernante de toda la tierra de Egipto (Génesis 45, 8).

Gracias a este párrafo, Osman consiguió asociar a José con Yuya, un hombre muy poderoso cuya tumba fue descubierta en el Valle de los Reyes por Quibell y Weighall en 1905. Arthur Weighall describió sus rasgos momificados con estas palabras:

Era una persona de presencia imponente, cuyo rostro revelaba su poderoso carácter. Cabe representarlo ahora como un hombre alto con una mata de cabellos blancos, una nariz aguileña como la de un sirio, labios fuertes y carnosos, y una mandíbula prominente que indicaba su determinación. Tenía el rostro de un sacerdote y su boca me recordó al fallecido papa León XIII. Al observar sus rasgos bien conservados, uno siente que acaso en esa tumba se encuentre el promotor del gran movimiento religioso que más tarde fue puesto en práctica por su hija y por su nieto.[11]

La frase «un padre para el faraón» registrada en el Antiguo Testamento (Génesis 45, 87) se repite exactamente en el Libro de los Muertos de Yuya.[12] Tanto la convocatoria para su funeral como el traje ceremonial destinado a la ocasión portan el título que la Biblia asocia exclusivamente con José: el Santo Padre del Señor de las Dos Tierras –Padre del Faraón.

La identificación de Yuya con el patriarca José es la primera correlación fiable entre el relato del Génesis y la historia egipcia. El faraón Tutmosis IV le otorgó un cargo ministerial. Un faraón posterior, Amenotep III, desposó a la hija de Yuya, Tiye, y celebró esta unión creando dos escarabajos conmemorativos. Esto confirma que el linaje del patriarca judío José, bisnieto del profeta Abraham, estaba inseparablemente unido al de la Casa Real de Egipto.

La identificación de Moisés

En la primera parte del siglo XX un estudioso judío, el doctor Kart Abraham, publicó un artículo en el que sugería que el faraón Akenatón podía haber sido el personaje bíblico conocido como Moisés.[13]

En cierto sentido, sus afirmaciones fueron confirmadas cuando Freud, el padre de la moderna psicología, publicó su trabajo final *Moisés y el monoteísmo*, justo antes de que se desatara la Segunda Guerra Mundial. Freud demostró que la historia del nacimiento de Moisés narrada en el Antiguo Testamento estaba claramente basada en la mitología de Sargón (2800 a. de C.) y en los relatos egipcios del nacimiento de

Horus, ambos ocultos en un lecho de juncos. También afirmó que la teoría de los supuestos orígenes humildes de Moisés había sido una versión posterior, destinada a encubrir el hecho de que este gran profeta judío formaba parte de la familia real egipcia, y manifestó que el nombre Moisés derivaba del sustantivo común egipcio *Mos*, «niño».

Kart Abraham y Freud no fueron los únicos en afirmar que Moisés había nacido en Egipto. Muchos escritores anteriores lo habían manifestado en repetidas ocasiones, como por ejemplo Manetho, historiador egipcio y sumo sacerdote del siglo III a. de C.; el historiador judío Philo Judaeus de Alejandría, del siglo I a. de C.; Favio Josefo, historiador del siglo I d. de C., y Justino Mártir, uno de los primeros padres de la Iglesia cristiana, que vivió en el siglo II d. de C. Un autor inglés moderno, Robert Feather, escribió:

> El análisis detallado de la Torah, el Talmud y el Midrash me ha llevado a la conclusión de que Moisés no sólo nació y creció en Egipto, sino que además era un príncipe de Egipto —un hijo de la Casa Real del faraón.[14]

El éxodo

Un problema de considerable importancia a la hora de establecer una fecha exacta para el éxodo –la expulsión del pueblo de Israel de Egipto– es encontrar una estimación aceptable del tiempo que, presuntamente, los judíos vivieron en Egipto. Este hecho ha estado sometido a debate durante décadas; algunos defienden la teoría de que estuvieron allí cuatrocientos años, mientras que otros han llegado a un consenso de cuatro generaciones o de alrededor de cien años.[15] Como es lógico, ambas partes reclaman la veracidad de su punto de vista. La hipótesis de las cuatro generaciones de Ashmed Osman, considerada junto con el hecho de que identificara a Yuya con el patriarca José, conduce a la conclusión de que «el faraón que no conoció a José» fue Horemheb (Éxodo 1, 8).[16] Esto permite inferir que quien ostentaba el poder en la época del éxodo era su sucesor, Ramsés I.

Figura en tamaño real de Moisés con cuernos, Toulouse

Cuando se produjo el éxodo, la civilización egipcia había alcanzado un nivel de sofisticación y refinamiento económico, cultural y militar insuperable. La religión había evolucionado desde los antiguos cultos estelares descritos en los Textos de las Pirámides hasta un culto principalmente solar, cuya colección de dioses estaba encabezada por Amón. Los templos erigidos en honor a Amón, como el de Karnak, produjeron enormes beneficios para el mecenazgo real y fomentaron la prosperidad nacional. A pesar de su sólida planificación, la estabilidad de este sistema teocrático era más aparente que real. El inconcebible agente del revolucionario cambio que transformó la religiosidad de Egipto y colocó al monoteísmo en el centro de la escena social fue Akenatón, nieto de Yuya, que llegó a abolir el panteón de los dioses egipcios y reemplazó a éstos por la «herejía» del monoteísmo. Al establecer el culto al dios Sol, Atón, relegó brutalmente a Amón al pasado, instaurando el caos religioso y económico. Estas traumáticas circunstancias provocaron un gran malestar social y el posterior derrocamiento de Akenatón, que parece haber desaparecido de la historia sin dejar rastro.

En cuanto a la polémica relativa a la fecha del éxodo, varios eruditos –entre los cuales podemos citar al doctor Karl Abraham y al popular escritor Maurice Cotterel–[17] han concluido que se produjo en la era de Akenatón.

Sigmund Freud escribió que el personaje histórico retratado como el Moisés bíblico era en realidad un oficial del séquito de Akenatón llamado Tutmosis, que, según afirman algunas autoridades en el tema, era el hermano mayor del faraón.[18] Otros estudiosos judíos que optaron por atacar al faraón Akenatón y a la religión fundada por él, y no a su ilustre colega y compañero judío Sigmund Freud, rebatieron esta tesis con vehemencia. La ironía de este enfoque se puso de relieve cuando las persuasivas conclusiones de Osman señalaron que el candidato más probable para la histórica figura de Moisés no era la opción propuesta por Freud, Tutmosis, sino la sugerencia original del doctor Abraham, el faraón Akenatón.

Atonismo o judaísmo

Freud describió muchos detalles de las asombrosas semejanzas entre la religión de Akenatón y la de los judíos. El profesor vienés sostuvo que, por el hecho de ser egipcio, Moisés se había limitado a transmitir a los judíos su propia religión, el atonismo, sin introducir en ella ninguna modificación. De acuerdo con Freud, la oración tan respetada por los judíos *Schema Israel Adonai Elohenu Adonai Echod* (Oíd, oh Israel, el Señor tu Dios es el Único Dios), lejos de ser una nueva invocación judía posterior al éxodo, era una copia exacta de una plegaria atonista. Freud postuló que, en la traducción, la letra hebrea «d» es una trascripción de la letra egipcia «t», mientras que la «e» egipcia se convierte en «o». Por consiguiente, cuando se traduce esta plegaria al egipcio obtenemos: «Oíd, oh Israel, nuestro dios Atón es el único Dios.[19] Más de dos milenios antes de que Freud publicara *Moisés y el monoteísmo*, el sacerdote y cronista Manetho escribió que Moisés desempeñaba funciones sacerdotales en Egipto.[20] Con toda seguridad, es lo mismo que hacía Akenatón en el Templo de Atón, que se acababa de construir en Amarna.

Cuando leemos los relatos de las Escrituras sobre la religión que profesaban los judíos durante el éxodo, encontramos más vínculos directos entre su culto y el atonismo. En primer lugar, debemos considerar la creación del sacerdocio heredado procedente de la tribu de Levi. Como ya hemos mencionado, los sacerdotes egipcios pertenecían a una casta hereditaria cuyos miembros eran los guardianes del conocimiento sagrado. El clan sacerdotal de la dinastía levítica fue creado cuando la jerarquía, los derechos y los privilegios de los sacerdotes atonistas se ampliaron para incluir a sus sucesores levíticos en el exilio, quienes, como podremos comprobar, continuaron transmitiendo la sabiduría sagrada entre sus miembros a la manera tradicional.

Los Diez Mandamientos

La creencia principal de la fe judaica, la ley de Moisés, está firmemente enraizada en los Diez Mandamientos. Pero ¿recibió Moisés los

Mandamientos de Dios en el monte Sinaí o su procedencia podría atribuirse a otra fuente?

En la Biblia existen dos interpretaciones diferentes de los Mandamientos. En el Deuteronomio se puede leer:

> Yo soy Dios vuestro Señor, que os guié fuera de la tierra de Egipto, de la casa de siervos.
> No tendréis otros dioses delante de mí,
> no haréis esculturas, ni imágenes de ninguna cosa que esté arriba en los cielos o abajo en la tierra o en las aguas debajo de la tierra.
> No os inclinaréis ante ellas ni las serviréis; porque yo soy Jehová vuestro Dios, fuerte, celoso, que visito la iniquidad de los padres sobre los hijos hasta la tercera y cuarta generación de aquellos que me aborrecen (Deuteronomio 5, 6-9).

El profesor Flinders Petrie destacó que existe una considerable diferencia entre Atón y el resto de los dioses egipcios, ya que el primero no era el dios supremo del panteón, sino el verdadero dios. También señaló: «Atón fue el único ejemplo de Dios celoso en Egipto y su veneración excluía a todos los demás y reclamaba un carácter universal».[21] Messod y Roger Sabbah destacaron el hecho de que el atonismo abolió las imágenes y los ídolos de múltiples dioses, y condujo al nuevo y revolucionario concepto de un dios único –abstracto, indivisible, trascendental, omnipotente y omnisciente–. Este dios singular era considerado el creador del universo, de una forma que coincidía perfectamente con la antigua sabiduría egipcia.[22] Las críticas contra las imágenes esculpidas, incluidas en la enumeración de los Diez Mandamientos que se hace en el Deuteronomio, son una réplica de las del código atonista.

Los Diez Mandamientos citados en el libro del Éxodo también aluden a los orígenes egipcios. Sospechosamente, reproducen algunos pasajes del *Libro de los Muertos* egipcio, en el que se enumeran los principios de los que daban fe las almas evaluadas por la corte de Osiris[23] después de la muerte:

> No he cometido falsedad contra los hombres,
> no he empobrecido (robado) a mis asociados,
> no he matado.[24]

Escultura de Moisés con cuernos con las Tablas de la Ley en la mano,
nave lateral sur, capilla Rosslyn

En el Éxodo encontramos un texto equivalente:

No matarás.
No cometerás adulterio.
No hurtarás.
No levantarás falso testimonio contra tu prójimo.
(Éxodo 20, 13, 15, 16).

Como la tradición judía siempre ha afirmado que los Diez Mandamientos fueron una revelación divina exclusivamente dirigida al pueblo elegido aunque de aplicación universal, sin duda esta curiosa comparación refuerza la hipótesis de que el judaísmo evolucionó a partir de la religión de Akenatón.

Una comparación del salmo 104 del Antiguo Testamento y del *Himno a Atón* de Akenatón otorga aún más peso a esta inquietante idea. El versículo 24 del salmo reza:

Múltiples son tus obras, Señor,
todas ellas hiciste con sabiduría:
la tierra está llena de vuestras posesiones (Salmos 104, 24).

Considerando los problemas de la traducción, en el *Himno a Atón* encontramos una construcción y redacción casi idénticas:

Cuántas son tus obras,
ocultas entre nosotros,
oh único Dios, cuyos poderes ningún otro posee
has creado la tierra
conforme a tu deseo.[25]

El Arca de la Alianza

Tanto en hebreo como en egipcio se utiliza el mismo vocablo para definir un arca o una urna. De hecho, la palabra *arca* en hebreo se describe como un «término prestado» del idioma egipcio. El especialista en lenguas semíticas del siglo XIX Antoine Fabre d'Olivet escribió: «Considero que el idioma hebreo hallado en el Sepher (los pergaminos que contienen las escrituras de la Torah) es una ramificación del idioma egipcio».[26] Tanto el culto del Arca como su uso ritual merecen ser comparados con los sistemas religiosos judíos y egipcios. El Arca fue utilizada de forma ritual como símbolo de transporte para el dios Atón en las ceremonias celebradas en el templo de Amarna. El relato del Éxodo nos informa que Moisés hizo uso del Arca de la Alianza para transportar objetos asociados con la revelación divina, tales como las tablas de piedra donde fueron inscritos los Diez Mandamientos. Cuando el pueblo de Israel ocupó la Tierra Prometida, el Arca fue alojada en Silo, dentro de un santuario gobernado por los sacerdotes de la Casa de Eli. No debe sorprendernos que la consagración de estos sacerdotes tenga sus orígenes en Egipto. Sólo después de que el rey Salomón edificara su templo en Jerusalén, el Arca de la Alianza fue transportada desde Silo y emplazada en el nuevo sanctasanctórum del templo de Salomón.

Las prácticas egipcias que se pueden hallar en el judaísmo no se restringen al Arca ni a los Mandamientos, sino que también incluyen a los *sephirot*, o atributos de Dios, que encontramos en la Cábala o antigua tradición de la sabiduría mística, entre los que se hallan los términos *corona, sabiduría, inteligencia, misericordia, poder, belleza, victoria, gloria, fundación* y *realeza*. De acuerdo con Messod y Robert Sabbah, todos ellos eran también atributos de los faraones.[27] Por otra parte, Akenatón sacrificó en Amarna animales considerados sagrados, igual que hizo Moisés. Amarna fue descrita como la Ciudad Santa y está escrito que Akenatón abandonó la tierra sagrada de Karnak por la «Tierra Santa» de Akenatón (Amarna), una frase que resulta contundente tanto para judíos como para cristianos.[28] Los egipcios inscribían textos sagrados en la parte superior de la entrada de sus templos siguiendo un ritual –costumbre que más tarde fue adoptada por los judíos–. Dichos textos, conocidos como *mezzuzot*, aún se pueden encontrar en los dinteles de las puertas de los hogares ortodoxos.[29]

A pesar de que la identificación de Moisés con Akenatón propuesta por Osman es una hipótesis factible, sigue siendo un tema sometido a debate. David Rohl, por ejemplo, sugiere que el éxodo tuvo lugar durante el reinado del faraón Dudimose, el trigésimo sexto gobernante de la trigésima dinastía.[30] Sin embargo, a pesar de estas pequeñas diferencias basadas en detalles, la mayoría de los eruditos procedentes de diversas formaciones religiosas están de acuerdo en que el judaísmo procede de las tradiciones religiosas egipcias. Las semejanzas entre ambos sistemas son tan numerosas que han demostrado, de forma incuestionable, el origen y la naturaleza puramente egipcios del judaísmo inicial. Más aún, independientemente de las diferencias de criterio existentes en relación con la identificación de Moisés, el doctor Kart Abraham, Sigmund Freud, Ashmed Osman y Robert Feather coinciden en que aquellos que formaron parte del éxodo y lo lideraron procedían del séquito de Akenatón y tenían fe en esta característica forma de monoteísmo.

La extraña deserción de Amarna y la súbita desaparición de aquellos que allí residieron ofrece un alto grado de credibilidad a esta nueva visión del éxodo. No sólo desaparecieron la nobleza y el sacerdocio, sino también todos los artesanos, trabajadores y sirvientes. Los sacerdotes, escribas y notables egipcios de Akenatón —la élite nacional— fueron los primeros monoteístas de la humanidad que creyeron en un solo dios, Atón. Capaces de conservar su unidad como tantos pueblos perseguidos, fueron desterrados de su ciudad y de su país de origen llevándose con ellos no sólo riquezas materiales, sino también la mayor parte de su cultura y espiritualidad, de sus tradiciones orales y escritas.[31]

Otros egipcios que no estaban satisfechos con la situación que vivían y varios residentes extranjeros, descritos en la Biblia como una «multitud diversa», aumentaron el número de seguidores de Akenatón (Éxodo 12, 38). El estudioso judío Rachi, que vivió en la época medieval, escribió que eran una mezcla de naciones recientemente convertidas al monoteísmo.[32] Al llegar a la Tierra Prometida de Canaán, entonces protegida por los egipcios, aplicaron sus propias tradiciones ancestrales y pronto adaptaron la escritura, creando un nuevo alfabeto en el proceso —el jeroglífico hebraico.[33]

Los orígenes del pueblo de Israel

Un importante asunto ha desconcertado a los estudiosos que han intentado correlacionar los archivos egipcios con el relato bíblico del éxodo. ¿Cómo pudo tener lugar una migración de semejante importancia en circunstancias tan extrañas sin que fuera registrada en los anales de la historia egipcia? En un intento por resolver este enigma, muchos de los investigadores han sugerido, entre otras teorías, que los hebreos eran los hebiru o los hiscos. El problema es que no existen pruebas arqueológicas convincentes que vinculen en esa época a los hebiru con el pueblo de Israel y, aunque los archivos egipcios revelan que los hiscos tenían una profunda influencia sobre Egipto, no hacen ninguna mención de los judíos antes del éxodo. Muchos otros historiadores, egiptólogos y estudiosos bíblicos, incluidos los israelitas modernos, han divulgado que existen serias dudas sobre la verdad histórica del éxodo, y adjudican al relato el carácter de mito y leyenda –sin embargo, esta hipótesis no ha sido bien acogida.

Freud declara no haber encontrado ninguna evidencia del término *hebreo* antes del exilio babilónico,[34] cuando las Escrituras dejaron de ser una tradición oral para ser redactadas por escrito. En el caso de los sucesos descritos en el Éxodo y Reyes, los textos fueron compuestos más de siete siglos después de que tuvieran lugar los acontecimientos. Messod y Roger Sabbah afirman que, conforme a lo que se describe en las Escrituras, no existe ninguna prueba de la existencia de una nación o tribu hebrea en la época de Moisés.[35] Los autores formulan la siguiente pregunta:

¿Cómo pudo un pueblo imbuido de lo más esencial de la sabiduría egipcia desaparecer de los archivos históricos (egipcios) tan misteriosamente? ¡Más de doscientos años de investigación en desiertos, tumbas y templos no han revelado absolutamente nada![36]

Después del éxodo

Los archivos oficiales egipcios, tan exagerados como los de cualquier otro sitio, documentan el poder y la sabiduría de los faraones y sacerdotes. En ellos se describe, con merecida dedicación, el poder y la naturaleza invencible de los dos reinos y sus gobernantes pero, en general, no hacen ninguna referencia a las derrotas ni a los infortunios que sufrían. Si las acciones del faraón provocaban el desprestigio del Estado, eran sencillamente ignoradas. La deliberada omisión de la herejía de Akenatón fue incluso más lejos: durante el reinado de Horemheb, el nombre del faraón herético fue suprimido de las estatuas y de las paredes del templo, en un intento por eliminar cualquier rastro de él. De este modo, la emigración del «derrotado Akenatón» no sólo no fue registrada, sino que fue eliminada por completo.

Otra irregularidad que encontramos en las Escrituras es que estos esclavos presuntamente recién liberados –el pueblo de Israel– portaban cuantiosos tesoros en su huida entre los que había «joyas de plata y oro», lo que parece un cargamento extraño e inexplicable para unos esclavos que acababan de emanciparse (Éxodo 3, 21-22). Robert Feather afirma que este tesoro estaba compuesto por la riqueza personal de Moisés y del Estado de Amarna.[37] También es factible que el nuevo faraón les hubiera donado algunos bienes en compensación por haber reclamado el trono. Los Sabbah creen que el derecho de establecerse en Canaán estaba asociado con el de exportar los tesoros atonistas de Amarna.[38] Como la tierra de Canaán era una de las provincias egipcias, la posibilidad de afincarse en la región sin que el gobierno de Egipto impusiera ningún tipo de impedimentos fue esencial para el éxito del éxodo.

Los eruditos han reconocido durante años que el judaísmo previo al éxodo fue étnica y espiritualmente de origen egipcio. Resulta lamentable que este notable acontecimiento haya tenido poco impacto sobre la conciencia pública, debido a las anteojeras teológicas que limitan las percepciones de los fundamentalistas judíos, cristianos e islámicos. Es el momento, por tanto, de que los devotos de las tres grandes religiones acepten la naturaleza esencialmente egipcia de sus creencias religiosas. Más aún, la historia de los judíos desde la época de Moisés hasta los tiempos de Jesús revela que las creencias del «pueblo elegido» estaban en constante evolución, y que el politeísmo, el paganismo y la transmisión de la sabiduría sagrada han tenido mayor influencia en su desarrollo de lo que la mayoría de los teólogos modernos estarían dispuestos a admitir.

3

Del éxodo al exilio
en Babilonia

Tanto los historiadores como los investigadores que se han dedicado a comentar las Escrituras han evaluado el dramático relato del éxodo de los judíos de Egipto y sus cuarenta años en el desierto con resultados muy diversos. Muchos devotos seguidores de las tres religiones aceptan la historia bíblica como «el mundo infalible de Dios»; algunos de los especialistas en los tres cultos afirman que el éxodo es una historia objetiva. No obstante, los historiadores modernos consideran este episodio desde una perspectiva completamente diferente y nos recuerdan que el Libro del Éxodo fue escrito siete siglos después de los acontecimientos que describe y bajo circunstancias políticas que determinaron que fueran presentados de forma sesgada, por lo que resulta imposible reconocerlos. En realidad, los estudiosos del siglo XX se muestran precavidos a la hora de analizar su contenido o manifiestan un profundo escepticismo. Freud describió el asentamiento del pueblo de Israel en Canaán como «particularmente impenetrable a la investigación».[1] John Allegro, estudioso de los Manuscritos del Mar Muerto, fue más categórico:

> Estamos en un «medio mundo» sombrío, donde los penosos acontecimientos históricos se funden con la mitología y en el cual no hay lugar para la clara línea divisoria que nos interesa establecer entre los hechos y la ficción...[2]

Varios destacados eruditos israelitas sugieren que el éxodo es pura mitología. El historiador americano Norman Cantor escribió:

... Acaso la estancia en Egipto haya sido concebida en siglos posteriores por algún motivo condicionado ideológicamente o ventajoso para la sociedad.[3]

Un poco más adelante, en el mismo trabajo, llega a una conclusión considerada por muchos judíos, cristianos y musulmanes devotos como ignominiosa o incluso blasfema:

Tal es el relato bíblico cuya verificación desafía el curso de la ciencia histórica y arqueológica. Se trata de una fantasía romántica.[4]

Un devoto historiador católico romano, Paul Johnson, que en general acepta las Escrituras como un archivo histórico verídico, manifestó:

Ha sido posible identificar con cierta cautela algunos de los lugares mencionados en el Éxodo; sin embargo, los frecuentes intentos, indudablemente entretenidos, de indicar en un mapa estas andanzas no dejan de ser una mera conjetura.[5]

No obstante, a pesar de las dudas que albergaba en relación con la historia del Éxodo, John Allegro reconoció que detrás de esta fascinante narración se oculta una verdad esencialmente espiritual:

Durante la marcha por el desierto bajo la guía de Moisés, después de su providencial huida de Egipto, los israelitas se constituyeron en una nación autorizada a conocer el nombre secreto de Dios y merecedora del inestimable don de la Torah o Ley.[6]

En esta parte de las Escrituras no sólo encontramos claras referencias a las raíces egipcias y gnósticas del judaísmo, sino que percibimos también un contexto histórico vago del cual la arqueología no ha conseguido verificar más que una pequeña parte.

El simbolismo de las columnas

Así como el hombre está sujeto al cambio por ser parte integral del proceso evolutivo, los sistemas de creencias de la humanidad también evolucionan, se modifican y se desarrollan. La difundida presunción de que el judaísmo no ha cambiado casi nada desde la época de Moisés no resiste un examen exhaustivo. El sistema monoteísta que, presuntamente, impulsó el éxodo de Egipto se ha desarrollado de un modo que podría horrorizar a Moisés y a muchos monoteístas modernos.

En los inicios del relato encontramos un simbolismo de origen explícitamente egipcio que, de una u otra forma, ha ejercido influencia sobre el judaísmo místico desde esa época hasta nuestros días. El simbolismo original de las columnas gemelas sin fijación que indicaban la entrada al templo de Karnak –unificar a la humanidad y a Dios– fue transformado y utilizado para dramatizar la naturaleza sagrada del éxodo. Se nos ha revelado que mientras Moisés conducía a su pueblo durante la huida de Egipto:

El Señor iba delante de ellos, durante el día en una columna de nubes para guiarlos a lo largo del camino y por la noche en una columna de fuego para alumbrarlos, para que pudieran marchar de día y de noche; la columna de nubes durante el día y la columna de fuego por la noche no se separaron en ningún momento del pueblo (Éxodo 13, 21-22).

Este gráfico simbolismo fue repetido y utilizado para representar la presencia de Dios en el tabernáculo:

Cuando Moisés entró en la tienda, la columna de nubes descendió y se detuvo a la entrada de la tienda y el Señor habló a Moisés. Y cuando el pueblo vio la columna de nubes a la entrada de la tienda, todo el pueblo se levantó y la adoró, permaneciendo cada hombre a la entrada de su tienda. El Señor solía hablar con Moisés cara a cara, como un hombre habla con su compañero (Éxodo 33, 9-11).

Un poco más adelante los salmistas registraron en la Biblia que Dios se dirigió a ellos desde una columna de nubes (Salmos 99, 7), un hecho que posteriormente fue interpretado como la fuente de la revelación o la verdadera sede de la Sabiduría.[7]

Esta explicación acentuó la importancia de la tradición del conocimiento, como si la Sabiduría fuera una entidad divina separada de Dios, el Señor de Israel. En los textos apócrifos, encontramos esta afirmación de Dios: «En las tierras altas fijé mi residencia y mi trono estaba en una columna de nubes» (Eclesiastés 24, 4). La Gnosis, o Sabiduría sagrada, fue tan importante para el nuevo sacerdocio heredado instituido por Moisés como lo había sido para su predecesor egipcio. John Allegro manifiesta que el autor de *The Wisdom of Solomon* identificaba la Sabiduría con las columnas.[8] «Para ellos se convirtió en un abrigo para el día y en una llama de estrellas durante la noche.»[9] En Proverbios 9, 1 se describe a la Sabiduría como ayudante de Dios en el acto de la creación: «Ella construyó su casa y estableció sus siete columnas (de Sabiduría)», y en este contexto ha sido definida como «la consorte de Dios», un término bastante extraño y que conlleva serios problemas para quienes pretenden describir el judaísmo de los primeros tiempos como verdaderamente monoteísta.

Muchos siglos más tarde, cuando las creencias judaicas fueron codificadas y normalizadas, esta interpretación del término fue modificada y la Sabiduría se convirtió en una creación de Dios. Karen Armstrong afirma que, en este contexto, la comprensión de la Sabiduría evolucionó y se transformó en el concepto de atributo de Dios, similar a la «gloria» de Dios.[10]

La conquista de Canaán

El relato bíblico de la invasión y el establecimiento en la Tierra Prometida comienza con Josué y la batalla de Jericó. De acuerdo con el historiador Josefo, que escribía en el siglo I de la era cristiana, Josué fue:

Un hombre valiente que demostraba una gran entereza ante las dificultades, con una asombrosa capacidad intelectual y discursiva.

Veneraba a Dios con una piedad singular que había aprendido de Moisés y era muy estimado por los hebreos.[11]

No obstante, como pronto habría de demostrar la investigación arqueológica, la supuesta victoria de Josué en la batalla de Jericó se basó claramente en un asedio anterior de la ciudad.

Una serie de excavaciones arqueológicas realizadas en Jericó, dirigidas por Albright entre los años 1935 y 1936, parecieron confirmar la historia bíblica. Este arqueólogo encontró pruebas del derrumbamiento de los muros de la ciudad y, como es comprensible, dedujo que este hallazgo revalidaba la precisión histórica del relato de la Biblia. Estas noticias fueron recibidas con incontenible regocijo por los fundamentalistas de las tres religiones.[12] Pero la euforia no habría de durar mucho tiempo, puesto que posteriores excavaciones a cargo de Kathleen Kenyon revelaron que las ruinas excavadas por Albright pertenecían a un período muy anterior y, en consecuencia, no se podían atribuir a la conquista de la ciudad por Josué.[13]

La moderna Israel debe de ser uno de los países del mundo donde se han hecho más excavaciones; sin embargo, los arqueólogos han descubierto pocas evidencias de destrucción en los emplazamientos de la ciudad de Canaán. Con todo, desde la perspectiva bíblica, no existe absolutamente nada que se pueda describir con cierto grado de certeza como prueba de que fue conquistada por el pueblo de Israel en la época en que ocupaba esa región. Aunque esto pueda resultar inadmisible para los fundamentalistas, ha sido aceptado por la mayoría de los especialistas en el tema. Robin Lane Fox, historiador bíblico, escribió: «No existe ningún signo de invasión extranjera en las tierras altas que habrían de convertirse en el corazón del territorio israelita».[14]

Los escribas que redactaron el Libro de Josué admiten que su «conquista» fue sólo parcial (Josué 17, 11-18; Jueces 1, 27-36). El consenso de los especialistas modernos es que Israel no se creó por la fuerza de las armas, sino que emergió pacífica y gradualmente a partir de ciertos acontecimientos que tuvieron lugar en el seno de la sociedad cananita.[15] Paul Johnson explica: «Gran parte del asentamiento fue un proceso de infiltración o de reforzamiento de las tribus afiliadas que, como ya hemos visto, poseían ciudades como Sechem».[16] El hecho de que una nación o tribu llamada Israel se estableciera allí alrededor del 1207 a. de C., ha sido confirmado por una estela en la que el faraón Mernephtah ordenó registrar la conquista. En ella se lee: «Israel fue arrasado, no así su semilla...».

El consenso actual sugiere que en los primeros asentamientos hebreos en la tierra de Canaán hubo tres fases principales. La primera, guiada por Abraham, está recogida en el Génesis; la segunda, en la que interviene el nieto de Abraham, Jacobo o Israel, se estableció en Sechen. Los hijos de Jacobo reciben los nombres de los fundadores de las doce tribus de Israel. La llegada del pueblo de Moisés/Akenatón después del éxodo fue el inicio de la tercera fase de la inmigración. Esta muchedumbre de diferentes orígenes se amalgamó y comenzó a dominar a las tribus semíticas de Canaán. Reunida en torno al culto a Yavé, finalmente se les dio el nombre de pueblo de Israel. Karen Armstrong dice:

La Biblia deja claro que el pueblo que conocemos como los antiguos israelitas era una confederación de varios grupos étnicos vinculados principalmente por su lealtad a Yavé, el Dios de Moisés.[17]

Esta afirmación refleja claramente los puntos de vista de Rachi, que ya hemos citado.[18]

LA ERA DE LOS JUECES

El Libro de los Jueces parece contener un cierto grado de interpretación histórica. De hecho, algunos estudiosos han intentado definir cronológicamente el desarrollo del pueblo de Israel a partir de este texto. De todos modos, al igual que muchos otros intentos de otorgar sentido a la cronología de la Biblia, este enfoque resulta ser deficiente por diversas razones. En primer lugar, la presunción de que Israel estaba gobernado por jueces individuales es incorrecta, ya que cada uno de ellos regía una de las doce tribus. Muchos de los que son descritos en Jueces gobernaban simultáneamente y no existe ningún modo de aclarar esta compleja situación. Esta época es tan confusa que Paul Johnson se vio obligado a escribir:

A pesar de ser una historia de Canaán que contiene fascinante información sobre las fases finales de la Edad de Bronce, el Libro de los Jueces abunda en material mítico y fantástico, y su redacción es tan imprecisa que resulta difícil formular una historia consecutiva de este período.[19]

Por tanto, cualquier cronología que se base íntegramente en Jueces será un mero ejercicio de conjetura intelectual fundado en evidencias cuestionables. Sin embargo, en lo que atañe a las creencias religiosas del pueblo de esa época, nos encontramos en terreno más seguro y podemos basar nuestras conclusiones en ciertas pruebas ofrecidas por fuentes independientes y por los trabajos arqueológicos. Es muy probable que la Biblia haga una descripción exacta de las recaídas y las negligencias que apartaron al pueblo elegido de Israel del verdadero monoteísmo y lo atormentaron durante siete siglos hasta su exilio en Babilonia. Podemos afirmar que la autocrítica religiosa –que los escribas bíblicos podían haber excluido de sus relatos o a la que podían haber restado importancia– estaba basada en la verdad, en particular porque coincide con las pruebas arqueológicas desenterradas en el último siglo, que han desvelado las creencias de los cananitas.

Parece evidente que en los tiempos descritos en Jueces y Reyes, los antiguos israelitas no eran monoteístas, en el sentido en que ahora entendemos este término. Yavé, el Dios de Akenatón/Moisés, fue definido como su verdadero y único Dios. Sin embargo, aunque algunos israelitas sabían que debían adorarlo exclusivamente a él, muchos creían en la existencia de otros dioses y siguieron venerándolos como habían hecho sus antecesores egipcios. Cuando las Escrituras adoptaron su forma escrita definitiva, durante el período del exilio en Babilonia (597-539 a. de C.), los israelitas aceptaron a Yavé como su único dios, negando la existencia de otras deidades.[20] En épocas anteriores, esta situación resultaba bastante confusa para un pueblo que declaraba ser exclusivamente monoteísta.

El politeísmo y los primeros israelitas

Una de las primeras referencias al Dios de Israel es como dios de Melchizedek, El Elyon o «el Dios Altísimo»[21] en cuyo nombre Abraham ofreció diezmos a Melchizedek. El Elyon o El, título del Dios cananita Baal del monte Safón, fue el nombre semítico occidental genérico para Dios. De un modo similar, en las Escrituras se utiliza con frecuencia el término Elot para designar a la *diosa*, con el plural femenino Elohim. Los israelitas también participaron en los ritos de fertilidad de Baal, veneraron a muchas deidades sirias y adoraron a la diosa de la fertilidad, Asherah, que era consorte de El en el Templo de Jerusalén.[22] Asimismo describieron a Asherah –conocida como La que Camina sobre el Mar, Santidad, y Elath la Diosa– como esposa de Yavé, ya que éste incorporó las imágenes del dios padre de El.[23] Cuando se la nombraba como consorte de Baal, recibía el nombre de Baalat. Uno de los reyes de Israel, el rey Manasseh, erigió un altar para Asherah en el templo[24] que más tarde fue destruido por Josías (Reyes II 23, 12).

Se han encontrado nuevas evidencias de la naturaleza politeísta de las primeras creencias israelitas, que hacen referencia al templo judío anterior al éxodo de Elefantina. Las excavaciones no han revelado aún su localización exacta, pero ha sido posible recuperar documentos redactados en arameo que confirman su existencia y demuestran que su culto era muy irregular,[25] al menos cuando es juzgado mediante los principios de los deuteronomistas que redactaron las Escrituras durante el exilio babilónico. También se adoraban otros dioses además de Yavé, pero de éste se decía que tenía mucho en común con otros dioses de Oriente Medio. Sin embargo, cuando este templo fue destruido en el siglo V a. de C., los judíos de Elefantina escribieron a los gobernadores de Judea y Samaria solicitando ayuda para reconstruirlo. Este hecho no sólo demuestra la comunicación existente entre las diversas comunidades judías, sino que también implica que no creían que su culto pudiera ser considerado irregular ni blasfemo. Más aún, el hecho de que remitieran sus peticiones a Judea y Samaria indica que, al menos en esta época, Jerusalén no era considerada la autoridad central del pueblo de Israel.[26] El historiador A. E. Cowley nos cuenta una interesante anécdota relativa a sus creencias: «El Pentateuco, tanto en sus aspectos legales como históricos, no era conocido por los judíos de Elefantina en el siglo V a. de C.».[27]

El Dios de Israel

Antes de la construcción del Templo de Salomón no existe ninguna mención real de Yavé como dios creador, ya que la tradición israelita lo describe eligiendo a un pueblo y no creando el cosmos. Una vez que fue ritualmente entronizado en el monte Sión, el culto a Yavé asumió algunos aspectos de la adoración del dios cananita Baal o de El Elyon de Melchizedek.[28] Cuando el rey David tomó la Jerusalén de los jebusitas y llevó hasta allí el Arca de la Alianza con el fin de que la nueva capital fuera el centro religioso de su reino, designó a un jebusita llamado Zadok como alto sacerdote. Zadok fue ciertamente un religioso de la tradición de Melchizedek, que ya había servido al dios El Elyon. Es probable que David decidiera nombrar alto sacerdote adjunto a Abiathar, que había guardado el Arca en Silo, con el propósito de apaciguar el descontento que esta decisión despertó entre los israelitas (Samuel 8, 17). Aunque estos dos nombramientos fueron concebidos para promover la unidad política, su efecto a largo plazo fue bastante curioso, ya que a partir de entonces todos los altos sacerdotes del judaísmo se vieron obligados a demostrar que eran descendientes legítimos de Zadok y no de Abiathar.[29] Para justificarlo, se desarrolló la genealogía de Zadok, que supera con creces la de cualquier linaje paralelo fiable (Éxodo 6, 14-25).

El rey Salomón

También el Templo de Salomón contenía alusiones al politeísmo. Su diseño correspondía a los anteriores modelos egipcios, cananitas y sirios.[30] Todo el edificio constaba de tres estancias cuadradas que conducían a una cámara de forma cúbica y relativamente pequeña, conocida como el Lugar Más Sagrado o el Sanctasanctórum. Este pequeño espacio alojaba el Arca de la Alianza (Reyes I 6, 19). A pesar de que las imágenes grabadas estaban proscritas, el templo contenía querubines grabados a una altura de diez codos (Reyes 16, 26), y dibujos de palmeras y flores. De acuerdo con la antigua tradición de la sabiduría egipcia, delante del templo había dos columnas sin fijación, cada una de ellas de treinta y cinco codos de altura, denominadas Joaquín y Boaz (Crónicas 3, 15-17). En su interior había un altar de bronce, una enorme pila de bronce soportada por toros del mismo metal que representaban a Yam, el mar primigenio del mito cananita (Crónicas II 4, 2) y dos columnas sin fijación de alrededor de doce metros de altura, que simbolizaban la fertilidad de Asherah.[31]

Durante el reino de Salomón, el pueblo de Israel continuó adorando a Yavé en las tierras altas que habían heredado de los cananitas, situadas en Beth-El, Shiloh, Hebrón, Belén y Dan, donde se celebraban frecuentes ceremonias paganas. De hecho, se conoce que el mismo Salomón adoraba a dioses paganos, lo cual parece confirmado por la construcción de un altar para Chemosh, el dios de los moabitas, y para Moelch, el dios de los amonitas (Reyes I 11, 7). En Israel estaba incluso permitido el culto a Astarté, diosa de los sidonios. De manera que, a pesar de que el rey Salomón ordenó construir el primer templo para Yavé en Jerusalén, ni siquiera él puede ser encumbrado como un verdadero monoteísta.

Los diversos relatos bíblicos sobre la construcción del templo revelan otras extrañas anomalías. La descripción presentada en Reyes no menciona a los sacerdotes (Reyes I 8); sin embargo, gran parte de Crónicas está dedicada a describir sus obligaciones con todo detalle y gran precisión –y aunque el relato se refiere a la época de David, ésta habría de ser la tradición imperante a partir de entonces (Crónicas I 23, 24)–. El historiador bíblico Sanmell ofrece la explicación más válida para esta aparente contradicción:

La opinión normal de los eruditos modernos es que en los relatos de Crónicas, el sistema eclesiástico que surgió al final del período posterior al exilio fue anacrónicamente asociado a los tiempos de David y Salomón, ratificando de este modo la antigüedad de la organización eclesiástica del período mencionado. Esta organización proporcionó veinticuatro *ma'madot* –grupos de sacerdotes que hacían turnos para servir en el Templo de Jerusalén.[32]

Tal como ha indicado Sanmell, los relatos de las Escrituras sobre los reinos de David y de su hijo Salomón fueron escritos cuatro siglos después de los eventos que describe, o incluso más tarde. El Antiguo Testamento, según lo conocemos, comenzó a adoptar su forma actual durante el exilio en Babilonia y el proceso continuó durante varios siglos. Es evidente que en aquella época el judaísmo se había convertido en un sistema rígido y exclusivamente monoteísta, cuyo núcleo estaba formado por una casta sacerdotal que prestaba servicio a una religión legal basada en las 613 restricciones de la ley.

Los escribas no se limitaron a registrar la historia de las influencias politeístas que recayeron sobre el pueblo de Israel; gracias a su honradez intelectual y espiritual continuaron defendiendo la importancia de los principios de la sabiduría sagrada. En ningún otro sitio es tan evidente esta tendencia como en el relato del Reino de Salomón. Eusebio, uno de los padres de la primera Iglesia cristiana, citó a Aristóteles para fundamentar los relatos bíblicos que hablaban de la importancia que el rey Salomón concedía a la sabiduría:

Uno de nuestros ancestros, Salomón [el célebre autor del libro bíblico Proverbios], afirmó clara y rotundamente que la sabiduría existía antes que la tierra y el cielo, lo que coincide con lo que ya había sido pronunciado [por los filósofos griegos].[33]

En las Escrituras se cita que:

Dios concedió a Salomón sabiduría, una gran perspicacia y una amplitud de miras inconmensurable como la arena de la playa. La sabiduría de Salomón era más vasta que la de todos los hombres de Oriente y superior a toda la sabiduría de Egipto (Reyes I 4, 29-30).

Por lo tanto, la misma Biblia relaciona la sabiduría de Salomón con la de Egipto y señala que Salomón oraba a la sabiduría (Crónicas II 1, 10). Este don divino de sabiduría sagrada y discernimiento es nuevamente mencionado en el libro apócrifo *The Wisdom of Solomon* y es considerado como la causa principal de la visita de la reina de Saba a la corte del rey Salomón (Crónicas II 9, 1).

LA REINA DE SABA

Según la opinión de los arqueólogos modernos, el antiguo reino de Saba, que hoy en día corresponde a la región de Yemen, era una tierra de considerable cultura que prosperaba gracias a un lucrativo comercio de mirra e incienso.[34] Como Salomón acababa de construir el templo, es probable que la visita de la reina de Saba tuviera motivos económicos y no fuera simplemente un encuentro basado en la mutua admiración que ambos se profesaban, tal como se sugiere en la Biblia.[35] Sólo podemos especular sobre cuál pudo haber sido el verdadero motivo de su visita, pero existe un trabajo muy valorado de considerable antigüedad y originario de Etiopía, el *Kebra Nagast,* donde ha quedado registrada la consecuencia más significativa de la visita de la reina de Saba a Jerusalén: que la reina concibiera un hijo de Salomón. El *Kebra Nagast* no es una obra meramente literaria; en ella se recogen los sentimientos nacionales y religiosos etíopes, de un modo similar a lo que sucede en la Tanakh para los judíos, en el Nuevo Testamento para los cristianos o en el Corán para los musulmanes.[36]

Según el gran egiptólogo Wallis Budge, la fe judía fue introducida en Etiopía alrededor del 950 a. de C. con Menelik, hijo de Salomón y la reina de Saba. Este investigador afirma que la reina de Saba se convirtió al judaísmo.[37] De este modo, Menelik contribuyó a que una rama de la Casa Real de David se difundiera por Etiopía, y el judaísmo comenzó a extenderse más allá de las fronteras de Israel y de Egipto. Muchos siglos más tarde, los judíos que huyeron de Elefantina, Egipto, aumentaron esta nueva comunidad judía etíope.[38]

Quizás el relato más fascinante, frustrante y contradictorio de todo el Antiguo Testamento sea la historia del rey Salomón. Este rey, cuya sabiduría y poder eran legendarios, tan importante para los judíos como para los cristianos y los musulmanes, parece gozar de unos atributos que le confieren una jerarquía y una relevancia inimaginables. A pesar de las detalladas descripciones que encontramos en las Escrituras acerca de su autoridad, su poderío militar y su vigoroso imperio, así como también de la importancia del templo que construyó, no ha sido posible localizar ningún rastro arqueológico irrefutable de su obra. El autor inglés Graham Phillips describió este enigma de un modo sucinto:

No existe ni una sola referencia contemporánea a Salomón en los diversos países vecinos que llevaban archivos históricos durante el siglo X a. de C. Aunque en la Biblia se afirma que creó un enorme imperio en Oriente Medio, ninguno de sus contemporáneos parece haberlo advertido; ni siquiera los fenicios, con los cuales, según se dice, comerció, trabajó y forjó una alianza. Se cree que el faraón egipcio era suegro de Salomón, aunque esta información no consta en ningún archivo egipcio de dicho período, muchos de los cuales han perdurado hasta nuestros días. Sin los relatos bíblicos no conoceríamos la existencia de Salomón.[39]

Aunque no contamos con pruebas externas que confirmen su existencia, Salomón y todas sus obras fueron de suprema importancia para los escribas que redactaron la Biblia, a pesar de que durante su reino prevalecían en Israel actitudes politeístas discutibles. En la época de Salomón, Yavé no era considerado como un dios único, sino simplemente como el dios nacional, lo cual dejaba abierto el camino a una diversidad de cultos y a la veneración de todo tipo de dioses extraños, tal como dictaban la conveniencia política, las alianzas extranjeras, los matrimonios y las relaciones económicas. Esta situación condujo a una quiebra de la unidad religiosa que, a su vez, tuvo un efecto inevitable sobre la unidad nacional. Antes de la muerte de Salomón se hicieron serias y reiteradas advertencias sobre las posibles consecuencias de los hechos mencionados, pero nada pudo evitar la desintegración del reino tras la muerte del rey.[40]

4

El exilio y la reconstrucción del Templo

La muerte del rey Salomón marcó el final del antiguo Reino de Israel. La carga de los impuestos instituidos por Salomón para financiar las construcciones previstas y mantener su poder agudizaron las tensiones políticas que sufría el país hasta un punto de ebullición. Los problemas alcanzaron un nivel crítico cuando su hijo Reheboam ascendió al trono y anunció que seguiría aplicando la misma política, pronunciando la inmortal frase: «Mi padre os castigó con látigos pero yo os castigaré con escorpiones» (Reyes I 12, 11; Crónicas I 10, 11). El país se dividió en dos y cada una de sus partes recibió el nombre de las principales tribus de Israel. Al sur se encontraba el Reino de Judea, cuya capital era Jerusalén, y al norte estaba el Reino de Efraín, denominado Israel en la Biblia, que más tarde se convirtió en Samaria.

En el año 722 a. de C., los asirios tomaron Samaria y el Reino de Efraín dejó de existir. La conquista de Samaria y el destierro de su pueblo es uno de los pocos acontecimientos importantes descritos en la Biblia durante el período del primer templo, que es posible verificar mediante fuentes contemporáneas externas. En los anales de Sargón II, rey de Asiria, ha quedado registrado: «Al comienzo de mi reinado, asedié y conquisté la ciudad de Samaria... y tomé cautivos a 27 290 habitantes».[1] Este suceso de gran relevancia resultó traumático para todos los judíos, sin excepción, y el espectro de las «diez tribus perdidas de Israel» ha perseguido la memoria colectiva del pueblo judío desde entonces. Veinte años más tarde, los asirios sitiaron Jerusalén pero no consiguieron conquistar la ciudad. Sin embargo, su libertad tuvo una vida comparativamente breve, ya que en el año 598 a. de C. un nuevo conquistador llamado Nebuchadnezzar, rey de Babilonia, avanzó sobre el territorio. Jerusalén fue vencida en el año 597 y fueron capturados 10 000 de sus principales ciudadanos, incluido el heredero al trono (Reyes II 24, 14). El exilio fue sólo uno de los episodios, aunque de innegable importancia, de todas las calamidades que sufrieron los judíos entre los años 734 y 581 a. de C., ya que durante esa época se produjeron seis deportaciones forzadas de los israelitas, y muchos otros huyeron a Egipto y a otras tierras vecinas en busca de seguridad.[2]

La diáspora ya era una realidad y, a partir de ese momento, la mayoría de los judíos habrían de vivir fuera de la Tierra Prometida. Eran conscientes de que, al carecer de un templo o de un país propio, se enfrentaban a una inminente extinción y que su pueblo pasaría a formar parte de los infieles. Entonces, se consagraron a Dios. Poseían la Torah y otros escritos sagrados, y crearon una nueva forma de judaísmo en torno a estas posesiones espirituales, despojado de cualquier limitación territorial y lealtad política, y fundado en la piedad y el aprendizaje, en la religión y el estudio.[3]

De este modo, la adversidad que supuso el exilio forzoso en Babilonia fue convertida en una ventaja, lo que no sólo contribuyó a innovar la religión judía y asegurar la supervivencia del pueblo de Israel, sino que también transformó el mundo. Basándose en sus escrituras sagradas, los sacerdotes y escribas crearon la obra maestra literaria y espiritual que conocemos como el Antiguo Testamento. Los exiliados contaban con sus leyes, algunos archivos de su pasado, el Libro del Deuteronomio (que había sido descubierto fortuitamente justo antes de la caída de Jerusalén), sus tradiciones orales, los proverbios de los profetas y una apasionada determinación que no sólo proyectaba su visión en el futuro sino también en el pasado, en las recientes versiones convenientemente adornadas de su propia historia. Continuaban con un proceso que se había iniciado doscientos años antes, en una época al menos cinco siglos posterior al éxodo. En consecuencia, resulta evidente que muchas de las figuras centrales de la historia bíblica –Saúl, David,

Salomón,[4] Elías e incluso Josué– vivieron y murieron sin poder contar con la guía de las Escrituras. Lo que servía de orientación a estos gigantes espirituales del pasado era la herencia mística e iniciática de sus orígenes egipcios, incorporada a las Escrituras que adoptaron su forma escrita en Babilonia.

La redacción del Antiguo Testamento

Los modernos eruditos bíblicos han establecido un consenso general sobre la forma en que fueron redactadas las Escrituras. Las contribuciones de las fuentes y tradiciones anteriores previamente mencionadas ahora pueden ser identificadas, sea por la terminología con la que describen a Dios o porque su enfoque o tendencia revela sus probables orígenes. Los escribas de Babilonia y los que los sucedieron amalgamaron los textos en un conjunto viable –aunque en ocasiones contradictorio– y aplicaron su conocimiento de la historia y la mitología judías para conferirles un estilo narrativo convincente. Las hipótesis documentadas de los eruditos modernos señalan que es posible individualizar al menos cuatro fuentes principales. Se las identifica como: J, que nombra a Dios como Yavé o Jehová; E, que se refiere a Dios como Elohim; D, el autor del Deuteronomio, y P, la fuente sacerdotal.[5] Fuera del mundo académico, la mayoría de los cristianos y de los judíos no ortodoxos se inclinan por esta hipótesis o por alguna de sus variantes, en lugar de aceptar la idea tradicional de que el Pentateuco fue escrito por Moisés. Concluida alrededor del siglo II a. de C., la Biblia hebrea se compone de tres partes principales: la Torah o Pentateuco, el Neviim o Profetas y el Kentuvim o Proverbios. Ciertas partes de Daniel, Ezra y Jeremías fueron escritas en arameo y el resto fue redactado en hebreo.[6]

Los talentosos monjes, escribas y eruditos que compilaron las Escrituras no lo hicieron exclusivamente motivados por la inspiración espiritual, sino también por sus propios intereses personales. Las nuevas Escrituras destacaban el papel y la importancia de la casta sacerdotal y, muy en especial, de los miembros de los veinticuatro *ma'madot* o grupos de sacerdotes que hacían turnos para servir en el Templo de Jerusalén; por otra parte, reforzaban el prerrequisito imprescindible de ser descendiente de Zadok para acceder al alto sacerdocio en el Templo de Jerusalén.

Aplicando una vez más sus conocimientos espirituales de las épocas pasadas, los sacerdotes dieron una explicación aparentemente válida para las tribulaciones presentes. La apostasía nacional recurrente, detallada con tanta frecuencia en los nuevos relatos de su historia, fue utilizada para explicar la ira de Dios con el pueblo elegido y la fatalidad de la conquista y del exilio. Además de sufrir por sus propios pecados y por la ineficacia de sus líderes, el pueblo de Israel padecía porque los ciudadanos no habían conseguido mantener la alianza con Dios, ni individual ni colectivamente. Se habían buscado la ruina, ya que el infortunio del exilio fue el resultado directo de un pasado pecaminoso que se extendió desde la época de Josué hasta la caída de Jerusalén.

Esta explicación permitió que la mayoría de los judíos siguieran respetándose a sí mismos y que, gracias a su arrepentimiento y al retorno al buen camino, Dios les renovara su bendición y su protección.[7] Ahora los judíos tenían un incentivo para acercarse a Yavé mediante la observación de la Torah de Moisés. El Deuteronomio enumera una serie de leyes obligatorias, incluidos los Diez Mandamientos, que dieron forma a la compleja legislación autorizada por las Sagradas Escrituras de los 613 Mandamientos o *mitzvoth* del Pentateuco.[8] De este modo, el judaísmo se transformó en un código legalista que incidía en todos los aspectos de la conducta de sus adherentes.

En Babilonia, los judíos fueron despojados del principal santuario del Templo de Jerusalén. Por tanto, necesitaban un sitio para celebrar sus prácticas religiosas y que sirviera como un centro de difusión para las nuevas Escrituras con el fin de reforzar su identidad nacional y cultural. El origen de las sinagogas y su posterior desarrollo parece remontarse a estas reuniones de la comunidad judía en el exilio. Al carecer de un templo, se vieron obligados a renunciar a los sacrificios rituales, y a basar su culto en la oración y en la lectura de los nuevos textos religiosos.

Mientras tanto, los judíos de Babilonia comenzaron a hablar la lengua del país, el arameo, un idioma muy similar al hebreo.[9] Después del retorno a Jerusalén y Judea, el arameo fue la lengua más hablada por el pueblo judío durante muchos siglos; se trataba del mismo idioma que más tarde usaría Jesús. Incluso hoy en día, las oraciones judías para los muertos se recitan en arameo. El hebreo fue reservado para los textos sagrados y para las ceremonias, y a pesar de que en la actualidad se lo asocia comúnmente con el idioma del pueblo de Israel, no era conocido por ese nombre antes de ser utilizado en el prólogo del Eclesiástico (en torno al año 130 a. de C.). En Isaías 19, 18 se lo denomina «el idioma de Canaán», y un poco más adelante, en el mismo libro, se indica que la lengua judaica era el discurso jerosolimitano (Isaías XXXVI, 12-13). El término *hebreo* como indicación de raza no ha sido encontrado antes del exilio y, a excepción de la estela del faraón Mernephtah, que ya hemos mencionado, no existen suficientes pruebas objetivas de la existencia del pueblo de Israel tal como se lo describe en el Génesis y el Éxodo.[10]

La tradición iniciática judía

El historiador Norman Cantor refiere que algunos eruditos modernos, como por ejemplo John Allegro y el profesor Morton Smith, sostienen que durante el exilio en Babilonia los judíos no sólo aprendieron el arameo y a celebrar sus ritos religiosos en la sinagoga, sino que fue allí donde refinaron su monoteísmo. Allegro y Smith destacan que así lo sugiere el hecho de que las Escrituras fueran redactadas en ese territorio, situando la tierra natal del patriarca Abraham en Ur y no en Egipto, su verdadero país de origen. El judaísmo posterior al exilio puede haber recibido la influencia de la cultura religiosa de Mesopotamia y, según ambos investigadores, los judíos llevaron con ellos de Babilonia una religión esotérica de naturaleza tornadiza que serviría como complemento para la religión bíblica, más moderada, que conocemos hoy en día.[11]

Independientemente de lo cierta que sea esta afirmación, la lectura de las Escrituras nos permite conocer un hecho evidente: los judíos atesoraron sus propias tradiciones religiosas, místicas e iniciáticas, y se ocuparon de destacar su importancia en los inspirados textos que redactaron durante el exilio. La visión mística de los profetas fue ensalzada una y otra vez, el papel de los reyes-sacerdotes David y Salomón fue reverenciado, y el concepto iniciático de «niveles ascendentes de santidad» dominó la vida judía e incluso el propio recinto del Templo. El profeta Ezequiel, que describió el templo ideal en Jerusalén después de tener una visión mística un Babilonia, fue muy claro al abordar este tema.

Ezequiel concibió una zona especial en los alrededores de la ciudad y del templo destinada a la élite espiritual, el rey, los altos sacerdotes y los levitas. Este distrito era más sagrado que el resto de la Tierra Prometida ocupada por el resto de las doce tribus de Israel. Lejos de esta tierra sagrada estaba el resto del mundo, donde se habían establecido las otras naciones, los Goyim. Como Dios está radicalmente separado de toda creación, el pueblo elegido por Él debe compartir su santa segregación. Con el fin de poder vivir en el exilio junto a Dios, los desterrados tenían que procurarse una zona sagrada. No debían confraternizar con los Goyim ni coquetear con falsos dioses. El pueblo de Israel tenía que construir una casa lo suficientemente sagrada como para que Yavé pudiera morar entre ellos, un consuelo para los exiliados en Babilonia que, en consecuencia, creían estar más cerca de lo divino que sus vecinos paganos.[12]

Las primeras escrituras

El estilo de vida santo descrito y exigido como requisito esencial en los textos sacerdotales se pone particularmente de manifiesto en los libros Levítico y Números. P reescribió la historia de Israel desde una perspectiva sacerdotal, narrando las andanzas de los israelitas en el desierto. Al codificar las leyes que, presuntamente, Dios les había entregado en el monte Sinaí, describió una serie similar de zonas de santidad ordenadas en sentido ascendente. En el corazón de este espacio sagrado se hallaba el tabernáculo o sanctasanctórum, que alojaba el Arca y la «gloria» de Yavé. La única persona que estaba autorizada a entrar en él era Aarón, el sumo sacerdote. El mismo campamento ya era considerado sagrado debido a la presencia de Dios; fuera de él se encontraba el reino impío del desierto. Igual que Ezequiel, P caracterizó a Yavé como un dios ambulante y sin residencia fija, que se desplazaba junto a su pueblo y cuyo lugar sagrado se encontraba en el seno de la comunidad.

Para P, Israel sólo se convirtió en un pueblo cuando Yavé decidió vivir entre sus integrantes. Él «sabía» que la presencia de Dios era tan importante como la Ley y, en su nombre, Yavé reveló a Moisés el plan del tabernáculo transportable en el monte Sinaí al mismo tiempo que le hizo conocer la Ley o Torah. De este modo, se garantizaba a los judíos de Babilonia que Yavé podía permanecer junto a su pueblo en cualquier lugar donde éste se encontrara, incluso en el caos del exilio, pues ya había errado junto a él durante cuarenta días en el desierto.[13]

Los efectos acumulativos derivados de la redacción de las Sagradas Escrituras, el monoteísmo absoluto y exclusivo, la codificación de los 613 preceptos de la ley, las normas alimenticias, la institución de las sinagogas y la nueva visión religiosa de los escribas y sacerdotes, fueron magníficamente resumidos por Karen Armstrong:

> Finalmente, Yavé había ocupado el lugar de sus rivales en las fantasías religiosas de Israel; el paganismo perdió su atractivo en el exilio dando lugar al nacimiento del judaísmo como religión.[14]

El núcleo de este nuevo judaísmo fue la combinación de una tradición legalista con otra de carácter profético e iniciador, de la cual surgió una religión de orden y compromiso moral. Este hecho se puso de manifiesto en los diferentes enfoques que asumió el culto. El que había prevalecido en el período del primer templo había sido ruidoso, alegre y tumultuoso; en contraste, el culto que imperó en el segundo templo fue más sobrio y silencioso. En el exilio, el pueblo de Israel había tomado conciencia de que sus propios pecados eran responsables de la destrucción de Jerusalén, y las nuevas formas creadas por el culto tendían a reflejar que el pueblo tenía el corazón desgarrado. Este suceso fue conmemorado en el nuevo festival de *Yom Kippur*, el Día del Perdón, el único día del año en que el sumo sacerdote entraba en el *Devir* como representante del pueblo y, arrodillado, solicitaba el perdón de los pecados de toda la nación.[15]

La Torah

Un hecho fundamental para el desarrollo del judaísmo fue que la Torah dejó de ser monopolio exclusivo de la clase sacerdotal, para estar al alcance de todos aquellos que desearan conocerla. Con el paso del tiempo, se tornó la fuente primordial de todas las prácticas, normas y costumbres judías –no sólo en cuestiones religiosas y morales, sino también en los aspectos políticos, sociales, económicos y domésticos de la vida–. Esta entronización de la Torah en el mismo corazón de la vida salvó al judaísmo de convertirse en otra religión clerical, interesada únicamente por asuntos relacionados con las prácticas rituales y religiosas, para transformarlo en un culto que abrazaba todos los aspectos de la vida. Isadore Epstein afirma que éste fue el verdadero origen del estado teocrático ideal del pueblo de Israel.[16] No obstante, la antigua idea de nación ya no estaba vinculada únicamente al territorio: las reglas de Dios se extendieron a la diáspora, a pesar de que su hogar especial se encontraba en el Templo de Jerusalén.

El mensaje de Dios para el pueblo elegido se encontraba en las Escrituras que estaban en constante evolución y que, imponentes pero a menudo prácticamente impenetrables por la profusión de puntos oscuros que contenían, hicieron surgir un creciente ejército de escribas, sacerdotes y comentadores, cuyos juicios y opiniones fueron causa de interminables debates y argumentaciones. Como resultado, el mundo judío sufrió diversos conflictos internos que dieron lugar a muchas sectas y divisiones que coexistieron aglutinadas por las creencias espirituales del judaísmo. Bajo la dominación persa, la creación de dichas sectas se produjo sin interferencias exteriores, ya que el Imperio persa era tolerante con las tendencias religiosas de sus habitantes. Cuando en el año 333 a. de C. la región fue conquistada por el ejército de Alejandro el Grande, se garantizó una vez más a Judea que disfrutaría de una considerable autonomía. El alto sacerdote fue autorizado a seguir siendo el líder político y religioso, aunque con un gran coste para el pueblo, que se vio obligado a pagar los considerables tributos impuestos por los conquistadores.

Posteriormente, bajo el gobierno del rey selúcido Antioquio IV, los ya elevados impuestos llegaron a duplicarse. Este rey pagano designó como sumo sacerdote a su propio candidato, tras haber destituido en el 175 a. de C. al último alto sacerdote legítimo que era descendiente de Zadok. El hijo del sumo sacerdote depuesto ordenó construir un templo rival en Leontópolis, Egipto. Los sacerdotes zadoquitas más fervorosos se retiraron de la *ma'madot* para formar su propia secta en el desierto próximo a Qumran, basando su forma de culto en estrictas normas de pureza y observancia de la Torah, bajo el liderazgo del hombre al que llamaban el Maestro de la Justicia.

La tendencia a una división religiosa en el judaísmo era cada vez más evidente. No obstante, aún habría de llegar lo peor. Antioquio IV resolvió eliminar íntegramente el judaísmo. Las prácticas religiosas judías fueron prohibidas; la costumbre del Sabbath, la circuncisión y la observancia de todas las fiestas judías eran castigadas con la pena de muerte. La Torah fue vedada y el mero hecho de poseer una copia era considerado un delito capital. El templo fue dedicado a la adoración de Zeus y en el altar se ofrecía carne de cerdo; se llevaron prostitutas a sus recintos y se establecieron altares paganos en todas las ciudades y pueblos.[17] El resultado era previsible.

LA REVUELTA MACABEA

Bajo el liderazgo del sacerdote Matías, y más tarde de su hijo Judas Macabeo, el país entero se alzó en una revuelta. La guerra se libraba en dos frentes: el primero, contra los judíos que estaban deseosos de obedecer las nuevas leyes griegas; el segundo, contra los mismos griegos. La familia Macabeo logró que sus ejércitos resultaran victoriosos; el templo fue purificado y nuevamente inaugurado en la primera celebración de *Hanukkah*. En el 143 a. de C., una gran asamblea en Jerusalén nombró a Simón Macabeo etnarca y sumo sacerdote por herencia. Había comenzado la era hasmonea y, por primera vez en muchos siglos, el pueblo de Israel tuvo sus propios reyes-sacerdotes.

Al principio el país prosperó y, como resultado de una serie de guerras, creció considerablemente hasta que, bajo el mandato de Alejandro Jananeo, llegó a ser comparable al país gobernado por el legendario rey Salomón. Por desgracia, esta situación no habría de subsistir durante mucho tiempo, puesto que la dinastía hasmonita fue más tarde dividida por luchas intestinas. En la siguiente guerra civil, una de las facciones en guerra buscó la alianza del Imperio romano. Estos acontecimientos llevaron al poder a un hombre descrito como «un amigo de Roma», un individuo complejo y brutal con gran talento para la política, conocido por la historia como Herodes el Grande.

5

La Israel bíblica, Juan el Bautista y Jesús

a mayoría de los cristianos y de las personas pertenecientes a otros credos que viven en el mundo desarrollado creen tener un razonable conocimiento de las condiciones imperantes en la Israel bíblica. Sin embargo, su conocimiento procede de dos mil años de afirmaciones basadas en textos de gran trascendencia espiritual pero de escasa validez histórica, que no revelan una comprensión real de las costumbres sociales ni de las obligaciones religiosas de los judíos en esta época crucial. En el Nuevo Testamento se afirma que en aquella época sólo existían dos facciones del judaísmo –los saduceos y los fariseos– aunque hay una breve mención a los samaritanos. Como consecuencia, se ha llegado a la conclusión de que el judaísmo era una religión bastante unificada. Los documentos contemporáneos nos cuentan una historia muy diferente.

El historiador judío Flavio Josefo describe cuatro sectas principales del judaísmo en el siglo I de la era común: los esenos, los saduceos, los fariseos y la «cuarta filosofía».[1] Los esenos, ahora más conocidos como esenios, eran los descendientes espirituales y directos de los sacerdotes zadoquitas de la *ma'madot* que se retiraron al desierto como protesta porque Antioquio había profanado el templo y los macabeos habían nombrado a sumos sacerdotes que no descendían de Zadok.[2] Los esenos tenían bienes comunes y llevaban una vida austera, mantenían la pureza ritual, creían que el alma era inmortal y el aspecto principal de sus creencias era su insistencia casi fanática en «la observancia de la Torah», es decir, llevar una vida de rigurosa aceptación de la ley de Dios. Josefo dijo de ellos: «Superan en rectitud a cualquier hombre que sea adicto a la virtud...».[3]

Los saduceos y los fariseos

Los saduceos no creían en la inmortalidad del alma pero pensaban que la ley de la Torah, tal como estaba escrita, debía ser acatada sin la más mínima desviación.[4] Estaban muy influidos por la cultura helenista y, como la mayoría pertenecía a la clase que poseía propiedades, predicaban la cooperación con Roma. Isadore Epstein resumió las diferencias más significativas entre los saduceos y los fariseos del siguiente modo:

Los fariseos deseaban que todos los asuntos del Estado se abordaran respetando las estrictas indicaciones de la Torah y excluyendo cualquier otra consideración. Por el contrario, los saduceos sostenían que aunque lo correcto era reconocer la Torah como la constitución básica del Estado, en las nuevas condiciones era imposible sacar adelante un gobierno que necesitaba mantener estrechas relaciones con los poderes paganos, sin que la conveniencia política y los intereses económicos se convirtieran en el árbitro final de todos los acontecimientos.[5]

Epstein afirmó que los fariseos eran los únicos que estaban realmente capacitados para ocuparse de las necesidades de la época. Su doctrina principal afirmaba que la ley oral había sido revelada a Moisés mediante la enseñanza espiritual en el momento de recibir los Diez Mandamientos. Fueron liberales en su empeño por interpretar la ley y las tradiciones orales, e intentaron modificar su significado y observancia con el propósito de que fueran relevantes para la vida del pueblo, una actitud que los hizo merecedores de un considerable apoyo. Los saduceos expresaron con vehemencia su oposición a todas estas convicciones –y en especial a las consideraciones relativas a la ley oral–. Por ese motivo, en determinados aspectos, el avance de los fariseos puede ser considerado como una respuesta motivada por el exigente y anacrónico legalismo de los saduceos; en otros, se lo puede interpretar como una reacción a la helenización más profunda, representada por esta clase ultra conservadora, poderosa y sacerdotal.[6]

El dios de los fariseos no se limitaba al pueblo de Israel; era el dios de todos los individuos, judíos o gentiles. De hecho, era el dios de todo el mundo, de toda la humanidad.[7] No obstante, los estudiosos de los Rollos del Mar Muerto han encontrado recientemente otra descripción menos halagüeña de los fariseos –una versión que los retrata como «buscadores de lo fácil», únicamente interesados en llegar a acuerdos con los extranjeros, por lo que sus oponentes más extremistas, los «zelotes», los consideraban colaboradores–.[8] Desde la época de los macabeos, los saduceos y los fariseos fueron rivales activos que competían por el control del Estado.[9] Josefo menciona también una cuarta secta entre los judíos, a la que describe diciendo que posee «un compromiso inviolable con la libertad, que enloquece a la nación y la incita a levantarse contra los romanos».[10]

Otras sectas judías

Estas sectas estaban muy alejadas de los únicos grupos importantes que conformaban el entramado de creencias religiosas de la Israel bíblica durante los últimos siglos del período del segundo templo. Existía también una tendencia característica de judaísmo carismático cuyas raíces procedían de Galilea[11] y otra mística de múltiples facetas, derivada de las verdaderas raíces egipcias/hebraicas. Por ejemplo, en el siglo II a. de C., el *Devir*, o sanctasanctórum, que una vez había alojado el Arca de la Alianza –el trono de Dios en la Tierra– se convirtió en el foco de atención para los visionarios que se imaginaban ascendiendo directamente al glorioso palacio de Dios y acercándose a su trono celestial. Sabemos que los místicos judíos se preparaban para su ascensión mística mediante disciplinas especiales.[12] Otras especulaciones místicas del Talmud se centran en la *maaseh bereshith* (el trabajo de la creación) descrita en el primer capítulo del Génesis, y en la *maaseh merkabah* (el carro divino) que aparece en el relato de la visión de Ezequiel. En los tiempos talmúdicos estas doctrinas místicas fueron celosamente protegidas y estaba prohibido divulgarlas; sólo unos pocos discípulos elegidos a la manera tradicional egipcia estaban autorizados a conocerlas.

La Biblia incluye «los Salmos de los Ascendidos» y en la Cábala existe la tradición de los Maestros Ascendidos –la ascensión a través de diversos niveles de iluminación neoplatónica o gnosis– o ascensiones a los cielos superiores, otra variación de la tradición Merkabah, conocida también como Hekaloth.[13] La misma Cábala, legada por Aarón, es la tradición mística judía más importante. Uno de sus dogmas más conocidos es la idea del Zaddik, o El Justo.[14] El Hombre Justo, tal como lo define Ezequiel, no sufrirá por los pecados de otro. No morirá: «Quien debe morir es el hombre que ha pecado. Un hijo no debe sufrir por los pecados de su padre ni un padre por los pecados de su hijo» (Ezequiel 18, 17-21). En el *Sepher-al Zohar* se dice que Noé era un Hombre Justo que recibió el nombre de Fundación del Mundo, «y desde entonces se estableció la Tierra, pues ésta es la Columna que sostiene al mundo. De modo que Noé fue denominado 'Justo... y la personificación de la Alianza de la Paz para el mundo».[15]

Creencias apocalípticas

En la tradición de los esenios había un grupo de visionarios –que no necesariamente pertenecían a esa secta– cuyas ideas son veneradas en el libro conocido como el Apocalipsis.[16] En evidente contraste con los esenios y los apocalípticos que encarnaban una reacción negativa similar contra la miseria y la opresión de la época, los zelotes estaban decididos a luchar contra el opresor para poner fin a la tiranía. Eran patriotas vehementes que combinaban la devoción por la Torah con un profundo amor por su país, y estaban preparados para pelear y morir por ambos.[17] De hecho, a pesar de lo que se dice en el Nuevo Testamento, o está implícito en él, en esa época el judaísmo abarcaba al menos veinticuatro facciones y sectas que no eran consideradas herejes, sino una parte integral de la corriente principal del judaísmo.[18] Además, en distintas ocasiones, un judío devoto podía sentarse a los pies del maestro de uno o varios de estos grupos, con el fin de alcanzar el conocimiento espiritual y la probidad, sin que su actitud implicara una contradicción.

Herodes el Grande

En el año 63 a. de C., como resultado de la intervención de Pompeyo en la guerra civil que mantenían los fariseos y los gobernantes judíos Aristóbulo e Hicarnio, Judea comenzó a ser un estado títere de Roma.[19] Inicialmente, Roma no sabía cómo manejar a este pueblo, al que consideraba muy peligroso, pero no pasó mucho tiempo antes de que Judea estuviera bajo las órdenes del gobernador romano de Siria. Herodes el Grande se apoderó del trono de Judea en el 43 a. de C. y cuatro años más tarde Roma lo designó rey de los judíos. De acuerdo con Strabo, Herodes era «tan superior a sus predecesores, en particular en lo concerniente a las relaciones comerciales con los romanos y a la administración de los asuntos del estado, que recibió el título de rey».[20]

En contraposición con las creencias generales, al principio fue un rey valiente e ingenioso –constructor, administrador y un hábil político que impuso el orden y la estabilidad en el territorio–. Reconstruyó íntegramente el Templo de Jerusalén –que se convirtió en motivo de admiración tanto para los judíos como para los gentiles–, fundó el puerto de Cesárea y levantó fortalezas en el sur, llegando incluso hasta el Jordán, y al norte de la región, en Damasco. Herodes, que era idumeo y no era un judío practicante, reconstruyó el Templo de Jerusalén pero también ordenó levantar templos para dioses paganos. Tres de ellos fueron erigidos en honor a Roma y a Augusto –uno en Cesárea, otro en Sebaste y el tercero en Panias–.[21] Ordenó edificar un templo para Baal, concedió ayudas para la construcción de templos en Beirut y Tiro[22] y colaboró en la restauración del templo de Apolo Pitia en Rodas.[23] Amigo de Pompeyo y de Julio César, erigió la Antonia para Marco Antonio, más tarde residencia permanente de los procónsules romanos y finalmente ocupada por Poncio Pilato, también conocido como Pilatos.

Herodes es uno de los personajes mejor documentados de este período de la historia, y su comportamiento despiadado y sus intenciones asesinas para con los miembros de su propia familia, a los que percibía como una amenaza para su poder, han quedado ampliamente registrados.[24] Respecto de este incidente, el emperador romano Augusto pronunció las siguientes palabras: «Preferiría ser el cerdo de Herodes antes que ser su hijo»,[25] lo que resume la opinión que tenía este poderoso gobernante de uno de sus subordinados, acaso en el que más confiaba. Hacia el final de su vida, la conducta de Herodes llegó a ser tan cruel y violenta que terminó por destruir su reputación; una de sus últimas órdenes fue la ejecución del rabino Matías y de sus discípulos por haber derribado la sacrílega águila romana de las puertas del templo.[26] Sin embargo, existe una conocida historia que lo difama injustamente: el relato incluido en el Nuevo Testamento sobre la «matanza de los inocentes» (Mateo 1, 2 y siguientes). Las asombrosas diferencias que descubrimos entre los diversos relatos de los Evangelios sobre el nacimiento de Jesús nos dan motivos para cuestionarlos, sobre todo teniendo en cuenta que Josefo no hace ninguna mención a dicho suceso en su exhaustiva letanía sobre la crueldad de Herodes. Por otra parte, al no existir ninguna alusión a este acontecimiento en la literatura talmúdica de ese período, nos inclinamos a concluir que no fue real.

Durante las primeras décadas del reinado de Herodes, Roma disfrutó de una relación fructífera con los judíos de Palestina y con los de la diáspora.[27] Los romanos, que interferían lo mínimo indispensable en los asuntos internos de las provincias conquistadas, garantizaron a los judíos una considerable autonomía y les concedieron libertad de culto. Esta circunstancia, junto con la diestra administración política y religiosa de Herodes, contribuyó a evitar que se desbordara el hervidero de descontento nacionalista impulsado por las actividades de los zelotes y los hassidines. Este malestar había sido un constante telón de fondo para las cuestiones de estado desde la época de Antioquio IV (169 a. de C.), mucho antes de la llegada de los romanos.

Igual que antes de la ocupación, el Sanedrín continuó ejerciendo su potestad en todos los casos, fueran religiosos o civiles, lo que suponía una infracción de la ley judía. También existía el Sanedrín político, constituido por voluntad del sumo sacerdote, cuyos miembros procedían de los saduceos –un pueblo con sólidas convicciones políticas– y que actuaba como intermediario entre la administración romana y el pueblo. Se ocupaba de resolver los casos de sedición e insurrección, y de remitir luego a los acusados a los procuradores romanos. Lamentablemente, los procuradores que gobernaban Judea abusaban de su poder y eran capaces de cualquier cosa con tal de amargar la vida de sus súbditos judíos.[28]

La ocupación romana

Tras la muerte de Herodes, debido a la división del reino entre sus hijos y al gobierno intermitente de los procuradores romanos, el fervor nacionalista y religioso de los judíos se desbordó, dando lugar a violentas confrontaciones con los aborrecidos invasores romanos, los *Kittim*. La primera sublevación relevante fue denominada en el Talmud como la Guerra de Varus. Varus, gobernador romano de Siria, informó que durante la festividad de Pentecostés tuvo lugar una gran revuelta que se extendió desde Jerusalén hasta Judea, Galilea, Perea e Idumea. Actuando con la típica eficiencia romana, Varus envió a sus legiones al campo de batalla y quemó Emaús y Sephoris, esclavizando a los supervivientes de ambas ciudades.[29] Luego aplicó el castigo romano para la sedición, crucificando cruelmente a dos mil judíos.[30] La Guerra de Varus fue solamente el primero de una larga serie de episodios violentos que pondrían de relieve el descontento de los judíos con los romanos. Los reyes herodianos y sus maestros romanos aumentaban los impuestos una y otra vez, fomentando así una impetuosa combinación de fervor religioso y agitación política que progresivamente adquiriría mayor impulso.

La Israel bíblica era una teocracia; la ley de la tierra era la Torah y la ley romana era una imposición adicional. En este contexto, resultaba imposible hacer una declaración religiosa que no fuera al mismo tiempo política, y para los romanos fue difícil imponer restricciones políticas al pueblo sin caer en una contravención religiosa. Como se puede observar, el telón de fondo para la vida y el ministerio de Jesús fue una realidad turbulenta, y no el apacible y pacífico ambiente rural que se narra en los Evangelios.

El erudito bíblico Robert Eisenman, director del Centro para el Estudio de los Orígenes Judeocristianos de la Universidad del Estado de California, sugiere que para comprender este país helenizado –aparentemente tranquilo, donde los pescadores galileos echaban sus redes al mar–, las escenas del Nuevo Testamento que describen a los oficiales y soldados romanos como «casi santos» y el carácter vengativo de la turba judía definido en los Evangelios, es preciso tener en cuenta que estos relatos de presunta «inspiración divina» fueron redactados con una sumisión ciega a las realidades siempre presentes del poder romano.[31]

Josefo había aludido a este mismo hecho dos mil años antes, al escribir que todos los relatos históricos de dicho período adolecían de dos defectos esenciales, «la adulación de los romanos y el vilipendio de los judíos, halagos y abusos que fueron sustituidos por un archivo histórico real».[32]

Por otra parte, en la época en que se redactaron los Evangelios –durante las décadas posteriores a la destrucción de Jerusalén por los romanos en el año 70 de la era común– la doctrina y la mitología cristianas ya estaban bien desarrolladas. Por lo tanto, es preciso distinguir entre la imagen de Jesús que nos dan los Evangelios y la del Jesús histórico, que es muy diferente.[33] Apelando a una combinación de fuentes no canónicas –teorías contemporáneas, materiales apócrifos, los Rollos del Mar Muerto, actas no canónicas como los Reconocimientos Pseudoclementinos, los Pergaminos de Nag-Hammadi, la literatura más antigua de la Iglesia y la erudición moderna–, es posible reconstruir una representación aceptable de Juan el Bautista, Jesús y Jaime, y lo que es aún más importante, algunas indicaciones realistas de la naturaleza de sus verdaderas enseñanzas.

Josefo hace hincapié en los frecuentes actos de rebelión contra la ocupación romana, inspirados por líderes o profetas de la tradición apocalíptica del judaísmo, cuyo pensamiento visionario hablaba de la intervención de Dios en la última batalla de los justos contra las fuerzas del mal. Fue ésta una importante faceta de la enseñanza mesiánica en el seno del judaísmo. Tanto la tradición zadoquita/esenia como la farisea esperaban dos mesías y no sólo uno: uno de la casta sacerdotal y otro de linaje real. Ambas escuelas pensaban que hasta que el elegido de Israel acatara rigurosamente la alianza con Dios, no tendría lugar la redención final ni el triunfo del bien sobre el mal.[34] El mesías sacerdotal purificaría a los elegidos y el mesías real los conduciría a la victoria en la guerra librada contra los malignos. El Antiguo Testamento predijo la llegada del mensajero de la alianza que «purificaría a los hijos de Leví» (Malaquías 3, 1-4). También mencionó el retorno de Elías como figura reconciliadora (Malaquías 4, 5-6).

Juan el Bautista

El historiador Paul Johnson describe que en esos tiempos tan conflictivos, el ejemplo de los esenios dio lugar a la creación de una serie de movimientos bautistas en el valle del Jordán, pues toda la zona comprendida entre el lago de Genasseret y el mar Muerto estaba poblada de santos excéntricos, muchos de los cuales habían estado en Qumran, donde se habían imbuido de los preceptos esenios. Johnson, al igual que otros estudiosos especializados en esa época, sostiene que Juan el Bautista era un esenio convencido de que su misión era crear una élite dentro de otra élite para acelerar la purificación, un preludio necesario para el apocalipsis que se avecinaba.[35]

La posición que ocupaba Juan en el seno de la tradición profética está indicada por el hecho de que su propio pueblo creía que era Elías, que había regresado (Juan 1, 1). Josefo describe su misión y su ejecución en los siguientes términos:

Herodes lo había condenado a muerte [a Juan, apellidado el Bautista] a pesar de que era un buen hombre que había exhortado a los judíos a llevar una vida recta, a practicar la justicia con sus semejantes y a ser piadosos con Dios, para luego poder unirse con Él a través del bautismo. Juan creía que era una condición preliminar necesaria para que el bautismo fuera aceptado por Dios y que éste no debía ser utilizado para conseguir el perdón por los pecados cometidos, sino considerado como una consagración del cuerpo que implicaba que el alma había sido purificada por la conducta correcta. Herodes comenzó a alarmarse al ver que cada vez más personas se sumaban a las multitudes que seguían a Juan porque sentían que sus sermones las elevaban a un nivel superior. Su elocuencia producía tal efecto sobre quienes lo escuchaban que podía fomentar la sedición... Debido al recelo de Herodes, Juan fue encadenado, conducido a Machareus y condenado a muerte.[36]

En el contexto de la época que hemos descrito, el motivo que esgrime Josefo para la ejecución de Juan está totalmente justificado. No obstante, esto no debería ocultar el hecho de que también es muy factible

Estatua de Juan el Bautista en la catedral de Orleáns

la versión ofrecida en el Nuevo Testamento, a la luz de las relaciones que Juan tenía con los esenios, que se oponían con vehemencia a lo que ellos denominaban «fornicación». A pesar de ser diferentes, los relatos no son excluyentes, y pueden reflejar con precisión los aspectos opuestos y concurrentes de las motivaciones de Herodes.

Lo que nos relata Josefo de las creencias de Juan y de su idea del bautismo es aún más significativo. Un estudioso de la Biblia, John Dominic Crossan, afirma que la perspectiva de Josefo alude a que el bautismo no era un acto ritual que redimía los pecados, sino una limpieza física externa que simbolizaba que la purificación espiritual interior ya había tenido lugar.[37] A propósito de los temas mencionados, un historiador moderno escribió:

> Los discípulos de Juan [el Bautista] lo seguían con el fin de aprender a purificarse correctamente, tanto en lo interior como en lo exterior. Tal como indicaba Juan, una vez que se sentían virtuosos y rectos acudían a él para someterse al rito de la inmersión... No todos pretendían convertirse en sus discípulos. Sin embargo, una vez que eran sumergidos en el agua debían aceptar las enseñanzas de Juan y considerarlo su maestro.[38]

La Iglesia siempre ha negado que Juan el Bautista fuera maestro de Jesús; no obstante, los eruditos modernos tienden a apoyar la perspectiva «hereje» de que Jesús era efectivamente su discípulo, una tradición que se ha mantenido viva durante dos mil años entre las corrientes ocultas de la espiritualidad preservadas por los descendientes de los *ma'madot* y, en especial, por las familias *Rex Deus* y sus herederos espirituales, los templarios y los francmasones.

Jesús el Nazareno

La relación maestro-discípulo existente entre Juan y Jesús conlleva múltiples problemas para la Iglesia. En primer lugar, se considera que la Iglesia se ha mostrado un poco «ahorrativa» en verdades al describir la relación entre estos dos inspirados personajes. En segundo lugar, si Jesús fue discípulo de Juan, tenía que haber sido un pecador que restituyó su rectitud con el propósito de ser apto para el bautismo –una idea inconcebible para aquellos que creen en su divinidad–. Si Jesús fue un devoto judío tan comprometido con la Torah como para convertirse en discípulo de Juan el Bautista y someterse a la purificación de los pecados y al bautismo, resulta inverosímil que se haya considerado a sí mismo divino. Para él, como para el resto de los judíos, eso hubiera sido la blasfemia final. Después de investigar exhaustivamente ese período, el autor moderno A. N. Wilson llegó a la conclusión de que Jesús era un *hasid* de Galilea, un hombre santo, un sanador en la tradición profética. Wilson afirma categóricamente:

> Debo admitir que me parece incongruente que un hombre santo galileo del siglo I en algún momento de su vida haya creído ser la Segunda Persona de la Trinidad. Se puede considerar intrínsecamente improbable que un judío monoteísta creyera en algo semejante.[39]

Además de la plétora de las así llamadas reliquias de dudosa procedencia, existe un solo objeto arqueológico que hace referencia a Jesús, y fue descubierto hace muy poco tiempo, en el 2001. Se trata del osario inscrito en arameo cuyas palabras se pueden traducir como: «Jaime, hijo de José y hermano de Jesús». No debe sorprendernos que este descubrimiento despertase un considerable escepticismo cuando salió a la luz por primera vez. Lamentablemente, más tarde se pudo demostrar que se trataba de una falsificación moderna muy lograda, fabricada y vendida con fines económicos. Este tipo de fraudes no constituyen nada nuevo; fabricar «reliquias sagradas» fue un próspero negocio durante el Medioevo. Las falsificaciones, antiguas o modernas, no dan fe de la realidad histórica de Jesús. De hecho, desde una perspectiva realista es bastante complicado intentar comprender la naturaleza y el verdadero alcance de sus enseñanzas, pues a excepción de los Evangelios canónicos, tuvieron muy poco impacto. Por lo tanto, debemos reconstruir la estructura de sus verdaderas enseñanzas a partir de los Evangelios y Actos Apócrifos, desarrollados y apoyados por la documentación relevante hallada entre los descubrimientos más recientes de Qumran y Nag-Hammadi.

Las enseñanzas de Jesús

Las fuentes del Nuevo Testamento, con una o dos notables excepciones, nos ofrecen más información sobre el punto de vista de sus autores que del mismo Jesús. No obstante, dichas excepciones son interesantes, en especial cuando contradicen los preceptos de la Iglesia. Por ejemplo, Karen Armstrong destaca uno de esos episodios al afirmar: «Es evidente que los discípulos de Jesús no pensaban que habían fundado una nueva religión: continuaron viviendo como judíos practicantes y acudiendo cada día al Templo».[40] Su comentario está basado en un pasaje de los Actos de los Apóstoles (Actos 2, 46). De acuerdo con Arístides, uno de los primeros apólogos del cristianismo, el culto de los primeros «cristianos» de Jerusalén fue fundamentalmente monoteísta, incluso más que el de los judíos. Por consiguiente, resulta obvio que sus discípulos y apóstoles no consideraron las enseñanzas de Jesús como los orígenes de una nueva forma de religión, ni tampoco como una acusación de judaísmo. La única diferencia entre ellos y sus vecinos judíos estriba en su fanática adherencia a la interpretación de Jesús de la Torah, reforzada por su fe en la naturaleza mesiánica de su función.

El título de Jesús el Nazareno es muy poco apropiado, ya que, de hecho, Nazaret no existía en aquel momento. La descripción más idónea sería el Nazoreano, una secta derivada de los esenios. La naturaleza gnóstica e iniciática de las prédicas de Jesús son bastante evidentes en un pasaje del Evangelio de Tomás, descubierto en 1945 entre los pergaminos de Nag Hammadi, en Egipto, que registra las siguientes palabras de Jesús: «Aquel que beba de mi boca será como yo. Yo mismo me convertiré en él y las cosas que están ocultas le serán reveladas».[41] En su papel de supremo maestro de lo recto, Jesús inició a una élite de sus seguidores nazoreanos mediante una forma de bautismo. El profesor Morton Smith descubrió una prueba de este hecho al estudiar el Evangelio Secreto de Marcos, del cual encontró referencias en el monasterio de Mar Saba, en Israel.[42] Es muy probable que se tratara del texto conocido originalmente como *Evangelio de los Hebreos*.

Las palabras de Jesús recogidas en los Evangelios canónicos sólo pueden ser aceptadas como fidedignas cuando son acreditadas en obras apócrifas o pueden ser validadas por los textos que recogen las creencias

LOS CVSTODÍOS DE LA VERDAD

del hermano de Jesús, Jaime el Justo. El resto de sus enseñanzas se pueden considerar factibles siempre que resulte evidente que no han sido contaminadas por tendencias pro romanas o cuando concuerden con las principales creencias judías. Por ejemplo, se dice que Jesús pronunció la siguiente frase: «No debéis seguir el camino de los gentiles ni entrar en ninguna de las ciudades de los samaritanos, sino dirigíos hacia las ovejas perdidas de Israel» (Mateo 1, 5-6), lo cual coincide íntegramente con las enseñanzas de los esenios y se puede considerar como una reflexión auténtica.

Por contraste, existen otras palabras atribuidas a él: «Dirigíos hacia allí y aceptad discípulos de todas las naciones, bautizándolos en el nombre del Padre, del Hijo y del Espíritu Santo», que deberían ser rechazadas por constituir una idea insostenible para la tradición esenia (Mateo 29, 19) no sólo porque les enseñaba a predicar a los gentiles sino, lo que es más importante, por el uso de la frase «en el nombre del Padre, del Hijo y del Espíritu Santo», que sería un anatema para cualquier judío. Los judíos, ya fueran nazoreanos, esenios, zelotes o pertenecientes a cualquier otra secta, reconocían un solo dios, el Dios de Israel. La frase «Padre, Hijo y Espíritu Santo», no aparece en ningún documento judío legítimo y no fue de uso general entre los cristianos hasta mucho después de la destrucción de Jerusalén.

El período crucial es el que comienza con la entrada triunfal de Jesús en Jerusalén y su crucifixión al cabo de una semana. La deliberada puesta en escena de su entrada en la Ciudad Santa la semana siguiente a la Pascua, tal como se narra en los Evangelios,[43] anticipó a los romanos que se avecinaba un grave problema. Por otra parte, uno de los Evangelios recoge que Jesús fue saludado con las palabras «bendito sea el Rey de Israel» (Juan 12, 13), que podían haber sido interpretadas por los romanos como una manifiesta llamada a la rebelión. Dos siglos antes se habían producido episodios similares que resultaron muy penosos, como la entrada en Jerusalén del triunfante Simón Macabeo, que purificó el templo después de haber sido ovacionado por el pueblo «con elogios y ramas de palmera» (Macabeos 13, 50-51), una advertencia para los romanos que se vio reforzada cuando Jesús volcó las mesas de los cambiadores de dinero del templo poco después de haber entrado en la ciudad.[44]

Estos hechos, que ocurrían precisamente antes de la festividad más importante del judaísmo, cuando la ciudad era un hervidero en el que confluían saduceos, fariseos, zelotes, hassidines y toda una colección de fundamentalistas apocalípticos imbuidos de fervor religioso y nacionalista, constituyeron un polvorín político y religioso, y la entrada de Jesús a la ciudad encendió la mecha.

Poncio Pilato

Este prefecto romano no era la persona ideal para solucionar una situación tan delicada y explosiva. Poncio Pilato, o Pilatos, se había ganado una reputación de hombre corrupto y violento que perpetraba atracos y ordenaba numerosas ejecuciones, sin siquiera apelar a la formalidad de un juicio previo.[45] Ya había debilitado el poder y la influencia del Sanedrín, privando a sus miembros de su competencia en los asuntos religiosos, y había cargado al Sanedrín político con la responsabilidad de arrestar a todo aquel que fuera sospechoso de conspirar contra Roma y de ponerlo a disposición de los romanos para ser sometido a juicio.

Los guardias del Templo, actuando bajo las instrucciones del Sanedrín político, arrestaron a Jesús y lo llevaron ante Pilatos.[46] El Sanedrín no celebró un juicio nocturno para Jesús, que había sido acusado de blasfemia –lo cual hubiera sido ilegal en aquella época– y tampoco ordenó conducirlo hasta Herodes. Pilatos no incurrió en prevaricación, ya que ¿por qué habría de preocuparse por la vida de un solo hombre cuando su predecesor, Varus, había crucificado a dos mil judíos acusados de sedición? El hecho ineludible es que Jesús fue crucificado por los romanos bajo la misma acusación y no fue juzgado por blasfemia por los judíos, puesto que, según sus normas, su mensaje no se apartaba de la tradición judía. Fue juzgado y ejecutado por el procurador romano Poncio Pilato,[47] un hombre que era conocido por su crueldad para desbaratar cualquier insurrección potencial. Como veremos más adelante, la crucifixión era el castigo habitual de los romanos para la sedición, la rebelión y el amotinamiento, como lo era la muerte por lapidación para la blasfemia.

Para descubrir quién condujo a los nazoreanos después de la muerte de Jesús, cómo consiguieron finalmente los romanos destruir Jerusalén y, lo más importante, cómo el judaísmo y las enseñanzas de Jesús llegaron a transformarse en dos religiones diferentes después de tan traumático suceso, debemos estudiar la vida y las enseñanzas del hermano de Jesús, Jaime el Justo, sumo sacerdote del templo y conocido como «el primer obispo de Jerusalén».

6

JAIME EL JUSTO, SAN PABLO Y LA DESTRUCCIÓN DEL TEMPLO

La antigua tradición que defiende que Jesús designó a Pedro para conducir a sus discípulos después de la crucifixión fue creada por la Iglesia más de cuarenta años después de proclamar la supremacía de Roma como centro del cristianismo. La verdad sobre el liderazgo de los discípulos originales se puede encontrar en el Nuevo Testamento, la obra de los primeros padres de la Iglesia, y en un pasaje de uno de los Evangelios Apócrifos. Suprimido por la Iglesia, el Evangelio de Tomás desapareció durante más de mil quinientos años hasta que, en 1945, se descubrió en Nag Hammadi una copia del texto entre otros documentos. En ella se puede leer:

> Los discípulos dijeron a Jesús:
> «Sabemos que te alejarás de nosotros.
> ¿Quién será nuestro líder?».
> Jesús les dijo:
> «Dondequiera que estéis, debéis dirigiros a Jaime el Justo,
> por quien el cielo y la tierra comenzaron a existir».[1]

La frase «por quien el cielo y la tierra comenzaron a existir» tiene un trasfondo característico de la descripción cabalística tradicional de Noé, del cual se dice: «El Hombre Justo es la Fundación del Mundo».

Otra referencia a la designación de Jaime como sucesor de Jesús aparece en los Reconocimientos Pseudoclementinos.[2] Epifanio, otro de los primeros padres de la Iglesia e historiador del cristianismo, describió a Jaime como «el primer hombre al que el Señor confió su Trono en la Tierra».[3]

Sin embargo, Clemente de Alejandría afirma que no fue Jesús quien lo nombró líder, sino que Jaime fue elegido por los apóstoles. Por tanto, independientemente de cómo haya llegado a ocupar esa posición, queda claro que el verdadero sucesor de Jesús fue Jaime, y no Pedro. El Nuevo Testamento así lo reconoce cuando dice que Jaime es «el primer obispo de Jerusalén» (Actos 12, 17). Robert Eisenman llega a una conclusión lógica cuando afirma:

> Jaime fue el verdadero heredero y sucesor de su hermano Jesús –líder del movimiento que hoy llamamos «cristianismo» y mucho más popular en ese momento– y no el personaje más helenizado que conocemos a través de su segundo apellido griego, Petros, la «Roca», en cualquier evento de la Iglesia romana.[4]

La deliberada creación del mito de fundación petrino fue el hecho determinante que obligó a la Iglesia a marginar el papel de Jaime. Los Evangelios dejan claro que Jesús era miembro de una familia numerosa que incluía a Jaime, José, Simón y Judas Tomás, además de varias hermanas que no han sido identificadas (Mateo 13, 55); esto parece explicar la elección de Jesús al pensar en su sucesor. ¿Quién podía conocer mejor las enseñanzas de Jesús y ser considerado lo suficientemente fiable como para difundir sus ideas sin alterarlas? Como es obvio, nadie mejor que uno de sus propios hermanos y, de todos ellos, Jaime ya gozaba de una merecida reputación gracias a su sentido de la justicia. Otro acontecimiento importante que fomentó la vergonzosa reacción de los teólogos cristianos en contra de Jaime fue que en el siglo II, basándose en su sabiduría de inspiración divina, la Iglesia declaró que María, la madre de Jesús, era virgen y que Jesús, su único hijo, era célibe.

El hecho de que los Evangelios nombren a Jesús como miembro de una familia numerosa no fue el único problema incómodo que tuvieron que superar los teólogos de la Iglesia; también estaba la cuestión de su estado civil. Las costumbres judías de la época exigían que todos los hombres, y en especial los rabinos, se casaran y formaran una familia. Las pocas excepciones a esta regla se indican con absoluta claridad en la literatura sagrada; una de ellas es su hermano Jaime, que fue descrito por los primeros padres y teólogos de la Iglesia como un nazorita «dedicado a la Santidad desde el vientre de su madre»[5] y que había permanecido soltero por ese motivo. Como rabí, Jesús debía acatar las 613 escrituras de la Ley y estaba obligado a casarse; más aún, como descendiente directo de David, le correspondía tener un heredero.

La boda de Jesús

El padre Jerome Murphy-O'Connor, profesor de teología del Nuevo Testamento en la Ecole Biblique de Jerusalén, afirmó en un programa de radio de la BBC:

Es indudable que Pablo estaba casado... El matrimonio no era una cuestión de elección para los judíos; por esta razón hubo tan pocos solteros durante los primeros siglos; en consecuencia..., Pablo... debía de haberse casado... era una obligación social cuyo cumplimiento no admitía discusión.[6]

El intento de la Iglesia de aplicar al caso de Jesús el mismo razonamiento utilizado por el padre Murphy-O'Connor en relación con Pablo fue un rotundo fracaso, aun cuando en el Nuevo Testamento no existe ninguna mención al celibato de Jesús, una situación que hubiera provocado muchos comentarios en aquella época. No obstante, en los Evangelios existen referencias al estado civil de Jesús y claves para identificar a su esposa.

Un letrado inglés, A. N. Wilson, sugiere: «El relato de la celebración de la boda en Canaán alude vagamente al propio enlace de Jesús»,[7] y el estudioso musulmán profesor Fida Hassnain dice al respecto:

La cuestión es ¿quién es la invitada y quién es la novia? Yo sugeriría que María es la anfitriona, ya que ordena que se sirva vino a los invitados, asunto del que se ocupa Jesús. Cabe preguntarse si se trata de su propia boda con María Magdalena y si el episodio en su conjunto ha sido intencionalmente disimulado... Creo que María Magdalena se comportaba como su consorte y que Jesús la tomó por esposa.[8]

El relato de la boda se encuentra en el Evangelio de Juan:

Y al tercer día hubo una boda en Canaán de Galilea; y la madre de Jesús estuvo allí.
Y tanto Jesús como sus discípulos fueron invitados a la boda.
Y cuando quisieron beber vino, la madre de Jesús le comunicó que los invitados no tenían vino, y Jesús dijo: «Mujer, ¿qué debo hacer con ellos? Mi hora aún no ha llegado».
Su madre anunció a los sirvientes: «Lo que él os haya dicho, debéis hacerlo» (Juan 2, 1-5).

La historia continúa con la conversión del agua en vino y Jesús ordenando a los sirvientes que lo sirvan. Un estudio sobre las costumbres judías de la época revela que sólo el novio o la madre del novio tenían autoridad para dar órdenes a los sirvientes en la celebración de un casamiento[9] –lo cual nos indica que, efectivamente, se trata de la descripción de la boda de Jesús.

Un poco más adelante, en el mismo Evangelio, se mencionan ciertas circunstancias que, interpretadas una vez más bajo la luz de las estrictas costumbres legalistas de esos tiempos, revelan la verdadera naturaleza de la relación que mantenían Jesús el Nazoreano y María Magdalena:

Entonces Marta, tan pronto como oyó que se acercaba Jesús, se dirigió a él; pero María se quedó sentada en la casa...
Y habiendo dicho esto, siguió su camino y llamó a su hermana en secreto, diciendo: «El Maestro ha llegado y ha preguntado por ti». Al escuchar estas palabras, María se puso de pie rápidamente y se dirigió hacia él (Juan 11, 20. 28-29)

María es María de Betania, más conocida como María Magdalena, que desempeña el papel de esposa obediente, la única mujer a la que se permitía sentarse a los pies de un hombre. En el Evangelio de Lucas encontramos la siguiente frase: «Y tenía una hermana llamada María que también se sentó a los pies de Jesús y escuchó sus palabras» (Lucas 10, 39). En consecuencia, conforme a la tradición judía, Jesús y María Magdalena eran marido y mujer.

La teóloga católica Margaret Starbird estaba tan indignada por la evidente herejía del matrimonio de Jesús, tal como se describe en *Holy Blood, Holy Grail*, que se propuso refutarla. No obstante, el libro que publicó después de varios años de minuciosas investigaciones, *The Woman with the Alabaster Jar (La mujer de la jarra de alabastro)*[10] habla de su integridad intelectual y espiritual, pues es una exposición detallada que demuestra con espléndidos argumentos la evidencia conclusiva del enlace de Jesús y María Magdalena y la fundación de su dinastía. La jarra de alabastro en cuestión contenía un perfume muy caro con el que María ungió la cabeza de Jesús:

> Jesús estaba en Betania visitando la casa de un hombre conocido como Simón el Leproso, cuando una mujer se acercó a él con una jarra de alabastro que contenía un perfume muy costoso y lo vertió sobre su cabeza mientras él se reclinaba sobre la mesa.[11]

Según las costumbres judías y otras tradiciones de Oriente Próximo procedentes de Sumeria, Babilonia y Canaán, la cabeza del rey era untada ritualmente con aceite; en general, esta tarea estaba a cargo de las sacerdotisas reales o de la novia real en su antiguo papel de diosa. Los griegos denominaban a este ritual *hieros gamos* o matrimonio sagrado. Esta unión ritual con la sacerdotisa era esencial para que se reconociera la condición real y divina del rey, como el verdadero «ungido» o Mesías.[12] Como resultado, el arte occidental y la iconografía de la Iglesia casi siempre representan a María Magdalena como la dama de la jarra de alabastro.

La primera Iglesia de Jerusalén

La gran cantidad de material dedicado a puntualizar las creencias de Jaime el Justo y los esenios nos ayuda a aclarar las auténticas enseñanzas fundamentales de Jesús y, además, constituye una inapreciable ayuda para eliminar la pátina de ofuscación teológica provocada por la mitificación de este iluminado maestro espiritual. A pesar de que la primera Iglesia cristiana se distanció de las enseñanzas iniciales de Jesús, su estructura social fue en buena parte modelada por las enseñanzas, la tradición y la práctica de los esenios.[13]

La Iglesia de los primeros tiempos se basó en un documento conocido como *Didaché* o «Las Enseñanzas del Señor». Las cartas que se enviaban a las nuevas comunidades cristianas a menudo citaban normas extraídas de este texto. Las semejanzas entre el *Didaché* y las *Normas Comunitarias* encontradas entre los Rollos del Mar Muerto son bastante asombrosas –en particular teniendo en cuenta la determinación de la Iglesia de fechar al segundo de los documentos en una época anterior–. Ambos comienzan con la descripción de «los dos caminos» –el camino de la luz y el camino de la oscuridad– y su posterior desarrollo no deja ninguna duda respecto de cuál de ellos fue redactado en primer lugar.

La primera «Iglesia cristiana» en Jerusalén fue dirigida por un triunvirato de ancianos que se basaban en el modelo de la comunidad esenia. Los tres líderes de los seguidores de Jesús eran conocidos como «las Columnas» y son nombrados en el Nuevo Testamento como Jaime –el hermano de Jesús, denominado «primer obispo de Jerusalén»–, Simón-Pedro y Juan (Gálatas 2, 9). Esto demuestra que el afianzado uso del simbolismo de las columnas continuó evolucionando desde sus orígenes egipcios –cuando era utilizado como signo de sabiduría de inspiración divina o gnosis–, convirtiéndose inicialmente en la alegoría de la presencia divina durante los cuarenta años en el desierto, hasta llegar a ser la representación simbólica de un individuo que ha alcanzado la iluminación o la probidad. En los Rollos del Mar Muerto, Jaime el Justo es equiparado con el Maestro de lo Recto de los esenios.[14]

Jaime el Justo

Como miembro hereditario de la *ma'madot*, Epifanio describió la función de Jaime como sumo sacerdote en los siguientes términos:

Creo que él también ejerció el sacerdocio ateniéndose al antiguo ministerio [rechabita o nazorita, y muy posiblemente al que los hebreos denominan el «sacerdocio después de la orden de Melchizedek»]. Por esta razón se le permitía entrar al sanctasanctórum una vez al año, como establece la Biblia en la ley referente a los sumos sacerdotes. También estaba autorizado a llevar la diadema santa, igual que los hombres dignos de confianza, previamente mencionados en sus relatos –Eusebio, Clemente y otros.[15]

Hegesipo, otro de los primeros padres de la Iglesia, relata que Jaime es conducido al Templo por los escribas y fariseos para calmar a las multitudes congregadas con motivo de la Pascua, ansiosas por ver al Mesías. Parece evidente que la utilización de estas figuras consagradas no era más que un intento de apaciguar a la masa con el propósito de garantizar una convivencia pacífica con los ocupadores romanos.

Sin embargo, Jaime tenía otras ideas que, durante los años que dieron lugar a la guerra contra Roma, lo habían situado en el centro mismo de la agitación en el Templo.[16] Lejos de apaciguar a la muchedumbre, Jaime encendió la mecha de la revuelta.[17] En *The Antiquities of the Jews* (*Las antigüedades de los judíos*) que ya hemos citado, Josefo describe las creencias y actividades de la «cuarta filosofía» defendida por los entusiastas de la libertad, punto de fusión de las descripciones de los esenios incluidas en *The War of the Jews* (*La guerra de los judíos*) y las de su grupo nacionalista. De este modo, Josefo confirma que los esenios y los zelotes tenían la misma orientación política y religiosa o, lo que es más factible, que era prácticamente imposible diferenciarlos. Esta circunstancia se ve reforzada por el hecho de que Josefo utiliza únicamente el término zelotes cuando se refiere a los oponentes del sumo sacerdote Ananus, que acabó siendo el asesino de Jaime.

Jaime, a la cabeza de un grupo de estrictos judíos nacionalistas profundamente religiosos, fue el hombre al que Jesús había confiado el liderazgo de sus propios discípulos. La pregunta es: ¿había considerables diferencias entre las verdaderas enseñanzas de Jesús y las de Jaime? Resulta inconcebible que pudieran existir divergencias significativas entre ellos; sin embargo, esto da lugar a otra pregunta: ¿cómo y por qué la versión de los preceptos de Jesús recogida en los Evangelios canónicos es tan diferente a las prácticas ultraortodoxas y sectarias basadas en la Torah, respetadas por Jaime el Justo y los esenios? Para comprenderlo debemos analizar el carácter de un hombre cuyos cambios de dirección fueron desconcertantes por su complejidad –aquel que comenzó persiguiendo a los seguidores de Jesús fue «milagrosamente convertido», se unió a Jaime y a los otros, y más tarde los traicionó.

Saúl de Tarso

El hombre que, en siglos posteriores, fue conocido como el padre del cristianismo fue el extraño y complejo Saulo, o Saúl de Tarso, más conocido como san Pablo. Los propios textos de Pablo confirman que era un ciudadano romano y también un fariseo que había pasado cierto tiempo persiguiendo a los seguidores de Jesús tras la crucifixión (Actos 7, 59). Después de su milagrosa conversión, que se produjo de camino a Damasco, modificó radicalmente su opinión y no sólo abrazó una nueva religión, sino que también cambió su nombre. Después de tres misteriosos años en Arabia (Gálatas 1, 17), se unió a Jaime en Jerusalén y, antes de iniciar una serie de prolongados viajes evangélicos, aprendió el «verdadero Camino» tal como había sido predicado por Jesús (Actos 24, 14).

Los viajes misioneros de Pablo lo llevaron hasta muchas de las ciudades más importantes del Mediterráneo oriental, lo que pone de manifiesto su perseverancia y su energía. No obstante, al cabo de muy poco tiempo fue criticado con mordacidad por Jaime y por los discípulos originales de Jerusalén. A partir de los relatos del Nuevo Testamento y también de otras fuentes, parece evidente que existían diferencias fundamentales entre la interpretación del Camino de Jaime y sus compañeros esenios y la versión predicada por Pablo. El conflicto fue inevitable y es mencionado en el relato del Consejo de Jerusalén en los Actos de los

Apóstoles, aunque restándole importancia. Esta versión un tanto diplomática de los sucesos implica que, tras algunas discusiones, la versión del mensaje de Pablo fue considerada aceptable y válida (Actos 11). De todos modos, contemplando el hecho de que Jaime el Justo y los discípulos de Jesús mantenían una dedicación absoluta a la Torah, acataban la estricta prohibición de mezclarse con los gentiles, obedecían con rigurosidad las normas judaicas para la alimentación e intentaban crear una «élite purificada en el seno de la élite de Israel» a fin de prepararse para la victoria final del poder de la luz sobre los poderes de la oscuridad en los Últimos Días, debemos considerar que es una versión poco creíble –en particular, al conocer las creencias personales de Pablo, que son claramente expresadas en sus epístolas.

Pablo no solamente se mezcló con los gentiles sino que, además, afirmaba que la alianza y sus leyes ya no debían aplicarse, que la circuncisión no era necesaria para los conversos y que bastaba con tener fe para conseguir la salvación antes de llegar a la Parousia o el Fin de los Tiempos, momento en que tendría lugar el retorno de Jesús. Al estudiar los Rollos del Mar Muerto y los documentos asociados, Robert Eisenman halló datos relativos a esta disputa que le permitieron reconstruir una versión más exacta de estos eventos. En ellos, resulta obvio que la discusión gira en torno a los sermones que Pablo dirigía a los gentiles y a su postura respecto de la Torah. Esto condujo a una dramática confrontación entre un hombre llamado el Mentiroso y sus seguidores, y el Maestro Justo y sus propios discípulos.

La importancia de esta amarga refriega se acentuó por la referencia a la traición que se hace en el texto subyacente, donde se mencionan los conflictos existentes entre las facciones en el seno de la comunidad.[18] La insistencia de los esenios en la pureza ritual, en la observancia de la Torah, en el rechazo a consumir alimentos sacrificados para los ídolos y en la prohibición del contacto social con los gentiles fue rígidamente reforzada dentro del grupo. En las Normas de la Comunidad de Qumran se establece:

> Cualquier hombre que ingrese en el Concilio de la Santidad y que siga el Camino de la Perfección, tal como ordenara Dios, y que transgreda, de forma tácita o explícita, una sola palabra de la Torah de

Moisés... será expulsado del Consejo de la Comunidad y no podrá retornar jamás. Ningún Hombre en Santidad deberá asociarse con él en asuntos económicos ni en ninguna otra cuestión.[19]

Esto es exactamente lo que le sucedió a Pablo, pues después de su expulsión, incluso Bernabé, la persona más próxima a él, se apartó de su lado; este hecho se recoge en la Epístola a los Gálatas (2, 11-13). Su total repudio de la Ley y su insistencia en la salvación sólo a través de la fe y sin necesidad de acatar la Torah, a la que no otorga ningún valor, se menciona de forma manifiesta un poco más adelante en la misma carta (2, 15-16). El historiador católico Paul Johnson afirma que en la época de esta disputa, la misión evangélica de san Pablo fue perdiendo terreno en favor de los evangelistas debidamente acreditados por Jaime el Justo en Jerusalén.

Pablo desdeña esta práctica de acreditación cuando escribe: «O acaso necesitamos, como ciertas personas, cartas de recomendación para usted...» (Corintios II 3, 1). Johnson está convencido de que si los romanos no hubieran destruido Jerusalén unos años más tarde, el monumental esfuerzo de Pablo habría quedado reducido a una nota al pie de la historia o, lo que es más probable, habría sido olvidado por completo.[20] A partir de este momento, pocos discípulos judíos –si acaso alguno– siguieron relacionándose con Pablo. Sus compañeros de viaje y colaboradores después de su expulsión son judíos griegos, como Timoteo, «cuya madre era una judía creyente» (Actos 16, 1). Es ésta una descripción muy similar a la de otra de sus acompañantes conversas, la princesa herodiana Drusila (Actos 24, 24) que, al igual que Pablo, era ciudadana romana. Casi todas las cartas de Pablo escritas después de este suceso expresan su resentimiento y su amargura por el trato que recibía, así como su aflicción por no ser considerado un verdadero apóstol y ser acusado de mentiroso. Por ejemplo:

¿No soy libre? ¿No soy un apóstol?... No he aceptado a Jesús nuestro Señor? Aunque no sea apóstol para otros, ¡ciertamente lo soy para vosotros! (Corintios I 9, 1-2).

En una carta posterior, escribe:

... y con este propósito fui designado predicador y apóstol –digo la verdad y no miento... (Timoteo I 2, 7).

Al examinar todas las epístolas de Pablo, una tras otra, resulta imposible no advertir su tono constante de autocompasión y su actitud defensiva y resentida. Al leerlas de manera ordenada, la figura de Pablo se percibe bajo una luz completamente diferente.[21]

Jaime y sus seguidores de Jerusalén sostenían que Pablo era un falso profeta porque sus enseñanzas eran contrarias a la Torah. Uno de los primeros padres de la Iglesia, Ireneo, obispo de Lyon, cita un documento ebionita que describe a Pablo como un «apóstata de la ley».[22] Los ebionitas, también llamados «los pobres», era el nombre por el que se conocía a los seguidores de Jesús durante y después del ministerio de Jaime. Otro documento ebionita, fechado en los primeros años del siglo II a. de C., el *Kerygmata Petrou*, describe a Pablo como un «apóstata de la Ley», como una «fuente de maldad y mentiras» y como «el que distorsiona las verdaderas enseñanzas de Jesús». El mismo documento desestima categóricamente la forma en que Pablo describe las visiones que produjeron su milagrosa conversión en el camino a Damasco, calificándolas como «sueños e ilusiones inspirados por los demonios».

En definitiva, parece razonable pensar que tanto la familia de Jesús como sus discípulos sentían un considerable desprecio por Pablo. Por las cartas que éste escribió, podemos inferir que la desconfianza y antipatía eran mutuas. Pablo describe su propia postura respecto de la comunidad de Jerusalén en los siguientes términos:

Sed libres en la libertad con que Cristo nos liberó y no volváis otra vez a sujetaros al yugo de servidumbre... Todo hombre que acepte la circuncisión está obligado a obedecer toda la Ley. Los que pretendéis ser justificados por la Ley, de la gracia habéis caído (Gálatas 5, 1-4).

Las epístolas de Pablo fueron consideradas por Jaime y sus hermanos como un conjunto de ideas salpicado de insultos gratuitos, que denigraban la circuncisión y a quienes la practicaban y a la Torah en general. Fue acusado de adoptar un doble enfoque; usando las propias palabras de Pablo, de ser «el Guardián de la Ley para aquellos que la respetan» y, simultáneamente, «el transgresor de la Ley para aquellos que no la acatan» (Corintios I 9, 24-26). De modo que no debe sorprendernos que las diferencias entre Pablo y Jaime no se resolvieran apartando a Pablo de los discípulos de Jerusalén y que dejaran de ser un mero antagonismo verbal para convertirse en violencia asesina.

El arresto de Pablo

Pablo atacó físicamente a Jaime e intentó asesinarlo. Lo arrojó por las escaleras del Templo, fracturándole las piernas. Este intento de asesinato está registrado en los Reconocimientos Pseudoclementinos y, además, forma parte del material de un texto perdido sobre Jaime, del cual Epifanio cita varios pasajes, el *Anabathmoi Jacobou* o *The Ascent of Jacob (El ascenso de Jacob)*. El estudio más erudito y conclusivo de estos sucesos se puede encontrar en la obra cumbre de Robert Eisenman, *James the Brother of Jesús (Jaime, el hermano de Jesús)*.[23]

Pablo fue arrestado después de atacar a Jaime,[24] supuestamente porque había indignado a la turba que se congregaba en el Templo por su blasfemia de predicar el Evangelio. Parece ser que la verdadera razón de su arresto fue proteger su vida, ya que el pueblo deseaba matarlo en venganza por haber intentado asesinar a Jaime. Durante su cautiverio, se enteró de que existía otro complot para acabar con su vida, y se lo comunicó al oficial romano que lo había arrestado (Actos 23, 20-21); éste lo condujo a Cesárea con una enorme escolta militar compuesta por doscientos soldados de infantería, setenta hombres a caballo y doscientos lanceros (Actos 23, 23-24) –una escolta demasiado importante para un simple blasfemo a quien los romanos habrían normalmente dejado a merced del Sanedrín, que lo hubiera condenado a muerte por lapidación–. Sin embargo, nadie en el mundo cristiano parece cuestionar por qué se concede tanta importancia a Pablo, ni por qué se realizó semejante inversión en recursos militares para proteger su traslado en un momento de rebelión potencial. En el Nuevo Testamento existe una clave: Pablo no es meramente un ciudadano romano. Es un herodiano, un miembro de la familia gobernante y un antiguo amigo de Roma. La primera mención que encontramos de esta relación esencial con los herodianos aparece en una de las propias cartas de Pablo. En una referencia, cuya importancia no ha sido registrada por los modernos cristianos, independientemente de cuál sea su confesión, Pablo escribe:

Saludad a aquellos que pertenecen a la casa de Aristóbulo. Saludad a Herodio, mi pariente (Romanos 16, 10-11).

El Aristóbulo que menciona Pablo era hijo del hermano de Agripa I, Herodes de Chalcis, cuyo hijo se llamaba Herodes y era conocido como Herodiano o Herodes el Pequeño. Estos vínculos familiares y políticos explican por qué un hombre comparativamente joven ostentaba tanto poder en Jerusalén como miembro de la guardia del Templo, autorizado por el sumo sacerdote a perseguir a los seguidores de Jesús. Por estar constituido por fervientes judíos nacionalistas, el grupo de Jesús podría haber sido un objetivo fundamental para las autoridades del Templo, inclinadas a eliminar la rebelión contra los romanos. El autor inglés A. N. Wilson sugiere: «Parece razonable suponer que ya ocupaba la misma posición dentro de la guardia del Templo cuando Jesús fue arrestado».[25]

El considerable peso político de los vínculos reales puede explicar los privilegios de Pablo durante sus dos años de prisión en Cesárea, bajo el mandato del gobernador romano Félix (Actos 24, 1-27). En el mismo relato se dice que Félix estaba casado con una dama de origen judío llamada Drusila, tercera hija de Agripa I y hermana de Agripa II. Ella se había divorciado de su primer marido para casarse con Félix (Actos 8, 9 y siguientes), que también estaba muy bien relacionado por ser hermano del liberto favorito de Nerón, Pallas. Se trata de la misma Drusila que ya hemos mencionado y que pertenecía al grupo de leales seguidores de Pablo después de que Jaime decidiera su expulsión. Josefo afirma que el Antípater original (también llamado Antípatro o Antipas), padre de Herodes el Grande, había sido nombrado ciudadano de Roma como recompensa por sus servicios al César;[26] en consecuencia, Pablo y Drusila, en su condición de herodianos y parientes del rey Agripa II,[27] ocuparon desde su nacimiento una posición altamente privilegiada que supieron explotar.

En su Epístola a los Filipenses, Pablo menciona a uno de los conversos más destacados, Epafroditus, antiguo consejero del emperador romano Nerón (Filipenses 4, 18) –una relación importante que destaca un poco más adelante en la misma carta con la siguiente frase: «Os saludan todos los Santos, especialmente los que son de la casa de César» (Filipenses 4, 21)–. Pablo, o Saulo, tal como lo conocían los romanos y herodianos, tenía contactos en los lugares más importantes. Estas relaciones privilegiadas explican cómo Pablo, que según se dice era un simple fabricante de tiendas, pudo recorrer el mundo con facilidad, escapar milagrosamente de prisión en diversas ocasiones y ser recibido como un huésped de honor por todos los personajes que ostentaban poder e influencia política. Por tanto, no parece un hecho accidental que la comunidad de Antioquía, cuyos miembros fueron los primeros en ser llamados cristianos, fuera en su mayoría herodiana; Pablo disfrutaba de un considerable apoyo familiar.

Estos fuertes vínculos herodianos y romanos que estaban a favor de la clase dirigente explican de qué forma fue neutralizado el mensaje de Jesús cuando Pablo lo despojó de todo fervor nacionalista y lo sustituyó por una llamada a obedecer a las legítimas autoridades. Igual que su antecesor Herodes el Grande, Pablo era un judío poco practicante; de no ser así resultaría inconcebible que un judío con antecedentes supuestamente fariseos se hubiera entregado a las enseñanzas antisemíticas y contrarias a la Torah que él mismo fomentaba.

El contraste entre el mensaje que promulgaba Pablo, que implicaba una sumisión ciega a la verdadera autoridad legal –es decir, a los romanos–, y sus sermones sobre una Nueva Alianza, que refutaba la mayor parte de las escrituras de la Torah, resultó en la negación absoluta de las enseñanzas de Jaime y de los discípulos originales de Jesús en Jerusalén. La ferviente postura intrínsecamente judía de Jaime tenía una dimensión política. Él se había situado en el centro mismo de la agitación en el Templo, promoviendo una política nacionalista en contra de la Torah, antiherodiana y antirromana, que condujo a un choque frontal con las autoridades de Jerusalén, en especial con los sumos sacerdotes saduceos y con su principal aliado, el rey Agripa II, que era pariente directo de Pablo.

El asesinato de Jaime el Justo

La confrontación llegó a su punto crítico después de que el rey Agripa designara a un nuevo sumo sacerdote de origen saduceo, Ananus. Bajo sus órdenes, el Sanedrín fue obligado a enjuiciar a Jaime por blasfemia. Poco después fueron preparados los procedimientos para la ejecución de varios hombres que gozaban de gran popularidad. Sus nombres se incluyen en el *Mishna Sanhedrin*, que recomienda a los sacerdotes reunirse en torno a los condenados, y zarandearlos y empujarlos hasta hacerlos caer desde los muros del Templo. Por último, deberán apedrearlos y destrozarles la cabeza a garrotazos.[28] Esto fue lo que ocurrió con Jaime el Justo. Fue arrojado desde los muros del Templo y lapidado, y luego recibió el golpe de gracia con el mazo de madera de un batanero.

La popularidad de Jaime y el hecho de que ochenta fariseos elevaran una petición a Roma en su nombre y expresaran su deseo de morir con él no consiguieron evitar su asesinato.[29] Jerome, uno de los padres de la Iglesia que tradujeron la Biblia al latín, declara: «Jaime tenía tal nivel de Santidad y era tan respetado y admirado por su pueblo que su muerte parece haber sido la causa de la caída de Jerusalén».[30] Orígenes, teólogo cristiano del siglo III, y Eusebio, obispo de Cesárea, afirman haber visto una copia de Josefo diferente a la que poseemos en la actualidad; posiblemente se trataba de la versión eslavónica, en la que se sostiene que la caída de Jerusalén fue consecuencia de la muerte de Jaime y no de la de Jesús –resulta significativo que dos de los padres más respetados de la Iglesia de los primeros tiempos admitieran haber encontrado el texto mencionado.[31]

Después de este traumático suceso, los ebonitas y el resto de los miembros de la *ma'madot*, entonces bajo el liderazgo del primo de Jaime, Simeón, decidieron abandonar Jerusalén y cruzar el Jordán en dirección a Pella.[32] Los descendientes de la familia de Jesús, conocidos como los *Desposyni*, siguieron siendo los líderes del grupo durante más de ciento cincuenta años después de su huida a Pella.[33] La opinión del resto de los judíos de Jerusalén y de Judea estaba muy dividida. Los que pertenecían a la facción de los zelotes fomentaron activa e inmediatamente la rebelión contra Roma, los saduceos, los «helenizadores» y los herodianos. Otros pretendían conservar el statu quo y mantener la paz. Alrededor del año 66 a. de C., la suerte ya estaba echada y cada vez era más evidente que la guerra se avecinaba.

En este momento, vuelve a entrar en escena Saúl, pariente de Agripa. Josefo destaca que cuando se desató la guerra en el 66 a. de C. y las fuerzas de los judíos zelotes ocuparon Jerusalén:

Al percibir que no iba a ser posible sofocar la sedición, los hombres de poder [los saduceos]... se dedicaron a salvarse a sí mismos y enviaron embajadores, algunos a Florus [el procurador romano]... y otros a Agripa; los más eminentes fueron Saúl, Antipas y Costobarus, que pertenecían a la misma familia que el rey.[34]

El objetivo de enviar mensajeros a Florus y Agripa era garantizar una rápida acción militar por parte de los romanos para sofocar la rebelión antes de que ésta se les fuera de las manos –una motivación coherente con las exhortaciones de Pablo de «obedecer a las autoridades legítimas», filosofía claramente expresada en sus escritos–. Al fracasar esta táctica, resultó imposible detener la insurrección y cuando los judíos derrotaron reiteradamente a los romanos, se decidió enviar una delegación al emperador Nerón en Corinto –entonces llamado Achia–. Una vez más Josefo nos proporciona los detalles del evento:

Cestius envió a Saúl y a sus amigos, que se ofrecieron por iniciativa propia, a Achia para ver a Nerón e informarle del peligro que corrían...[35]

Después de esta reunión, Nerón nombró general a Vespasiano y lo puso al frente de las legiones en Palestina, sellando de este modo el destino de Jerusalén. Finalmente, tras cuatro años de amargas luchas, Jerusalén fue sitiada y conquistada por los romanos con una crueldad sin precedentes que provocó una verdadera carnicería. Los supervivientes fueron asesinados con la espada, crucificados o vendidos como esclavos; la ciudad fue destruida y el Templo, derribado. De este modo tan brutal, los judíos fueron finalmente despojados de sus centros de culto, del hogar del Dios de Israel, de su cultura y de sus tradiciones. A pesar de las profecías, de la conducta recta de los esenios y de la valentía de los zelotes, las fuerzas de la oscuridad habían triunfado sobre los hijos de la luz. A partir de ese momento todo había cambiado, no sólo para los judíos, sino también para el mundo entero.

7

La fundación del cristianismo, el judaísmo rabínico y *Rex Deus*

Tras la caída de Jerusalén y la posterior autoinmolación de los defensores de Masada, Roma volvió a conquistar a sus rebeldes ciudadanos –y en esta ocasión, de forma definitiva–. La Ciudad Santa se convirtió en un osario humeante; el Templo fue destruido; las calles, callejones y pasajes subterráneos se llenaron de cadáveres en putrefacción; los límites de la ciudad quedaron indicados por un círculo de infelices crucificados cuya huida se había visto frustrada. Miles de supervivientes desfilaban encadenados por las calles de Roma detrás de la procesión triunfal de sus conquistadores, que transportaban los tesoros del Templo mientras celebraban el triunfo de Roma y la humillación de los judíos. El desfile concluyó con la ejecución ritual de los líderes. Por último, los cautivos fueron enviados a los mercados de esclavos, a la arena o a terminar sus días en las galeras y en las minas del Imperio.

El fracaso de la revuelta judía, por la que el pueblo de Israel pagó un precio muy alto, modificó el curso de la historia internacional. Resulta imposible evaluar el impacto de la fallida revolución del 66-73 de la era común puesto que, con el paso del tiempo, sus trascendentales resultados han moldeado la historia de Europa, del pueblo de Oriente Medio y, en última instancia, de las Américas. El historiador Neil Faulkner explica ese resultado inmediato:

La victoria de la esperanza apocalíptica y la destrucción física de la secta judeocristiana allanaron el camino para que los cristianos paulinos desnacionalizaran a Jesús, desvirtuaran su mensaje revolucionario y volvieran a presentarlo como «el Salvador» que narcotizaba a las masas.[1]

Los seguidores de Pablo no fueron los únicos en distorsionar el mensaje que debía adaptarse a la nueva situación política. Con el fin de sobrevivir, era preciso reestructurar toda actividad cultural o religiosa judía acatando de forma incondicional las realidades siempre presentes del poder romano.[2] El templo, el lugar más idóneo para el sacrificio, había resultado destruido. Como consecuencia, las corrientes principales del judaísmo se vieron obligadas a modificarse sustancialmente para no ser absorbidas por las voraces fauces del poder romano.

Los fariseos siempre habían predicado la necesidad de llegar a acuerdos con los romanos y, como muchos de sus compañeros fariseos, el rabino Yohanen ben Zakkai se había opuesto tajantemente a la revolución y a las posiciones extremas de los zelotes. Durante los primeros tiempos del sitio de Jerusalén ben Zakkai fue sacado clandestinamente de la ciudad en un ataúd. Debido a su moderación, él y sus compañeros fueron los únicos líderes judíos que conservaron la credibilidad después de la caída de la ciudad. El rabino Yohanen se presentó ante el emperador Vespasiano y le solicitó su permiso para fundar una escuela en Jana, donde los judíos pudieran estudiar, entregarse a la oración y encomendarse a la tarea de reestructurar su religión. El rabino dejó muy claro que la escuela sería un centro espiritual y no un caldo de cultivo revolucionario.

El judaísmo tenía que despojarse de su fervor mesiánico, eminentemente nacionalista.[3] Ahora que el Templo había desaparecido, los rabinos enseñaban a sus compañeros judíos a experimentar a Dios en su prójimo. Algunos predicaban que la *mitzvah* («Ama a tu prójimo como a ti mismo») era el principio esencial de la Torah.[4] Los rabinos que fundaron esta nueva forma de judaísmo alteraron las prioridades para crear un nuevo estilo de culto y de ritual que fuera aceptable para los romanos, pero dejaron intacta la parte sustancial de su religión. Se centraron en los fundamentos de sus creencias y en la enorme cantidad de Escrituras y exégesis que habían atesorado sus predecesores, y continuaron hablando de Jerusalén en tiempo presente, aunque el edificio del Templo ya no existía. La realidad que el templo había simbolizado –la presencia mística de Dios en la Tierra– era una verdad eterna que se convirtió en el núcleo del judaísmo a partir de ese mismo momento.[5]

La dispersión de las familias *Rex Deus*

Los ebionitas y los miembros de la *ma'madot* que lograron sobrevivir retornaron a Pella bajo el liderazgo de Simón, primo de Jesús, y establecieron su residencia en la ciudad en ruinas de Jerusalén, cerca del monte Sión.[6] No obstante, éste no fue un traslado permanente. Los sucesivos emperadores romanos, incluidos Vespasiano, Tito, Domitio y Trajano, ordenaron reiteradamente a la décima legión, la principal fuerza de ocupación, perseguir y ejecutar a cualquier judío que afirmara ser descendiente del rey David.[7]

Esta persecución no fue más que la extensión de una amenaza mucho más antigua. Las sagas *Rex Deus* narran que, algunos años antes, los hijos de Jesús habían sido separados de sus familias y enviados a distintos destinos con el fin de garantizar su supervivencia.[8] Jaime, el hijo de Jesús que contaba dos años y medio de edad, fue confiado al cuidado de Judas Tomás Dídimo, el hermano gemelo de Jesús, y enviado al rey Abgar de Edessa.[9] María Magdalena, la esposa del Mesías, que estaba embarazada, huyó a Egipto, donde dio a luz a una niña llamada Sara antes de buscar refugio en el sur de Francia.[10]

Había llegado la hora de que los descendientes de la línea davídica se dispersaran para evitar la persecución y la muerte. Huyeron a Francia, Inglaterra, España, Italia, Europa oriental y la región de Oriente Medio. Antes de hacerlo, sin embargo, emplearon su tiempo en la ciudad en ruinas de Jerusalén para reforzar sus prácticas maritales cohenitas, con el propósito de preservar su linaje sagrado, y comenzaron a transformar sus prácticas y creencias para asegurar su supervivencia. Hacía ya mucho tiempo que rechazaban el culto formal en el Templo de Jerusalén por considerarlo contaminado. Lo único que les quedaba por hacer era descartar su ferviente nacionalismo y su oposición a los romanos, para hacer hincapié en el propio comportamiento y crear una élite dentro de la élite, dedicada a los principios de la hermandad sagrada, firmemente basada en los valores gnósticos fundamentales de justicia y verdad. De este modo, esperaban preservar la esencia espiritual de su mensaje y su insistencia en «obedecer la Torah» sin temer la persecución de los romanos.

Gracias a los trabajos de Epifanio, uno de los primeros padres de la Iglesia, tenemos una idea clara de sus creencias sobre Jesús. Epifanio escribió:

> Además de un baño ritual diario, son sometidos a un bautismo de iniciación y cada año celebran ciertos misterios... En ellos utilizan pan ácimo y agua pura... Afirman que Jesús fue engendrado por una semilla humana... y no por Dios el Padre... y también reciben el Evangelio de Mateo y lo utilizan... excluyendo a todos los demás. Pero lo llaman Evangelio, en conformidad con los hebreos.[11]

La historiadora moderna Karen Armstrong confirmó que ellos sabían que Jesús había sido humano y no divino: «Después de todo, algunos lo conocían desde que era un niño y no podían considerarlo un dios».[12]

Los seguidores de san Pablo no tuvieron ninguna dificultad para adecuar sus creencias a la realidad del poder romano. Pablo, en su calidad de ciudadano romano, amigo del César y pariente de Herodes, ya había transformado el Camino en una forma de culto al servicio de los romanos, que alentaba a sus seguidores a obedecer a las legítimas autoridades y a «dar al César lo que es del César». El cristianismo paulino sustituyó la ley de Moisés por la fe, ignoró la visión apocalíptica y nacionalista de los discípulos originales y no sólo se apropió del camino esotérico que conducía al Dios de los judíos que había cuidado al pueblo de Israel desde la época de Abraham, sino que también lo pervirtió.[13]

Tumba de María Magdalena, St Maximin la Baume, Provenza

Fresco de María Magdalena con un niño en sus brazos, Sacre Monte,
cerca de Varese, norte de Italia

Los primeros cristianos

En el período posterior a la fallida revuelta judía, los seguidores de Jesús se dividieron en dos grupos principales: los apóstoles originales, conocidos como nazoreanos o ebionitas, liderados inicialmente por Jaime y más tarde por Simeón, y sus oponentes teológicos, los cristianos, que seguían las enseñanzas de Pablo. Los ebionitas ya se habían dispersado, o estaban organizando su huida, para alejarse de la temida atención de las autoridades romanas. Entre los cristianos paulinos que estaban relativamente establecidos, los que residían en Roma ganaron la batalla por la supremacía. Las ideas y creencias de este grupo de cristianos romanos comenzaron a imponerse, y más tarde llegaron a modelar la estructura de su fe y el futuro de esta «nueva» religión.

Los ebionitas dependían totalmente de la transmisión oral de las enseñanzas de Jesús, que habían recibido de los apóstoles originales o de los hermanos de Jesús –una transmisión directa de aquellos que habían caminado realmente junto a Jesús y hablado con él cuando aún vivía–. Por otro lado, los cristianos paulinos habían acogido las enseñanzas de Pablo, directa o indirectamente. Pablo había admitido que no había conocido a Jesús y su reclamo del apostolado se basaba en una orden visionaria que afirmaba haber recibido directamente del «Señor resucitado».

La prolífica correspondencia de Pablo constituye la documentación más antigua de este período y a partir del 47 de la era común –más de treinta años antes de que apareciera el primero de los Evangelios canónicos– sus cartas comenzaron a circular entre las comunidades a las que sirvió.[14] Éstos fueron los únicos documentos que conocieron los conversos de Pablo antes de que se escribieran los Evangelios. Existían otros, ahora desaparecidos o suprimidos, conocidos en los círculos eruditos como los documentos Q, que eran la versión escrita de las enseñanzas de Jesús y posiblemente la descripción de diversos aspectos de su ministerio. El estudioso de la Biblia Robert Eisenman escribe:

Al usar las cartas de Pablo como nuestro material esencial de investigación, nos hallamos en el terreno más firme concebible, pues se trata de los documentos más antiguos y fiables del cristianismo, cuya fecha se puede establecer con un alto grado de certeza. Son muy anteriores a los Evangelios y al Libro de Actos, que las preceden en el orden actual del Nuevo Testamento y que, en gran parte, dependen doctrinalmente de Pablo. En lo que se refiere a la información histórica, en cierta medida, Actos también procede de las cartas de Pablo.[15]

El hecho de que, a nivel doctrinal, Actos y los Evangelios dependan casi totalmente de los trabajos de Pablo ha sido motivo de una considerable confusión para una amplia mayoría de creyentes, por la sencilla razón de que en el Nuevo Testamento aparecen primero los Evangelios, luego Actos y finalmente las Epístolas. Este orden, resultado de decisiones tomadas muchos siglos más tarde, fue elegido con el fin de reflejar el orden cronológico de la composición, un error que distorsiona la verdadera importancia teológica de las Escrituras en cuestión.

Es difícil comprender y exponer el contenido original de las creencias cristianas porque en los relatos de los orígenes cristianos del Nuevo Testamento predominan las actividades y enseñanzas de Pablo. En realidad, ellas eclipsan y prácticamente excluyen la contribución de los verdaderos apóstoles y su visión de la auténtica doctrina de Jesús. En el Nuevo Testamento, en el que abunda el material paulino, sólo se nos muestra una breve, inadecuada y confusa versión del sustancial movimiento nazoreano al que pertenecían los apóstoles originales.[16]

La redacción de los Evangelios

En la actualidad, los especialistas en el tema coinciden en la fecha probable de la composición de los cuatro Evangelios canónicos. Se cree que el primero fue Marcos, redactado entre los años 70 y 80 d. de C. Mateo pudo haber aparecido unos diez años más tarde, en la misma época que el Evangelio de Lucas, y los Actos de los Apóstoles en la primera década del siglo II. A la primera versión escrita del Evangelio de Juan se le adjudican varias fechas entre los años 100 y 120 d. de C.[17]

De acuerdo con el punto de vista de la erudición moderna, los Evangelios Sinópticos de Mateo, Marcos y Lucas se basaron en gran parte en una fuente común extraviada a la que se conoce como Q. En relación con el contenido y el estilo de Q, existe un asombroso consenso entre los eruditos cuyo resultado ha sido una nueva creación del documento. Burton L. Mack, profesor de estudios del Nuevo Testamento en la Escuela de Teología Claremont, de California, afirma:

Resulta asombroso que los autores de Q no pensaran en Jesús como el Mesías o el Cristo, ni tampoco interpretaran sus enseñanzas como una crítica al judaísmo. Es evidente que no consideraban su crucifixión como una inspiración divina ni como una salvación; tampoco creían que hubiese emergido de entre los muertos para gobernar el mundo. Lo consideraban un profeta judío, cuyos preceptos permitían llevar una vida justa y practicable en tiempos de grandes conflictos. En consecuencia, no se reunían para adorarlo ni honrarlo como a un dios —lo que, por su condición de judíos devotos, hubiera sido la máxima blasfemia— ni celebraban su memoria mediante himnos, plegarias y rituales.[18]

Por el contrario, los Evangelios se basan mayoritariamente en la información procedente del documento Q y se refieren a Jesús como una figura divina. No obstante, un examen minucioso y objetivo de este concepto nos revela el carácter a priori improbable de la doctrina de la deidad de Jesús.

Jesús nació judío y fue educado como tal; sus seguidores se consideraban pertenecientes al movimiento judío. La doctrina de un ser humano divino es diametralmente opuesta al concepto judío de Dios en los tiempos de Jesús. Ningún judío respetuoso de las Escrituras hebreas y que aspirara a ser aceptado por otros judíos podía presentarse de ese modo, sin ser lapidado hasta la muerte por blasfemia. No obstante, la deificación de seres humanos se adecuaba a los conceptos paganos de la época, tal como confirma la historia del Imperio romano. Por tanto, parece evidente que la deificación de Jesús fue una intrusión de fuentes gentiles o herejes y en modo alguno fundamental para la integridad del mensaje de Jesús. Esto queda demostrado por el hecho de que tanto los apóstoles originales como los judíos que creían que él era el Mesías se opusieron tenazmente a la deificación de Jesús, lo cual nos confirma que la fuente era de origen extranjero y que ni siquiera el mismo Jesús podría haberla aceptado.[19]

8

LA EDAD OSCURA Y
LA IGLESIA REPRESORA

El matrimonio entre el poder político y seglar, resultado del Edicto de Milán y del Concilio de Nicea, generó una alianza represora entre la Iglesia y el Estado que fue descrita en términos bastante mordaces por un teólogo católico moderno como «un aborto en el vientre de la Iglesia:

> Gracias al Edicto de Milán que tuvo lugar en el año 312, la madre Iglesia del cristianismo occidental heredó el Imperio romano. En el mismo siglo, el patriarca y teólogo dualista Agustín de Hippo presentó una teología que legitimaba la... conscripción de cristianos en el ejército, las «guerras justas» en el nombre de Cristo, la coerción de grupos minoritarios como los donatistas y la condición de meras sombras y víctimas propiciatorias de las mujeres. «El hombre, pero no la mujer, está hecho a imagen y semejanza de Dios».[1] Sólo hoy en día estamos comenzando a liberarnos de este aborto producido en el vientre maternal de la Iglesia hace más de dieciséis siglos.[2]

Poco después del Concilio de Nicea, Constantino dejó claro que los beneficios que había garantizado a la Iglesia cristiana «deben favorecer exclusivamente a quienes profesen la fe católica».[3] a los que definió como aquellos que aceptaban sin reserva la doctrina enunciada en el nuevo credo y la suprema autoridad eclesiástica del obispo de Roma.

Estableció: «Los herejes y los cismáticos no sólo quedarán excluidos de estos privilegios, sino que además estarán obligados a desempeñar diversos servicios públicos». Los emperadores que lo sucedieron continuaron con la misma política y determinaron que ser miembro de una secta herética equivalía a incurrir en un delito de infamia y suponía la pérdida de los derechos civiles. Las primeras leyes específicas contra la herejía fueron promulgadas en la década del 380,[4] y en el siglo V, bajo el gobierno del emperador Teodosio, se habían multiplicado hasta existir más de cien estatutos que se ocupaban de las herejías.

La herejía

Teodosio I prohibió a los herejes asistir a los oficios públicos y ordenó purgas contra ellos.[5] Fue el responsable del exilio y la expulsión de Nestorio, el patriarca de Constantinopla que afirmó que era irrelevante discutir si Jesús era Dios o el hijo de Dios, ya que todo el mundo sabía que había nacido de un padre y una madre como cualquier otra persona. Un gran grupo de eruditos de la Grecia clásica acompañó a Nestorio en el exilio, motivo por el cual todos los beneficios acumulados durante siglos gracias a la especulación y al aprendizaje intelectuales, la filosofía, las matemáticas y la ciencia fueron eliminados de la memoria del hombre europeo como si nunca hubieran existido.[6] La Iglesia, que afirmaba basarse en el sacrificio redentor de Cristo resucitado, se mostró muy poco piadosa con aquellos que disentían con ella en cuestiones de fe.

El historiador de la Iglesia David Christie-Murray define la herejía como «una opinión sostenida por una minoría de hombres, considerada inaceptable y digna de castigo por la mayoría».[7] La necesidad de castigo, sin embargo, requería una definición más precisa que fue acuñada por san Agustín (354-430), el teólogo cristiano que fue obispo de Hippo en el año 396 d. de C. Describió a todas las mujeres como «recipientes de excrementos» pero no llegó a aclarar si en esa definición incluía a María, la madre de Dios. El resto de sus doctrinas, como la de la «guerra justa» y «obligadlos a entrar», se convirtió en la base de una sociedad represora y persecutoria que se desarrolló rápidamente bajo la dirección de los papas.[8]

Agustín redefinió la herejía como «la distorsión de una verdad revelada por un creyente o un no creyente». La ambigua frase «verdad revelada» fue definida de una manera muy simple por la Iglesia como aquello que la misma Iglesia había instituido como verdad revelada. La jerarquía utilizaba este argumento circular, junto con otras declaraciones de san Agustín respecto de la herejía, para establecer un monopolio total del acceso a lo sagrado.[9] La Iglesia parecía haber creído siempre que la herejía existe allí donde un hombre ejercita el don del libre albedrío concedido por Dios en los asuntos relativos a la fe. En 1990, incluso el entonces cardenal Ratzinger, a cargo de la Congregación de la Doctrina de la Fe, el equivalente moderno a la Inquisición, afirmó: «La libertad del acto de fe no puede justificar el derecho a disentir».[10] Para demostrar lo poco que ha cambiado esta situación durante dos milenios, el Nuevo Catecismo Católico, publicado en 1990, afirma: «La tarea de ofrecer una auténtica interpretación de la palabra de Dios... ha sido confiada exclusivamente a la función doctrinal de la Iglesia».

Después de la reprimenda del papa Silvestre, los Desposyni y otros miembros de los ebionitas pasaron a la clandestinidad para asegurar su supervivencia.[11] Diseminados por Europa, Arabia, Egipto y Oriente Próximo, estos descendientes de la *ma'madot*, las veinticuatro familias de origen sacerdotal del judaísmo bíblico, aprendieron a fingir con el fin de salvar la vida. En lo exterior, se atenían a la religión imperante en su lugar y época de residencia; en la intimidad, preservaban las verdaderas enseñanzas de Jesús y divulgaban los frutos de sus conocimientos gnósticos en beneficio de las comunidades en las que vivían. Como todas las familias que descendían de los sumos sacerdotes, obedecían estrictamente las leyes matrimoniales practicadas por el clan de los Cohen. Los levitas, herederos de las tareas sacerdotales menores del Templo, estaban autorizados a elegir esposa fuera del clan; los Cohen, en su condición de sumos sacerdotes hereditarios, sólo podían casarse con otras Cohen. Como herederos de un oficio cuyas raíces se remontan a las primeras dinastías de Egipto, esta restricción era sacrosanta e inviolable. A partir de ese momento se autodenominaron *Rex Deus* o, más simplemente, «las Familias».

La Iglesia afianza su dominio

Las familias *Rex Deus*, el último grupo autorizado a refutar la afirmación dogmática y blasfema de la Iglesia de que Jesús era Dios, estaban ahora dispersas y guardaban silencio –un silencio necesario para sobrevivir, ya que la Iglesia no toleraba rivales y había acabado con todas las demás fuentes de conocimiento del mundo espiritual–. Organizaba vigorosas campañas en todo el imperio para destruir o cerrar los templos y centros de culto de cualquier fe rival, apoderándose de sus espacios sagrados para su propio uso. Los templos del misterio griego fueron considerados extintos y los oráculos definitivamente silenciados.[12]

La Iglesia cerró abruptamente todas las puertas que daban acceso a la herencia espiritual y cultural del pueblo. Más aún, en su deliberada marcha hacia el poder y la autoridad absolutos, recelaba de cualquier acercamiento a los reinos de conocimiento sagrado o seglar que no estuviera bajo su control.[13] ¡Quién sabe qué habría sucedido si el pueblo hubiera sido estimulado a instruirse, a emprender una aventura intelectual y a formular preguntas! Por este motivo, la educación fue restringida al clero y las órdenes sagradas se convirtieron en el prerrequisito esencial para beneficiarse de una alfabetización básica.

Al limitar el acceso a los libros, a la educación, al conocimiento y al mundo del espíritu, la Iglesia reveló sus verdaderos propósitos y objetivos –control y poder absoluto sobre reyes, emperadores y príncipes; sobre territorios, pueblos e individuos; sobre esta vida y la entrada a la siguiente–. De este modo, la Iglesia consiguió reprimir todo tipo de aventura intelectual y el supersticioso populacho permaneció en un estado de pasividad, ignorancia y temor. El fin definitivo de la fe arriana en el siglo V dio lugar a un período de calma y unidad de creencias religiosas en el desierto espiritual e intelectual que fue Europa en la edad oscura.

Con el colapso del Imperio romano, la Iglesia fue la única institución superviviente con determinación para alcanzar sus metas y con capacidad de organización, dos condiciones necesarias para sobrevivir. A medida que extendía su influencia sobre las tribus bárbaras, se transformaba en la principal legisladora del declinante imperio. El clero, que no estaba constituido solamente por los escribas, sino también por los árbitros finales contra cuyas decisiones no había apelación posible, codificó las leyes tradicionales de las tribus de Europa. El clero eclesiástico redactó las leyendas, los mitos y los relatos transmitidos por tradición oral de los diversos grupos tribales, añadiéndoles su propio brillo dogmático, omitiendo todo aquello que pudiera resultar ofensivo para la doctrina aceptada, conservando algunos elementos y agregando otros, modificando sutilmente las narraciones y creando el molde para una nueva cultura esencialmente cristiana. Los mitos y leyendas tribales fueron reducidos a historias –mera ficción carente de todo poder y validez.

De esta forma la Iglesia distorsionó la historia de culturas enteras, aumentando su poder no sólo sobre la realidad presente de dichas tribus, sino también sobre su pasado y su antiguo bagaje cultural.[14] Este proceso fue reforzado por la incorporación sistemática de festivales paganos en el nuevo calendario cristiano. El festival de Astarté, la diosa fenicia del amor y la fertilidad, se convirtió en la Pascua; el solsticio de verano dio lugar a las fiestas de san Juan el Bautista; la festividad pagana del solsticio de invierno se fusionó con el cumpleaños de Mitra, el dios persa de la luz, y el 25 de diciembre pasó a ser la celebración del cumpleaños de Cristo o Navidad.

Los padres de esta Iglesia en expansión estimaban que podían abolir el conocimiento del mundo espiritual y que no necesitaban ayuda para controlar el acceso a los poderes espirituales. Este error continuó influyendo en el pensamiento de los papas y los líderes de la Iglesia durante muchos siglos. La única evidencia que ha llegado hasta nosotros se encuentra en los horrendos relatos de las persistentes y despiadadas persecuciones que fueron el inevitable resultado de dicha ilusión.[15]

De todos modos, incluso en la edad oscura –un nombre muy acertado– hubo destellos de esperanza, pequeños puntos de luz que luchaban contra la oscuridad omnipresente impuesta por el monopolio de la Iglesia sobre la educación y la salvación. Esta esperanza surgió de la tradición ebonita/*Rex Deus* que preservó las verdaderas enseñanzas de Jesús.

El cristianismo celta

El primero de estos presagios fue localizado en una isla de la región más occidental de Europa –en Irlanda, la sede de la Iglesia celta–. La primera evangelización de las islas británicas se produjo sólo cuatro años después de la crucifixión, mucho antes de que el primer hereje cristiano, san Pablo, ideara el dogma blasfemo de la deificación de Jesús. La Iglesia fue fundada en Gran Bretaña por los evangelistas acreditados por Jaime el Justo, que promulgaron las verdaderas enseñanzas de Jesús.

De acuerdo con dos autoridades reconocidas por la Iglesia romana –san Gildas, que escribía en el año 542 d. de C.[16] y el primer historiador cristiano, Freculpo[17]–, este esfuerzo evangélico generó una religión particular conocida como cristianismo celta. En el ambiente tolerante creado por esta nueva religión, la antigua religión celta del druidismo perduró en Gran Bretaña durante varios siglos después del advenimiento de la nueva fe. La mayoría de los druidas no tuvieron ninguna dificultad con esta forma de cristianismo inicial; muchos de ellos incluso se hicieron monjes de esta nueva religión sin renunciar a su privilegiada posición como miembros de una clase intelectual creada mil años antes por sus antecesores. Columba, el gran santo celta, es recordado por predicar: «Jesús es mi druida»;[18] acaso sea ésta la representación más exacta de la forma original de las enseñanzas de Jesús en Occidente.

La Iglesia celta desarrolló una forma de monacato caracterizada por la pureza y la simplicidad. Los clérigos eran alentados a casarse y el sacerdocio se trataba de un oficio heredado, igual que en la primera Iglesia de Jerusalén.[19] Como todos los verdaderos iniciados de esta tradición, no utilizaban sus conocimientos espirituales en beneficio de su propia persona o posición, sino para ayudar a la comunidad a la que servían. En sus iglesias no había imágenes de la crucifixión y estaba prohibido bautizar a los niños.[20] A diferencia de sus rivales de Roma, que estaban hambrientos de poder, la Iglesia celta rechazó el boato y los favores del poder temporal; la simplicidad y la humildad de los monjes celtas supusieron un marcado contraste con la pompa y los fastos de los sacerdotes del resto de Europa.

Esta situación recibió el impulso y el apoyo del vibrante dinamismo cultural de estos místicos y monjes de largos cabellos, cuyo arte, erudición y conocimiento de las Escrituras eran ejemplares. La educación era un tesoro, y los monasterios acumulaban enormes y magníficas bibliotecas. Nómadas por naturaleza, los celtas evangelizaron gran parte de la Europa occidental,[21] recorriendo el continente desde Escandinavia, en el norte, hasta Suiza, en el este. El historiador del siglo XVII Thomas Fuller describió a sus peripatéticos misioneros como «los eruditos ambulantes». Tenían un gran dominio de los clásicos así como de las Sagradas Escrituras, otra característica que los distinguía de sus homólogos católico-romanos. La calidad y el alcance de su conocimiento de los clásicos eran tan destacados que el profesor H. Zimmer escribe: «Parece una obviedad afirmar que todo aquel que conociera a los griegos en el continente europeo en la época de Carlos el Calvo procedía de Irlanda o había sido educado por un irlandés».[22] De hecho, se los conocía como «los hombres-caracoles», que allí donde fueran dejaban una huella plateada de conocimiento tras de sí.

A pesar de que sus esfuerzos pronto fueron ahogados por la actitud represora y omnipresente de la Iglesia de Roma, no todo estaba perdido en la Europa de la edad oscura. Más allá del alcance de Roma había un país cuya prosperidad, respeto por el conocimiento y tolerancia religiosa brillaban como un faro en la oscuridad intelectual y espiritual en la que se había sumido el resto de Europa.

La España mora

En agudo contraste con la intensa desconfianza de la Iglesia cristiana por la educación, en la España musulmana de los años 755 a 1492 el saber era premiado y respetado. El arte y la arquitectura florecían, igual que los centros de educación tanto laicos como religiosos. La tolerancia religiosa de los invasores islámicos permitió la libre convivencia de cristianos, musulmanes y judíos en paz y armonía. Las escuelas del misterio sufí en España fueron los centros místicos de enseñanza más abiertos y accesibles en un continente que, de lo contrario, hubiera sido completamente estéril.[23] Las escuelas rabínicas judías produjeron volúmenes consagrados a la antigua y reverenciada sabiduría iniciática de la Cábala, que más tarde consiguió abrirse paso paulatinamente en la

Europa cristiana. El saber clásico de la civilización griega comenzó a filtrarse en la conciencia cristiana desde la España musulmana, un movimiento que ganó impulso con el nuevo desarrollo escolástico que tuvo lugar en París durante el siglo XIII.[24]

En el año 711 d. de C. los moros del norte de África invadieron el Imperio visigodo, que estaba empezando a desmoronarse en España.[25] Bajo el gobierno de la dinastía omeya y más tarde de los Abasidas,[26] la mayor parte de España fue conquistada por el islam, que desarrolló su propia cultura, tan sofisticada como tolerante. Los cristianos y los judíos eran respetados por los musulmanes, que los llamaban «el pueblo del Libro», ya que sus cultos habían producido profetas de la talla de Abraham y Jesús en el antiguo islam.[27] Eran tratados con un nivel de tolerancia y comprensión completamente ajeno a la cultura cristiana del resto de Europa.

Durante los siguientes setecientos cincuenta años, los miembros de las tres grandes religiones monoteístas del mundo convivieron en relativa paz y armonía. Los judíos, que eran perseguidos hasta la muerte o tratados como ciudadanos de segunda clase en el resto de Europa, disfrutaron de un exquisito renacimiento cultural propio.[28]

Al igual que los judíos, los cristianos gozaban de una libertad religiosa absoluta, no sólo en España, sino también en todo el Imperio islámico. La mayoría de los cristianos españoles se sentían muy orgullosos de pertenecer a una cultura tan avanzada y refinada, que estaba a años luz del resto de Europa.[29]

El legado de la España árabe al Occidente medieval es considerable. Los cristianos desarrollaron una cultura mozárabe y, en los años venideros, los escritos de los eruditos españoles proporcionaron una cantidad considerable de «materia prima» a la adolescente cultura occidental.[30] Alrededor del siglo X, Córdoba era una de las ciudades más modernas de Europa. Fue considerada rival de Constantinopla por la riqueza de su cultura e incluso es posible que la haya superado como centro de erudición y aprendizaje,[31] ya que durante la dinastía de los Omeya, la España islámica logró renombre internacional por la poesía, la literatura y el saber de Córdoba y de Granada. Las universidades de Andalucía –muy bien equipadas y a las que asistía una gran cantidad de alumnos– fueron un modelo para las de Oxford y Cambridge, en Inglaterra.[32] En una época en que la mayoría de los nobles, reyes y emperadores europeos poseían escasa educación, la corte de los Omeya fue la más espléndida de Europa y representó un refugio para filósofos, poetas, artistas, matemáticos y astrónomos.[33] Esta tradición continuó y, en la cúspide del poder abasida de años posteriores, España disfrutó de un período de prosperidad independiente sin precedentes.[34]

Bajo el gobierno islámico, el florecimiento de España fue cada vez mayor. Los moros habían llevado con ellos su conocimiento de eficaces sistemas de riego, con los que consiguieron transformar grandes superficies de tierras yermas en productivos terrenos agrícolas. Cultivaron caña de azúcar, algodón y arroz, y plantaron muchas variedades de árboles, como higueras, olivos y naranjos, además de introducir nuevas hortalizas y especias en la región. Importaron moreras y pronto establecieron una próspera industria de la seda. Construyeron graneros para almacenar alimentos para las épocas de escasez.[35] Junto con la agricultura florecieron las artes, y la sofisticación musulmana allanó el camino para que los nuevos gobernantes fundaran sindicatos que defenderían a los hábiles artesanos para que fueran valorados y bien remunerados.[36]

A comienzos del siglo X, el Imperio islámico previamente unificado se estaba fragmentando en estados menores, en su mayoría avanzados centros de poder y aprendizaje que seguían ofreciendo un ambiente fértil para la vida económica y cultural.[37] Como resultado de su integración en las zonas de libre comercio islámicas, tanto España como el norte de África desarrollaron acuerdos lucrativos con el Levante.[38] Esta prosperidad sostenida perduró durante casi siete siglos y dejó un legado artístico y arquitectónico que aún es motivo de admiración en el mundo moderno. Sin embargo, a pesar de su importancia, este magnífico florecimiento del arte y la arquitectura palidece en comparación con los logros culturales en literatura, poesía, medicina, matemáticas y filosofía que lo acompañaron.

Los emires poseían enormes bibliotecas y atraían a sus cortes a poetas, filósofos y matemáticos.[39] Córdoba fue el hogar de una de las mayores bibliotecas de Europa, segunda en importancia y superada únicamente por la más grande del mundo, que se encontraba en Bagdad, el corazón del Imperio musulmán. La insaciable pasión por el aprendizaje que imperaba en la España musulmana estimuló la creación de entre

70 000 y 80 000 volúmenes encuadernados al año. Además de reflejar la demanda local, esta información demuestra también la capacidad para producir libros de gran calidad. Uno de los califas llegó a reunir una colección de más de 400 000 volúmenes.[40] Con la expulsión de los eruditos nestorianos, perseguidos en Europa debido a la intolerancia religiosa, el mundo árabe se convirtió en la sede de la vasta colección de textos griegos sobre matemáticas, filosofía y ciencia que había acumulado. Este conocimiento floreció en España junto con el de la medicina clásica.[41] Por tanto, el saber de los filósofos griegos volvió a formar parte de la corriente principal del pensamiento cristiano a través de las escuelas de España, traducido del árabe y no del griego original.

No obstante, los frutos de la civilización griega no fueron los únicos que se introdujeron en Europa a través de este tortuoso camino. Junto con la filosofía, las matemáticas y la ciencia, llegaron los avances más recientes de la medicina, el arte y la arquitectura. Muchas de las ramas del conocimiento que atesoramos y utilizamos hoy en día hubieran desaparecido de no haber sido preservadas y perfeccionadas por nuestros hermanos árabes.[42] Los eruditos judíos tradujeron los textos en árabe a las lenguas europeas, por su facilidad para comprender el latín, el hebreo y el árabe, y su papel fue esencial para la divulgación internacional del saber.[43] Bajo el liderazgo de Gerard de Cremona (1114-1187) se desarrolló en Toledo una influyente escuela de traducción que atrajo a estudiosos de toda Europa. Su principal área de interés fueron las obras científicas y matemáticas, entre las que se encontraban los trabajos del musulmán Averroes de Córdoba (1126-1198). Desde esta escuela, el distinguido abad de Cluny, Pedro el Venerable, solicitó una traducción del Santo Corán al latín en 1141. El motivo de dicho encargo fue crear una base docta para refutar el islam.[44]

El contraste entre la actitud frente al conocimiento y la tolerancia religiosa de las culturas cristiana e islámica se puso brutalmente de manifiesto en la época de las Cruzadas. Mientras los caballeros cristianos se dedicaron a asesinar con crueldad a los «infieles» después de la captura de Jerusalén, en España otros miembros más iluminados de la misma religión se sentaban a los pies de eruditos musulmanes para traer las enseñanzas del mundo islámico a Occidente y devolver a Europa la antigua sabiduría clásica excluida en la edad oscura.[45]

El profeta Mahoma y el islam

La religión que fundó y preservó este admirable nivel de tolerancia y fomentó el floreciente ambiente artístico e intelectual en el cual prosperó mantuvo regímenes similares a lo largo de todo el Imperio. El islam se basa en una serie de revelaciones adjudicadas al gran profeta Mahoma de Arabia en los primeros años del siglo VII. El Profeta dictó sus visiones a los escribas, que las redactaron y agruparon bajo el nombre de Corán.

Mahoma creció en una zona donde residía una población judía bastante numerosa, cuyos miembros descendían de los que habían logrado escapar de Jerusalén, tras su caída en el año 70 d. de C. Se atenían estrictamente a la fe judía y habían conseguido prosperar. En la época en que nació Mahoma, casi la mitad de la población de Yathrib, ahora Medina, era judía. Aunque la influencia judía en la región era muy sólida, la del cristianismo lo era aún más –no se trataba del cristianismo paulino, sino de la herejía monofisita, una doctrina defendida por los cristianos cópticos o sirios, que creían en la naturaleza única de la persona de Jesús–.[46] También circulaba por Arabia una gran variedad de escrituras apócrifas, muy probablemente las que se asocian con Jaime y los ebionitas.

Se sabe que el Profeta, que pasó por un período de dudas después de sus iniciales experiencias visionarias, pronto quedó convencido de la verdad innata de sus revelaciones y de ser realmente un «mensajero de Dios» conforme a la tradición profética de Abraham, Moisés, Elías, Juan el Bautista y Jesús.[47] Más aún, Mahoma ya no se consideraba a sí mismo el fundador de una nueva religión como Jesús; estaba convencido de que estaba restituyendo el verdadero y antiguo monoteísmo y que él era simplemente el último de una larga lista de mensajeros divinos, o profetas, que daban testimonio de la misma religión del único y verdadero Dios. Según el Profeta, la Verdad Única había sido revelada tanto a judíos como a cristianos, aunque ellos habían distorsionado el mensaje o lo habían ignorado.[48]

El gran profeta Mahoma –que predicaba un monoteísmo simple y en las *suras* del Corán ofrecía instrucciones, tan bellas como sencillas, para «obedecer la Torah»– era descendiente directo de Simón, uno de los hermanos menores de Jesús. Las implicaciones resultan obvias y, como veremos más adelante, indican con contundencia que pertenecía al linaje y a la tradición *Rex Deus*. Conociendo las influencias religiosas de su primera juventud y considerando que descendía de la familia de Jesús, no es sorprendente que el Corán parezca una versión arabizada, poética y detallada de las enseñanzas de los ebonitas. Por otra parte, las corrientes místicas más influyentes del islam –las diversas órdenes sufís– fueron fundadas por hombres de inspirada visión espiritual que descendían de Mahoma y, en consecuencia, de la familia de Jesús. Una observación del nieto de Moisés Maimónides, el mayor filósofo del judaísmo, nos sugiere que los sufís mantuvieron un prolongado contacto con el pueblo bíblico de Israel: «El mayor regalo que el pueblo de Israel ofreció al mundo es el sufismo».

9

EL AUGE DE LA ARISTOCRACIA
REX DEUS EN EUROPA

Durante los primeros años de la edad oscura los miembros dispersos de las familias *Rex Deus* ocultaron su identidad. Las familias, que descendían de la *ma'madot*, incluyendo a los Desposyni –los descendientes directos de Jesús– se disgregaron por Europa, Asia Menor y Oriente, y utilizaron su educación, sus talentos naturales y sus contactos judíos para conquistar y consolidar posiciones de poder entre las nuevas clases sociales de comerciantes y terratenientes. Manteniendo en secreto sus propias creencias y adaptándose a las prácticas sociales y religiosas imperantes en su época y región, los miembros *Rex Deus* de la Europa cristiana lograron escapar a la temida Iglesia católica, cada vez más poderosa. Muchas de las familias *Rex Deus* conquistaron posiciones relevantes junto a reyes no demasiado influyentes pero también en la corte de algunos prestigiosos soberanos, y explotaron ese poder para que otros miembros del grupo familiar pudieran acceder a puestos de influencia y se beneficiaran de los privilegios aristocráticos.[1]

A pesar de que se suele hacer hincapié en la relación entre los merovingios franceses y las familias *Rex Deus*, sus propias tradiciones no conceden a esta evidente vinculación la enorme importancia que le otorgaron los autores de *The Holy Blood and the Holy Grail*.[2] Baigent, Leigh y Lincoln desconocen la existencia de la familia que realmente ostentó el poder absoluto y gobernó a las posteriores generaciones *Rex Deus*. Dicha familia fue identificada hace más de cincuenta años por el doctor Walter Johannes Stein como la verdadera «familia del Grial»;[3] sus miembros trabajaron como mayordomos de palacio en la corte de quienes finalmente usurparon la corona –los carolingios.

Los carolingios eran individuos ilustres y tenían gran experiencia como hombres de estado y también como generales. Carlos Martel, alias Carlos el Martillo, sólo era alcalde de palacio cuando en el año 732 d. de C. condujo a los francos a la victoria en la batalla librada contra Abdel-Rhaman en Poitiers, deteniendo así la expansión islámica en Francia y en el resto de Europa. Pipino el Corto, que derrocó a la dinastía merovingia ganándose el reconocimiento del papa para la Casa carolingia, conquistó Aquitania, limitó el poder lombardo en el norte de Italia y finalmente echó a los moros de Languedoc.[4] A su muerte en el 768, el reino quedó dividido entre su hijo Carlos, posteriormente conocido como «el Grande» o Carlomagno, y su hijo menor, Carlomán. Sin embargo, al morir éste en diciembre del 771, Carlomagno reunificó el reino e inició una serie de guerras con el objetivo de ampliar su poder, llegando a gobernar un territorio que se extendía desde el Danubio hasta el Mediterráneo. Hizo una incursión en la España musulmana y, aunque no logró salir victorioso en el norte del país, conquistó regiones más importantes conocidas como la Marca Hispánica en el sur, y consolidó el dominio de Septimania (que hoy corresponde a Languedoc/Rouisillon) que había iniciado su padre.

La Septimania judía

Poco antes de la invasión musulmana, los judíos que huyeron de la persecución en la España visigótica se establecieron en Septimania. Esta influyente comunidad judía vivió bajo la guía de su *nasi* o príncipe, cuya designación había sido autorizada por Pepino después de la toma de Narbona en el 759.[5] Un romance en latín, apoyado por varios documentos hebreos y papales, afirma que los judíos de Narbona entregaron la ciudad a los francos en respuesta a una promesa de autogobierno.[6]

Lo cierto es que, después de la conquista de Narbona, los judíos de Septimania emergieron de las sombras y pasaron a ser el centro de la atención. Eran considerados como un grupo muy privilegiado que se había enriquecido gracias a las propiedades que les habían concedido los reyes carolingios.[7] Carlomagno, un gobernante astuto que percibía perfectamente dónde residían los intereses comerciales de su Imperio, les garantizó protección total. Sabiendo que los judíos eran la clave para el éxito del comercio internacional, él y sus nobles fomentaron su inmigración en el Imperio para poder desarrollar una política consistente. Todavía siguen existiendo muchos de los fueros que instauraron la protección y los privilegios de los comerciantes judíos.[8] Más aún, bajo el gobierno de los carolingios se instituyó el oficio de *Magister Judaeorum*. Este cargo correspondía a un oficial imperial designado para regular todos los asuntos relacionados con la comunidad judía en el seno del Imperio.[9]

Hay constancia de que en el año 797, el emperador contrató a un judío de nombre Isaac, para que sirviera de intérprete a su embajador en su visita al califa Haroun-Al Rashid, de Bagdad. Como resultado de esta visita, el primer *nasi* o príncipe judío de Narbona, el rabino Makhir, fue enviado de Bagdad a Septimania, donde Carlomagno le donó importantes posesiones.[10] Una antigua tradición de los judíos europeos afirma que Carlomagno también fomentó el traslado del principal centro de estudios de la Torah de Bagdad a la ciudad de Narbona.[11]

Sin embargo, es probable que su decisión de proteger a los judíos se debiera a otra razón más relevante. Mucho antes de que se descubrieran las tradiciones *Rex Deus*, P. Munz, historiador de la era carolingia, afirmó que Carlomagno reclamaba la sucesión de los reyes bíblicos de Israel. Más aún, Munz concluye que Carlomagno manipuló deliberadamente la situación en Septimania con el fin de arreglar los matrimonios mixtos entre su familia y la de los *nasi*, que también pertenecían al linaje davídico. Con esta alianza esperaba demostrar que la autoridad de los gobernantes carolingios gozaba de autorización divina.[12]

La mayor responsabilidad del nuevo *nasi* Makhir fue liderar a los judíos de Septimania y de Toulouse en la defensa de la frontera española y de la costa mediterránea para detener los avances de los musulmanes de la dinastía omeya procedentes de España y del norte de África.[13] Por tanto, el interés de Carlomagno tenía múltiples facetas. Su fin era esencialmente comercial, apoyaba y fomentaba tanto la erudición judía como el comercio, tenía un fuerte componente defensivo y ofrecía la oportunidad de reunir mediante vínculos matrimoniales a dos casas reales que afirmaban descender de la Casa de David. El éxito de esta compleja gama de intereses y objetivos superó todas las expectativas.

Los descendientes de los *nasi* fueron, sin excepción, valientes y leales seguidores de la dinastía carolingia durante su prolongado reinado; su lealtad permaneció intacta durante generaciones a pesar de las adversidades. La comunidad judía de Narbona prosperó y creció a un ritmo constante, y perduró hasta la expulsión de los judíos de Francia en 1306, bajo el reinado de Felipe el Hermoso. Los archivos revelan que, desde la época de Pipino el Corto hasta prácticamente mediados del siglo XI, los judíos siguieron conservando importantes propiedades en la región de Narbonnais. Eran propietarios de gran parte de la ciudad de Narbona –pueblos, viñedos, salinas, molinos, estanques de peces y hornos públicos–.[14] Un comentador cristiano, Pedro el Venerable, denigró en 1143 al «Rey Judío» de Narbona, declarando que no podía aceptar a ningún rey de los judíos a menos que reinara en Tierra Santa.[15] El célebre viajero y cronista judío Benjamín de Tudela, cuyos escritos datan del siglo XII, afirmó:

> Narbona es una antigua ciudad de la Torah. Desde allí la Torah se difunde a todas las tierras. En ella hay sabios, magnates y príncipes (*nas'im*) cuyo líder es el Rabino Kalonymo..., descendiente de la casa de David, tal como se establece en su árbol genealógico. Conserva sus heredades y [otros] bienes concedidos por los gobernantes del país y nadie puede desposeerlo por la fuerza.[16]

Las extensas propiedades que poseían los judíos y su *nasi* en el momento de su expulsión indican que ocuparon gran parte de la zona rural y de la ciudad hasta los primeros años del siglo XIV.[17]

La protección de los judíos, la habilidad política, la destreza militar y la visión para los negocios de Carlomagno le hicieron merecedor de una reputación cada vez mayor, y el suyo fue un reino en constante expansión. Se convirtió en el aliado perfecto de cualquier gobernante que estuviera sometido a presiones de diversa índole. Al ser elegido papa, León III –que estaba amenazado por los lombardos del norte de

Roma– escribió a Carlomagno en términos ciertamente extraños, comunicando al rey de los francos su humilde obediencia y prometiéndole fidelidad a su persona.[18] Después de varias incursiones exitosas en los reinos lombardos del norte de Italia, que aliviaron la coacción sobre Roma, Carlomagno fue coronado y nombrado nuevo Emperador Santo Romano por el papa León III en el año 800. El gran historiador Edgard Gibbon relata:

...durante su coronación imperial, Roma, que había sido entregada bajo el peso de la espada, quedó sometida al cetro de Carlomagno. El pueblo juró lealtad a su persona y a su familia; en su nombre fue acuñado el dinero y la justicia impartida; y la elección de los papas era analizada y confirmada por su autoridad.[19]

Carlomagno consiguió seguir expandiendo su Imperio, librando varias campañas contra los sajones y diversas guerras internas destinadas a suprimir las revueltas en su territorio.

Como todos los monarcas absolutos, practicaba la prerrogativa real del *bannum,* el derecho a castigar a todos los que se rebelaran contra él (si bien es cierto que, si nos atenemos a las normas de la época, lo hacía con gran clemencia), y también la prerrogativa de *gratia*, la donación de regalos suntuosos a los amigos leales.[20] Para mantener el orden dentro de sus dominios, que crecían de un modo incontrolado, apeló a la *gratia*, tal como era habitual en Europa desde comienzos del siglo VII, es decir, creando una aristocracia guerrera[21] y recompensando a sus partidarios con puestos de jerarquía y tierras. Carlomagno creo más de seiscientos condados[22] en su Imperio, que permitieron a los condes recientemente designados aplicar sus órdenes con considerable eficacia. ¿Quiénes eran las personas más fiables a las que podía asignar estos puestos de poder? La opción más sensata eran los miembros del grupo familiar *Rex Deus*, en especial para aquellas regiones que corrían mayor peligro potencial, como, por ejemplo, la Marca Hispánica o las zonas fronterizas, que estaban gobernadas por un marqués y por varios condes que dependían de él.

Debido a los onerosos impuestos de los condados, particularmente en Gaul, a menudo los condes eran asistidos por vizcondes. Cuando el conde se ausentaba del territorio para cumplir con sus obligaciones oficiales o marchaba a la guerra junto con el emperador, el vizconde actuaba como su representante. Carlomagno y su sucesor, Luis el Piadoso, permitieron la pervivencia de reinos más pequeños subordinados al Imperio; entre ellos, los más notables fueron los de Aquitania, Italia y Bavaria. Cada uno tenía su propia administración central y su corte real, y estaba autorizado a aplicar sus propias políticas, a no ser que el emperador decretara lo contrario.[23] De este modo, al morir Carlomagno en el año 814, gran parte de Europa –en particular Francia, Septimania, Provenza, el norte de Italia y Sajonia– fue administrada por la nobleza de la dinastía *Rex Deus*.

Rex Deus en Europa

Varias ramas de las familias *Rex Deus* habían buscado refugio en regiones de Europa muy alejadas de los límites del Imperio en expansión de Carlomagno; de este modo, consiguieron mantenerse a salvo de los tentáculos siempre crecientes de la Santa Madre Iglesia. Es posible identificar algunas de dichas ramas por sus posteriores matrimonios con conocidas familias *Rex Deus* de la Europa cristiana, ya que los hábitos matrimoniales cohenitas constituyen evidencias fiables de que pertenecían a este grupo secreto de la dinastía de los sumos sacerdotes. Existen archivos que revelan que los miembros identificables del grupo *Rex Deus* eran recompensados con puestos de responsabilidad y, además, nos ofrecen otra referencia sobre sus orígenes.

Nuestro primer informante *Rex Deus*, Michael, nos comentó que una de las ramas importantes de las familias era la Casa Real sajona de Inglaterra del siglo XI.[24] A la luz de la influencia de Carlomagno en Sajonia, esto resulta absolutamente factible. Después de la conquista normanda de Inglaterra en el 1066, la princesa Margarita, hija del depuesto heredero sajón al trono, huyó por seguridad a Hungría. Con posterioridad, esta descendiente sajona de las dinastías hasmonea y davídica de Israel se comprometió en matrimonio con el rey Malcolm Canmore, de Escocia. Durante su largo y peligroso viaje desde Hungría hasta Escocia, fue escoltada y protegida por dos caballeros de confianza, uno de ellos normando y el otro húngaro. Es muy poco probable que esta importante princesa pudiera haber sido confiada al cuidado de alguien que no perteneciera a las familias *Rex Deus,* ya que, por motivos dinásticos y espirituales, cualquiera de sus miembros la hubiera protegido incluso con su propia vida. Después de haber acompañado a la princesa, los dos nobles fueron recompensados por el rey Malcolm con concesiones de tierras en Escocia, donde ambos fundaron dinastías que más tarde tuvieron un papel muy relevante en la historia escocesa. El primero de estos caballeros *Rex Deus* era el húngaro sir Bartolomeu Ladislaus Leslyn, fundador del clan Leslie.[25] El otro era sir Guillermo «el Correcto» St. Clair, un caballero normando originario de las tierras de St. Clair cercanas a St. Lo, en Normandía.[26]

La señorial dinastía de los St. Clair

Guillermo el Correcto era descendiente de Rognvald el Poderoso, conde de Möre, una región que se encuentra al noroeste de la costa de Noruega, junto a la actual ciudad de Trondheim.[27] El segundo hijo de Rognvald, Rollo, invadió la región noroccidental de la actual Francia, las tierras circundantes al río Sena, y conquistó Normandía. La propiedad de estas tierras fue legalizada mediante un tratado con el rey Carlos el Simple de Francia, que fue firmado en el castillo de St. Clair-sur-Epte en el año 912. Carlos, como todos los reyes carolingios de Francia, era miembro de una de las principales familias *Rex Deus*.

Una parte del tratado indica que el rey ofreció en matrimonio a su hija Gisele a Rollo, el primer duque de Normandía.[28] Este hecho es una prueba fehaciente de que Rollo era realmente un miembro del grupo *Rex Deus*.

En contra de lo que la familia St. Clair creyó durante mucho tiempo, St. Clair-sur-Epte, de gran relevancia para la historia normanda, nunca perteneció a Rollo ni a ninguno de sus sucesores. La familia Chaumont fue propietaria de las tierras y del castillo durante varios siglos y, por otra parte, aunque estas mismas tierras formaron parte de la Isla de Francia durante el reinado del soberano, nunca pertenecieron al Ducado de Normandía.[29] El genealogista L.-A. de St. Clair escribió en 1905:

Estatua sin cabeza de St. Clair sobre el altar de la iglesia de St. Clair-sur-Epte

Estatua de Rollo, primer duque de Normandía, Raven, Francia

Por consiguiente, es muy improbable que alguna de las familias utilizara el nombre de St. Clare-sur-Epte como apellido familiar. El verdadero origen del nombre de la noble casa de St. Clair es el pueblo de St. Clair, próximo a Saint Lo, cerca del límite occidental de Bessin.[30]

El uso del apellido familiar St. Clair se retrotrae al reino del cuarto duque de Normandía, Ricardo II, época en que se empezó a adjudicar el nombre del territorio que ocupaban a los individuos que los gobernaban.[31]

Rollo residía en la ciudad de Caen, y donó las tierras vecinas a sus parientes y a sus compañeros de armas de confianza. Como Rollo y Gisele no tuvieron hijos, posteriormente él se casó con Popea, hija del conde de Bayeaux, que le dio un hijo conocido como Guillermo Larga Espada, a quien le sucedió Ricardo I, cuya hija, Emma, se desposó con el rey Ethelred el Desprevenido, de Inglaterra, ofreciendo otro ejemplo de matrimonio endogámico entre las familias *Rex Deus*. Y no sería el último, pues otra de sus hijas fue ofrecida en matrimonio al conde de Bretaña y una tercera, Matilde, se convirtió en la esposa de Eudes, conde de Chartres.[32]

No contentos con sumarse a la Casa Real de la Inglaterra sajona y a la familia del conde de Bretaña, los St. Clair también arreglaron matrimonios con las familias aristocráticas de Chaumont, Gisors, d'Evereaux y Blois, la familia de los condes de Champagne. Estaban vinculados con la Casa Ducal de Burgundy y con la Casa Real de Francia, los Capetianos, que afirmaban descender de María Magdalena. Mediante otros matrimonios posteriores, los duques de Normandía se asociaron con la Casa de Flandes y, en consecuencia, con Godfroi de Bouillon, primer soberano cristiano del reino de Jerusalén y antecesor de los Habsburgo.[33]

Teniendo en cuenta la reputación de los vikingos como temidos y bárbaros invasores, en circunstancias normales sería difícil comprender el desacertado apremio de las principales familias aristocráticas de Francia por buscar consortes dentro de este grupo de guerreros y bandidos. A pesar de la importancia que tenían en esa época, las tierras de Normandía no justifican la precipitación de una de las familias más antiguas de Europa por establecer alianzas matrimoniales. Cuando estudiamos la genealogía de estas familias, descubrimos que hubo un sinfín de alianzas dinásticas, y que el mismo patrón se repitió una y otra vez. Todos los matrimonios se reducen a un pequeño grupo selecto y los mismos apellidos aparecen en las correspondientes genealogías cada tres o cuatro generaciones. Una explicación para estos matrimonios convenidos, prácticamente incestuosos, es que todas las personas involucradas eran miembros conocidos del grupo *Rex Deus*, e igual que los Cohen que los habían precedido, sólo elegían a sus cónyuges en el seno de su propio, pequeño y selecto grupo familiar. Este persistente modelo se parece más a la creación de una raza pura que a un comportamiento humano normal. Por tanto, existen evidencias de que Guillermo el Correcto pertenecía a las familias *Rex Deus*. A su llegada a Escocia, se le concedieron tierras y fue nombrado copero de la reina. El primer St. Clair que nació en Escocia, Henri de St. Clair, hijo de Guillermo, acompañó a Godfroi de Bouillon a Tierra Santa en el 1096 y estuvo presente en la caída de Jerusalén[34] junto con otros caballeros procedentes de once importantes familias aristocráticas escocesas. Los representantes de las doce familias solían reunirse regularmente en Roslin antes de la cruzada, y dicha costumbre perduró durante siglos. El grupo incluía a los antecesores de los Estuardo (con quienes se casaron muchos de los St. Clair), los Montgomery, los Seton, los Douglas, los Ramsey, los Leslie y los Lindsay –familias vinculadas por su lealtad y sus creencias pero también por matrimonios convenidos, cuyos ancestros comunes se remontaban a la Israel bíblica y, en última instancia, al antiguo Egipto.

Las familias *Rex Deus* ejercieron su influencia sobre todas las jerarquías de la nobleza europea y, gracias a la protección que brindaron a diversas iglesias y catedrales, comenzaron a extender muy cautelosamente sus tentáculos hacia su principal oponente, la Iglesia. Después de sitiar sin éxito la ciudad de Chartres en el año 911, Rollo, el primer duque de Normandía, juró que la catedral y la ciudad de Chartres permanecerían bajo su protección, declarando:

> Yo, Rollo, duque de Normandía, ofrezco a la hermandad de la iglesia de Notre Dame de Chartres mi castillo de Malmaison, y prometo garantizar su protección con la ayuda de mi espada.[35]

LOS SEÑORES DE CHARTRES

En el año 1007 el gran obispo Fulberto fue nombrado obispo de Chartres y, bajo el amparo de la nobleza *Rex Deus* local, convirtió a la ciudad de la catedral en un importante centro de saber y en un lugar de peregrinación.[36] La escuela pronto contó con prestigio internacional y, durante los doscientos años de mayor influencia, atrajo alumnos de toda Europa; entre ellos, podemos citar a Bernardo, Thierry de Chartres, Guillermo de Conches y Juan de Salisbury.[37] Los discípulos de Fulberto fueron probablemente los primeros de la Europa occidental cristiana en conocer las obras de Platón, Aristóteles, Pitágoras y Cicerón, además de estudiar matemáticas y ciencia, y de familiarizarse con los recientes inventos árabes, como por ejemplo el astrolabio.[38]

Las enseñanzas de los clásicos griegos, las matemáticas, la ciencia y los inventos procedían del faro de luz de la edad oscura, la España musulmana. Los clásicos fueron traducidos del idioma árabe, y no del griego, por eruditos judíos que trabajaban en Yeshiva bajo la protección del tolerante gobierno del islam. ¿Cómo llegó este saber desde España hasta Chartres? La respuesta reside en la conexión *Rex Deus*. Una prueba de ello es que, con el pretexto de instruir a sus alumnos en las siete artes liberales de *la gramática, la dialéctica, la lógica, la música, las matemáticas, la geometría y la astronomía*, Fulberto les enseñaba los siete pasos de iniciación basados en el antiguo modelo egipcio, el mismo camino que habían probado y adoptado las veinticuatro familias de la *ma'madot* a lo largo de la historia de la antigua Israel y que, posteriormente, fue preservado por las familias *Rex Deus* de Europa.[39] En consecuencia, la escuela del misterio de Chartres encontró los medios para practicar un camino iniciático desafiando a las represoras autoridades de la Iglesia.

LA RECONSTRUCCIÓN DE LA CATEDRAL DE CHARTRES

Cuando en el año 1020 el fuego destruyó la catedral, Fulberto recurrió a la ayuda financiera de los reyes y nobles que habían patrocinado su academia, para establecer un programa de reconstrucción. La lista de estos respaldos financieros comienza por el rey Roberto, el rey capetiano de Francia, e incluye a la mayoría de los nobles *Rex Deus* del norte de Francia, así como a Guillermo, duque de Aquitania.[40] En el 1037, ocho años después de la muerte del fundador, la nueva catedral románica de Fulberto fue inaugurada por su sucesor, Thierry de Chartres.

Al fallecer Thierry de Chartres, la figura central de la escuela de iniciación de Chartres fue uno de sus alumnos, Bernardo,[41] que también pertenecía a las familias. Bernardo continuó con las enseñanzas iniciáticas basadas en el trabajo de uno de los discípulos más importantes de Jesús, san Juan el Divino. La tradición *Rex Deus* comenzó así a infiltrarse cautelosamente en la sociedad europea y su influencia fue mucho mayor de lo que hubieran podido prever los miembros de las familias, pues el movimiento escolástico que condujo a la fundación de una universidad en París se originó en Chartres

San Bernardo de Clairvaux

La protección y el patrocinio de iglesias y catedrales no fue el único camino por el que las familias *Rex Deus* ejercieron su poder en el seno de la Iglesia. Algunos de sus miembros se unieron a la misma Iglesia y se sumaron a las órdenes sagradas con el propósito de quebrantar a su corrupto enemigo desde el interior de la organización. Las agudas sutilezas de una familia del condado de Champagne nos ofrecen un fascinante ejemplo de algunas de las tensiones que provocó esta estrategia.

Bernardo de Fontaine, más tarde canonizado como san Bernardo de Clairvaux, expresó su deseo de ingresar en la combativa orden de los cistercienses, de reciente creación, que se enfrentaba al peligro inminente de su desintegración. Esta decisión horrorizó a su familia que, sin embargo, pronto cambió de actitud por motivos que no dejan de ser una pura especulación. La oposición de la familia a sus planes se diluyó rápidamente y, aunque parezca extraño, un gran número de parientes y amigos decidieron acompañarlo en su decisión. No menos de treinta y dos hombres se convirtieron en novicios cuando Bernardo ingresó en la orden en 1112.[42]

Bernardo ascendió rápidamente en la jerarquía eclesiástica y, aunque nunca fue líder de la orden cisterciense, conquistó un poder inesperado en el mundo religioso y llegó a convertirse en el principal consejero personal del papa. Ejerció prácticamente la misma influencia en todos los asuntos seculares, aconsejando a reyes, a emperadores y a la nobleza en general. Ser miembro de la red familiar *Rex Deus* fue una gran baza para conseguir esa destacada posición.

El profundo compromiso de Bernardo con los preceptos iniciáticos se expresa abiertamente en los ciento veinte sermones que predicó, basados en el *Cantar de los cantares* del rey Salomón.[43] Amplió sus enseñanzas destacando la tradición espiritual de la rama de los Compagnonnage, los artesanos masones conocidos como los Hijos de Salomón. No existen pruebas documentales que expliquen con claridad el extraño entusiasmo colectivo que llevó a muchos de sus familiares y amigos a ingresar en la orden de los cistercienses; sin embargo, ciertos acontecimientos posteriores pueden ofrecernos algunas claves. Hay constancia de que Bernardo conspiró con otros miembros del grupo *Rex Deus* en pro de una meta común que dejaría una marca indeleble en el curso de la historia europea. Muchos de sus allegados se comprometieron con esta conspiración de gran alcance, incluidos su primo (que luego fue patriarca de Jerusalén), su tío André de Montbard, Hugo de Payen, los St. Clair, los Seton, la Casa Real de Flandes y uno de los nobles más importantes de Europa en esa época, el conde Hugo de Champagne.

HUGO DE CHAMPAGNE

Hugo de Champagne gobernó en una región un poco más grande que Gales, al este de París. Era ahijado de su soberano, el rey Felipe I de Francia. Además, juró lealtad al Santo Emperador Romano y al duque de Burgundy. Los condes de Champagne estaban vinculados por sangre y por matrimonio con los St. Clair,[44] con los reyes capetianos de Francia, con el duque de Burgundy, con el duque de Normandía y con los reyes normandos y Plantagenet, de Inglaterra. La ciudad donde Hugo gozaba de mayor poder, Troyes, en el condado de Champagne, se convirtió en un reconocido centro cultural que atrajo a destacados eruditos, caballeros e intelectuales. En esa época, numerosas familias judías, a menudo lideradas por estudiosos rabínicos, comenzaron a emigrar, abandonando el sur de Europa para establecerse en la cuenca de París, en las tierras de

Champagne y en los márgenes del río Rin.[45] Una de las familias establecidas en Troyes tuvo un hijo que habría de ser el más grande de los eruditos bíblicos judíos de todos los tiempos –el rabino Salomón Ben Isaac, conocido como Rachi.

Nacido en Troyes, Rachi estudió en las *yeshivot*, tanto en Worms como en Mainz, antes de retornar a Champagne para establecer su propia *yeshiva* en la ciudad donde había nacido.[46] Rachi era un invitado frecuente y muy bien recibido en la corte de Hugo de Champagne. Llegó a tener tal reputación intelectual que aún hoy sigue siendo una figura inigualable como estudioso bíblico; como filósofo, sólo fue superado por el incomparable Maimónides. La tolerancia de Hugo de Champagne permitió que Rachi dirigiera una escuela cabalística de gran importancia en la ciudad.[47] La Cábala fue el principal camino espiritual que englobaba los tradicionales medios de iniciación hebreo y egipcio. Como la mayoría de los nobles *Rex Deus*, Hugo de Champagne y sus descendientes dieron refugio y protección a los judíos, y cuando éstos fueron expulsados de la Isla de Francia en la segunda mitad del siglo XII, les ofreció residencia en Champagne y les garantizó su seguridad.

En el año 1104, Hugo I de Champagne se reunió en un cónclave secreto con los nobles más destacados de las familias de Brienne, De Joinville, Chaumont y Anjou, todas ellas pertenecientes a las dinastías *Rex Deus*.[48] Poco después, se marchó a Tierra Santa y no regresó a Champagne hasta 1108. En 1114 hizo otra breve y misteriosa visita a Jerusalén y a su regreso donó tierras a la orden cisterciense, donde los monjes construyeron un nuevo monasterio, la abadía de Clairvaux, y designaron a Bernardo de Fontaine como su primer abad.

Las misteriosas visitas de Hugo de Champagne a Tierra Santa y su donación de tierras a los cistercienses no eran más que el prólogo de una acción concertada por las familias, que estaban a punto de abandonar la clandestinidad por primera vez. Se estaba gestando la resurrección de *Rex Deus*. Con todo, su aparición en la vida pública no habría de producirse en el condado de Champagne, ni siquiera en Europa, sino en la Ciudad Santa de Jerusalén, con la fundación de una orden de monjes guerreros cuyo nombre habría de resonar en los anales de la historia europea hasta la actualidad: Los Pobres Caballeros de Cristo y del Templo de Salomón, conocidos también como los Caballeros Templarios.

——10——

Los Caballeros Templarios

Bernardo de Clairvaux llegó a ser una figura poderosa e influyente, tanto en el seno de la Iglesia medieval como en el mundo de la política secular, y no sólo por sus provechosas relaciones familiares, sino también debido a su gran energía. A pesar de haber tenido siempre una salud precaria, fomentó la fundación de alrededor de sesenta y ocho casas cistercienses desde su sede de Clairvaux. Su ejemplo personal y su profunda espiritualidad eran muy respetados por la orden cisterciense, razón por la cual se lo consideraba su segundo fundador. Llegó a dominar muchas ramas de las tradiciones iniciáticas, ya que, como muchos de los maestros de Chartres, Bernardo de Chartres y los posteriores líderes de la escuela del misterio –por ejemplo, Juan de Salisbury y Alanus ab Insulis– fueron cistercienses.[1]

Una de las muchas casas cistercienses fundadas por Bernardo se encuentra en el Principado de Seborga, al norte de Italia. De acuerdo con la tradición local, fue fundada en 1113 para proteger «un gran secreto».[2] Dirigida por su abad, Eduardo, contaba con dos hombres que antes de ser monjes habían sido caballeros, Gondemar y Rossal. Habían ingresado en la orden en compañía de Eduardo y al mismo tiempo que Bernardo. En un documento de los archivos de Seborga se afirma que, en febrero de 1117, Bernardo llegó a la abadía con siete compañeros, eximió a Gondemar y Rossal de sus votos, y bendijo solemnemente al grupo antes de partir hacia Jerusalén en 1118. El documento señala que antes de su partida, Bernardo designó a Hugo de Payen como Gran Maestro de «La Milicia Pobre de Cristo» y que éste fue consagrado en su cargo por el abad Eduardo.[3]

LA FUNDACIÓN DE LA ORDEN

Un relato de Guillaume de Tyre, escrito alrededor de setenta años después de los sucesos que describe, afirma que la orden que llegaría a ser conocida como los Caballeros Templarios fue fundada en Jerusalén en 1118.[4] Pocas semanas después de la ascensión al trono del nuevo rey,[5] Balduino II cedió a la orden una tierra en el monte del Templo, donde los caballeros instalaron sus cuarteles. Adoptaron el nombre de «Pobres Soldados de Jesucristo» y fueron reconocidos como «Los Caballeros del Templo de Salomón».[6] Los miembros fundadores de la orden fueron Hugo de Payen (su primer Gran Maestro), André de Montbard, Geoffroi de St. Omer, Payen de Montdidier, Achambaud de St.-Amand, Geoffroi Bisol, Godfroi, Gondemar y Rossal.[7]

Esta asociación de caballeros, supuestamente reunidos de manera azarosa, que compartían un propósito religioso fue, de hecho, un grupo muy unido de parientes que pertenecían a la dinastía *Rex Deus*, íntimamente asociados con el conde Hugo I de Champagne. Hugo, como ya hemos mencionado, hizo varias visitas a Tierra Santa antes de la fundación de los Templarios. En realidad, cuando volvió a Oriente en 1114, Ivo, obispo de Chartres, le envió una carta reprochándole haber abandonado a su esposa e instándolo a jurar lealtad a la «Caballería de Cristo» con el fin de asumir su «misión evangélica por la cual dos mil hombres habrán de luchar con firmeza contra aquel que se apresure a atacarnos con doscientos mil hombres».[8] Ésta no es la única ocasión en que se menciona la orden antes de la fecha aceptada de su fundación; lo que se puede inferir de esta confusión es que la creación de los Caballeros Templarios fue el resultado de una prolongada conspiración y una esmerada planificación. Existe otro dato curioso sobre Hugo de Champagne: hay constancia de que en 1125 regresó a Tierra Santa para sumarse a la Orden de los Caballeros Templarios, jurando obediencia a su primer Gran Maestro, Hugo de Payen, que era su propio vasallo.

Los miembros fundadores

Hugo de Payen nació en el 1070 en De Payen, uno de los principales castillos que defendían Champagne, en las orillas del río Sena.[9] En algún momento entre los años 1085 y 1090, recibió el feudo de Montigny, próximo a Láguese, en el condado de Champagne.[10] Hugo era primo de dos de los hombres más poderosos de Europa, Bernardo de Clairvaux[11] y el conde de Champagne, que era también su señor feudal.[12] Se lo conocía como Hugo el Moro porque pertenecía al linaje del profeta Mahoma, lo cual indica que no sólo era miembro de los *Rex Deus,* sino uno de los Desposyni, descendiente de uno de los hermanos de Jesús.

Se ha afirmado que Hugo estaba casado con Catalina de St. Clair. En nuestros trabajos anteriores hemos apoyado esta información; sin embargo, después de buscar en innumerables archivos debemos admitir que no hemos encontrado ningún documento válido que confirme o permita inferir una alianza matrimonial entre Hugo y la extensa familia St. Clair. El escritor francés Thierry Leroy ha descubierto documentos que atestiguan que, efectivamente, Hugo de Payen estaba casado y que su boda fue celebrada entre los años 1108 y 1114, pero con una dama llamada Isabel cuyo apellido de soltera no se menciona.[13] Aunque se dice que Hugo murió sin descendencia, sabemos que tuvo al menos un hijo, Thibaud de Payen, que fue nombrado abad del monasterio de Santa Coloma en 1139. En una de las crónicas contemporáneas se usan las siguientes palabras para describir al nuevo abad: «*Theo Aldus de Panes, filius Hugonis primi magistri templi Jerosolymitani*», que pueden traducirse como «Thibaud de Payen, hijo de Hugo, primer maestro del templo en Jerusalén». André de Montbard, uno de los hombres más próximos a Hugo en la nueva iniciativa caballeresca, era tío de Bernardo de Clairvaux,[14] pariente del duque de Burgundy y otro vasallo de la Casa de Champagne. Geoffroi de St. Omer era hijo de un importante noble flamenco, Hugo de St. Omer.[15] Payen de Montdidier y Achambaud de St.-Amand estaban íntimamente relacionados con la Casa Real de Flandes;

sus hijos Godfroi de Boiullon y Badouin de Bretaña, el más pequeño de los hermanos, fueron soberanos en el reino de Jerusalén –Godfroi ejerció de protector del Santo Sepulcro y tras su muerte, Badouin subió al trono con el nombre de Balduino I.

El reconocimiento de la orden

La Orden de los Caballeros Templarios recibió el reconocimiento del patriarca de Jerusalén en el Concilio de Nablus de 1120.[16] El patriarca, otro primo lejano de Bernardo de Clairvaux, dio a la orden su primer emblema –la cruz roja de dos barras que más tarde se convertiría en la Cruz de Lorraine–. La insignia fue posteriormente utilizada por el general De Gaulle con muy buenos resultados, como símbolo de la Francia libre durante la Segunda Guerra Mundial. Orderic Vitalis (1075-c. 1141), un escritor del monasterio normando de St. Évroul, dejó constancia de que en la década de 1120, el conde Fulk V de Anjou se unió durante cierto tiempo a los «caballeros del templo» en su peregrinación a Jerusalén. Al retornar a Europa continuó pagando a la orden treinta libras de Anjou a modo de colaboración para su mantenimiento. Orderic describió a los templarios como *venerandi mitlites*, caballeros que debían ser respetados y admirados por consagrar su vida al servicio físico y espiritual de Dios, por despreciar los asuntos mundanos y someterse diariamente al martirio.[17]

El primer propósito explícito de la nueva orden de monjes guerreros fue la protección de los peregrinos que se dirigían desde el puerto mediterráneo de Jaffa hasta Jerusalén. Si consideramos que Hugo de Payen tenía al menos cuarenta y ocho años cuando se fundó la orden y que muchos de sus compañeros rondaban la misma edad, es difícil comprender cómo consiguieron llevar a cabo esta tarea colosal nueve caballeros que no se hallaban en la flor de la vida –un problema que resulta infranqueable cuando se estudian las principales actividades de la orden en sus primeros nueve años de existencia–. Lejos de patrullar los caminos infestados de bandidos entre la costa y Jerusalén, invirtieron su tiempo en hacer excavaciones bajo el monte del Templo, directamente debajo de su centro de operaciones.[18]

Durante los últimos años del siglo XIX y los primeros del siglo XX, el lugarteniente Warren, de los Ingenieros Reales, exploró la columna vertical de 24 metros que habían cavado los caballeros y el sistema de túneles a los que daba acceso dicha columna. Warren descubrió una variedad de objetos templarios, entre los que había una espuela, los restos de una lanza, una pequeña cruz templaria y la parte principal de una espada templaria. Estas fascinantes reliquias descansan ahora en Edimburgo bajo la protección del archivero templario Robert Brydon y junto a una carta del capitán Parker, que acompañó a Warren en sus exploraciones. En 1912, Parker escribió al abuelo de Brydon para entregarle el hallazgo y solicitarle que lo conservara en su poder para mantenerlo a salvo.

El descubrimiento de estos túneles ha dado lugar a varias preguntas: ¿fueron dichas excavaciones el principal propósito de la fundación de la orden? ¿Qué era exactamente lo que estaban buscando? ¿Consiguieron encontrarlo? ¿Cómo sabían dónde tenían que cavar? ¿Cómo lograron acceder a esas estancias situadas encima del sitio elegido para la excavación? Es imposible responder con precisión a estas preguntas, aunque podemos aventurar algunas respuestas factibles para algunas de ellas basándonos en ciertos hechos.

Una de las claves aparece grabada en una columna de la galería norte de la catedral de Chartres, conocida como el Pórtico de los Iniciados. Se trata de una representación del Arca de la Alianza transportada en un carro de ruedas.[19] La leyenda bíblica narra que el Arca de la Alianza fue enterrada a gran profundidad bajo el Templo de Jerusalén mucho antes de la invasión babilónica. Un antiguo mito esotérico europeo señala que Hugo de Payen fue elegido para recuperarla y traerla nuevamente a Europa.[20] En el mismo mito se dice que al llegar a Europa fue escondida debajo de la cripta de la catedral de Chartres, que en esa época estaba bajo el control de los señores de Chartres.

Según se afirma, junto con el Arca quedó al descubierto una gran cantidad de documentos antiguos. Con el paso de los años y después de muchas especulaciones sobre la naturaleza de estos textos, se ha llegado a un razonable consenso. Los documentos pueden contener, entre otras cosas, copias del material de los Rollos del Mar Muerto encontrados en Qumran y tratados sobre geometría sagrada, sobre las ciencias antiguas y sobre otros aspectos de la tradición hebrea y egipcia. La traducción del Rollo de Cobre encontrado en Qumran parece confirmar este consenso general, ya que en él se citan varios emplazamientos donde fueron escondidos el tesoro y los objetos sagrados del templo antes de su destrucción en el año 70 a. de C. Más aún, el investigador y estudioso de los Rollos del Mar Muerto, John Allegro, hizo excavaciones en algunas de las localizaciones citadas en el Rollo de Cobre, y en varias de ellas encontró muchos objetos relacionados con los Caballeros Templarios que databan del siglo XII, pero nada procedente de la época en que los romanos destruyeron el templo.

La única explicación lógica para estas circunstancias es que el saber oculto en estos lugares secretos fue transmitido de generación en generación durante más de mil años por las tradiciones orales de las familias *Rex Deus*. La decisión de establecer sus cuarteles encima del tesoro que buscaban, pone en evidencia que el rey Balduino formaba parte de la conspiración. El hecho de que la orden se hiciera pública por primera vez a las pocas semanas de su ascensión al trono parece confirmar esta teoría. De todos modos, excepto las diversas visitas a Tierra Santa que Hugo de Champagne y Hugo de Payen realizaron durante los reinados de Godfroi de Bouillon y su hermano Balduino I, no había existido ninguna otra tentativa de fundar la orden.

EL RETORNO A EUROPA

Bajo pedido del nuevo Gran Maestro, el rey Balduino II escribió a Bernardo de Clairvaux solicitándole que persuadiera al papa para que reconociera formalmente la orden. En aquella época, Bernardo era el consejero del papa Honorio II y además había sido su maestro.[21] Acompañado por los cofundadores de la orden, Hugo de Payen marchó a Provenza y luego a Normandía, donde los caballeros se reunieron con el rey inglés Esteban I, que los autorizó a atravesar Inglaterra en dirección a Escocia, donde Hugo estableció su residencia en un lugar cercano a los dominios de los St. Clair de Roslin.

El rey David de Escocia le concedió tierras en Ballantrodoch, que en el futuro serían el cuartel general de la orden en Escocia. A partir de ese momento, la heredad recibió el nombre de Templo. Estas tierras limitaban con las propiedades de los St. Clair, lo que facilitó la comunicación entre esta antigua familia y los nuevos Caballeros Templarios. El resultado inmediato de dichos viajes fueron nuevas concesiones de tierras a la orden, no solamente en Escocia, sino también en Inglaterra, Champagne y Provenza. Aún hoy sigue abierto el debate sobre cuál de todas aquellas fincas fue la primera donación. Lo más probable es que fueran las tierras circundantes a Les Arcs-sur-Argens, en Provenza, seguidas poco después por las de Temple Cressing en Inglaterra, Ballantrodoch en tercer lugar y finalmente Troyes. Se trata de un tema complicado, pues las concesiones iniciales fueron en principio orales y sólo se confirmaron por escrito mucho tiempo después de que los caballeros hubieran tomado realmente posesión de sus nuevas propiedades. El hecho es que estas primeras donaciones habían sido planificadas mucho tiempo atrás y pronto fueron seguidas de una verdadera cascada de cesiones de propiedades, ciudades, castillos, villas y terrenos rurales de la Europa cristiana. Estas donaciones de dinero y propiedades se produjeron después de que el papa reconociera oficialmente a la orden y la recompensara con su primera «regla».

La regla de los Templarios

En respuesta a la carta del rey Balduino I, Bernardo de Clairvaux logró que el papa prestara atención a la orden, y que aceptara dar su bendición a los monjes guerreros y ordenara a su legado papal en Francia, el cardenal Mateo D'Albano, que convocara un concilio de la Iglesia y de dignatarios seculares para legalizar la nueva orden y otorgar a los caballeros su primera regla religiosa. El concilio se inauguró en Troyes el 14 de enero de 1128 bajo la dirección y presidencia del cardenal D'Albano. Asistieron los arzobispos de Rheims y Sens, y los obispos de Orleáns, París, Soissons, Auxerre, Meaux, Chalons, Laon y Namur. También estaban presentes los abades de Vezelay, Citeaux, Pontigny, Tríos Fontaines, Saint Remy de Rheims, Dijon, Molestes y, según se afirma en ciertos relatos, el abad de Clairvaux.[22] No existe una clara constancia de la presencia de Bernardo en el concilio, debido a su mal estado

Castillo de Roslin, hogar ancestral de los St. Clair

Castillo templario, Grimaude Ville, Var, Provenza

La villa templaria de Les Arcs-sur-Argens, Provenza

de salud. Sin embargo, no cabe duda de que todo el evento estuvo dominado por su pensamiento. El poder secular también estaba bien representado por el nuevo donde de Champagne, Thibaud IV, Guillermo II, el conde de Nevers y otro noble llamado André de Baudemant.

El 31 de enero de 1128 el Gran Maestro Hugo de Payen y sus compañeros fueron convocados para recibir la nueva regla que había sido redactada por Bernardo de Clairvaux.[23] Diez años después del Concilio de Troyes, el papa Inocencio II emitió la bula papal *Omme datum optimum,* por la que, a través de su Gran Maestro, los templarios sólo debían obediencia al papa; de este modo eran liberados de la autoridad de obispos, arzobispos, reyes y emperadores. Gracias a esta acción papal, que tuvo lugar menos de veinte años después de la fundación de los Caballeros Templarios, la orden fue completamente independiente de prelados y príncipes, y por lo tanto, la hermandad más independiente del mundo cristiano y que pronto habría de ser la más poderosa, tanto en riquezas como en poder militar.

EL DESARROLLO DE LA ORDEN

Dos años después de que se celebrara el Concilio de Troyes, los Caballeros Templarios habían adquirido tierras en Portugal y establecido estrechas relaciones con los gobernantes del país. Las donaciones de propiedades en la región oriental de España llegaron más lentamente, aunque siguieron un modelo similar. Los templarios fueron propietarios de tierras en Aragón poco después de 1130. Como resultado, al comienzo de la década de 1140 habían conseguido una cantidad importante de heredades y reclutado suficientes miembros como para sostener operaciones militares simultáneas en dos frentes –en Tierra Santa y en la Península Ibérica–. Combatieron en la mayoría de las campañas del rey de Aragón contra los moros y fueron sus consejeros. La cantidad de hombres presentes en estas campañas nunca fue muy numerosa, pero tenían la cualidad de movilizarse rápidamente y permanecer en el campo de batalla todo el tiempo que fuera necesario.[24] De hecho, tanto en Europa como en Tierra Santa, fueron el primer ejército profesional permanente desde la caída del Imperio romano.

Durante los años siguientes al Concilio de Troyes, las concesiones de tierras, castillos y otras propiedades se sucedieron con tanta rapidez que, en algunos casos, la orden se vio obligada a aplazar la creación de guarniciones militares durante varios años debido a la escasez de soldados. Sin embargo, su principal objetivo era la protección del reino de Jerusalén. Todos los hombres reclutados inicialmente, tanto los caballeros como otros que estaban capacitados para servir en el ejército, fueron enviados a Oriente. Seguían el ejemplo de su Gran Maestro, pues el mismo Hugo y los trescientos caballeros procedentes de las familias europeas más nobles que se habían apresurado a ingresar en la orden regresaron a Tierra Santa en 1129.[25] Teniendo en cuenta las dificultades de comunicación que existían en Europa en los primeros años del siglo XII, por no mencionar el tiempo que se necesitaba para armar y equipar a estos hombres y transportarlos hasta un punto de encuentro dentro de Europa, esta afluencia masiva de reclutas y su veloz traslado a Tierra Santa constituyen otro claro ejemplo de la eficiente y esmerada planificación a gran escala de los Templarios.

Esta oleada de alistamientos y la cantidad cada vez mayor de donaciones de tierras y propiedades no procedían directamente de las familias *Rex Deus*. Para definirlo en términos actuales, Bernardo de Clairvaux fue un maestro en el arte de las relaciones públicas y la publicidad. Redactó el tratado *In Praise of the New Knighthood* (*Elogio a la nueva caballería*), que encomia las virtudes de los Caballeros Templarios y describe los inmensos beneficios espirituales que adquirirían quienes apoyaran sus objetivos con su servicio personal, así como con donaciones de tierras o de valiosas monedas antiguas. Al final de este documento hay un párrafo bastante enigmático que, prácticamente, revela el secreto del verdadero propósito de esta orden de caballeros, cuyo juramento era proteger no sólo a los peregrinos de Tierra Santa, sino a la misma Tierra Santa. Bernardo escribió:

Os saludo, tierra de promisión, en la que antes sólo abundaba la leche y la miel para sus dueños y hoy es alimento de vida y medio de salvación para el mundo entero.[26]

El dogma de la Iglesia se basaba en la creencia de que mil cien años antes Jesús había muerto en la cruz en el Gólgota, en un acto supremo de sacrificio para salvar a los hombres. Con su muerte había redimido a la humanidad y la había salvado del pecado. Bernardo, abad de Clairvaux, era un antiguo miembro de la Iglesia y consejero de reyes –de los cuales, al menos dos habían sido sus discípulos– que, al parecer, había dedicado su vida a lograr que la humanidad comprendiera este dogma que la Iglesia considera un hecho. De manera que cabe preguntarse qué quiso decir al escribir «hoy es alimento de vida y medio de salvación para el mundo entero» o, tal como se presenta en traducciones alternativas, «de la cual surgirá la salvación para el mundo entero». ¿Se refería Bernardo de manera sesgada a los documentos hallados bajo el monte del Templo y a su traducción? ¿O aludía a la reaparición de las enseñanzas originales de Jesús que él esperaba en esta época de resurgimiento de los *Rex Deus*?

Probablemente nunca lo sabremos, a menos que salgan a la luz nuevas pruebas documentales. Lo cierto es que, después de que comenzara a circular su tratado *In Praise of the New Knighthood,* aumentaron los reclutamientos y se acrecentaron las donaciones de tierras y de dinero para los Caballeros Templarios. Aunque no fueron ellos los únicos beneficiarios: la orden cisterciense, tan combativa después de que Bernardo y sus compañeros ingresaran en ella, también disfrutó de un extraordinario período de desarrollo. En vida de Bernardo, se fundaron más de trescientas nuevas abadías, la más rápida expansión que se conoce de cualquier orden monástica previa o posterior. Por otra parte, al menos durante su existencia, los cistercienses y los Caballeros Templarios fueron considerados como dos brazos del mismo cuerpo –un brazo monástico, contemplativo, y el otro militar, fuerte y rápido.

Francia, Provenza, Champagne, Bar, Toscana y la región actualmente conocida como Languedoc/Rousillon se convirtieron en los principales centros del poder templario y de su influencia en Europa, seguidas muy de cerca por Aragón, Galicia, Portugal, Escocia, Normandía y el Santo Imperio Romano. Finalmente, sus tierras, castillos e iglesias se extendían desde el Báltico hasta el Mediterráneo y desde la costa atlántica hasta Tierra Santa. Todos los ingresos y beneficios que producían de estos vastos bienes fueron consagrados a un solo objetivo: mantener un ejército permanente y fortificaciones en Tierra Santa. Todos los medios estaban dedicados a este único fin, y para llevarlo a cabo la orden no cejó en su cometido de aumentar sus ganancias y, al mismo tiempo, su eficacia y su poder.

LAS PROPIEDADES TEMPLARIAS

La gran mayoría de las propiedades de los Templarios en Europa no fueron grandes castillos, excepto las de España y Portugal, donde constituían una necesidad debido a las batallas contra los moros. Los Templarios poseían alquerías, molinos, establos, pequeñas capillas absidales y comandancias –centros administrativos generalmente combinados con edificios agrícolas–. En las principales ciudades se erigieron bastiones destinados a funcionar como lugares seguros para los tesoros en tránsito o para alojar a las tropas que iban camino de Tierra Santa. Los caballeros eran guerreros y necesitaban sirvientes, herreros para sus caballos y armeros; las fincas también precisaban herreros, además de labriegos, carpinteros y pastores; sus navíos requerían tripulación, carpinteros, fabricantes de velas, remeros, navegantes y oficiales con experiencia; sus iglesias contaban con sus propios capellanes y, como veremos más adelante, también se necesitaban albañiles y mamposteros. Los así llamados monjes guerreros poseían tierras en cada región climática de Europa; fincas, viñedos, praderas de pastoreo para reses y ovejas, minas, molinos, canteras, herrerías y criaderos de caballos. Se convirtieron en la primera multinacional de la historia.

Un asesor contemporáneo de gestión empresarial, el americano S. T. Bruno, los describe en los siguientes términos:

> Los Templarios administraban un sistema «mundial» de fincas, transporte de mercancías y servicios financieros; producían aceite en el valle del Jordán y vino en Francia, y comerciaban con lana en Irlanda. La agricultura era sólo una de sus actividades. También enviaban madera desde Edessa y transportaban a los peregrinos a lo largo de la costa mediterránea desde Lombardía hasta Acre. Incluso suministraban una forma medieval de «cheques de viajero» a los peregrinos

y hacían préstamos de dinero a los reyes. Aunque nos figuremos que la conquista de Tierra Santa fue el foco principal de sus «productos» militares, los recursos de la orden se obtenían de varios mercados diferentes.[27]

Se requiere una capacidad organizativa asombrosa para gestionar esta vasta y multifacética empresa internacional y, simultáneamente, mantener un ejército permanente en el campo. Sin embargo, fueron capaces de hacerlo –¡y aún hoy algunos de los clérigos de la Iglesia moderna los llaman «ignorantes»!–. Bruno afirma que durante casi ciento ochenta años, los Templarios administraron su organización de una forma muy compatible con algunas de las prácticas de gestión más sofisticadas del siglo XXI.[28]

EL COMERCIO A DISTANCIA

En la época de la fundación de la Orden de los Templarios, el comercio con ciudades distantes se realizó principalmente a través del mar y se centró en las ciudades del norte de Italia: Venecia, Génova y Pisa. Estas ciudades explotaron su posición geográfica y prosperaron enormemente gracias a sus actividades comerciales con los imperios orientales bizantino e islámico. Por su parte, el norte de Europa prosperó de forma lenta pero regular, ofreciendo madera y ropa de lana a cambio de las especias y la seda de Oriente.

Al principio, el comercio a larga distancia estuvo plagado de dificultades, pues los barones locales impusieron elevados peajes a las mercancías que cruzaban sus tierras. Todos los productos y el dinero en tránsito fueron presa fácil de los bandidos que infestaban las zonas rurales. La llegada de los Templarios cambió por completo este panorama. Sus propiedades diseminadas por toda Europa les ofrecieron bases ideales para cumplir con el objetivo esencial de proteger las rutas de peregrinación. Como resultado, el comercio y los viajes de largo recorrido fueron más seguros y factibles. Comenzaron a surgir grandes mercados regionales y esto, a su vez, estimuló la actividad mercantil. Los condes de Champagne eran lo suficientemente independientes de sus señores feudales, los reyes de Francia y los duques de Burgundy, como para ignorar cualquier restricción real sobre el comercio, y empezaron a alentar a los mercaderes para que acudieran al mercado de Troyes. Crearon un clima de estabilidad, seguridad y libertad que promovió el crecimiento de este mercado internacional, situado a mitad de camino entre los emergentes centros comerciales de los Países Bajos, en el noroeste, y las prósperas ciudades de Venecia, Génova y Pisa, en el norte de Italia. Poco después, otros poderosos nobles se sumaron a este ejemplo y así fue como las iniciativas de los Templarios facilitaron el comercio.

La banca templaria

Un comercio de esta naturaleza no puede florecer a menos que exista una infraestructura financiera que lo sostenga,[29] y los monjes guerreros explotaron aún otro recurso. Los Templarios, acostumbrados a trabajar con distintas divisas y a organizar el transporte seguro del oro y del dinero por todo el territorio europeo para financiar sus actividades militares en Tierra Santa, comenzaron a ofrecer servicios financieros a la nueva clase social de los comerciantes. Se establecieron como banqueros, utilizando un elemento que habían aprendido de los sufis del islam –a saber, la «nota de mano»– para hacer transferencias financieras a todas las regiones de Europa. Esta circunstancia impulsó aún más el comercio y la rentabilidad de sus negocios. Prestaban dinero a los mercaderes, a la nobleza, a los príncipes y prelados, y todos sus acuerdos financieros estaban respaldados por su conocida probidad, exactitud y seguridad. Pronto se constituyeron en la institución financiera más poderosa del mundo cristiano.

En aquella época, los viajes y el transporte de mercancías no eran seguros, y las rutas comerciales y las carreteras no estaban bien protegidas. La Orden de los Caballeros Templarios se encargó de solucionar ambos problemas y, como resultado, desempeñó un importante papel creando las condiciones básicas necesarias para la acumulación de capital. Estas condiciones ya eran aplicadas en los grandes centros comerciales del norte de Italia y se propagaron rápidamente por los principales centros de población europeos, gracias a los servicios los Caballeros Templarios y a la seguridad que ellos garantizaban.

Las consecuencias políticas derivadas de la prosperidad comercial de las ciudades del norte de Europa –una independencia y una autonomía cada vez mayores para sus soberanos en los estados papales o en el Santo Imperio Romano– pronto se reflejaron en un cambio acumulativo y sostenido del equilibrio de poder en el resto de Europa. El poder se trasladó desde los barones feudales hasta la clase mercantil emergente en las ciudades y en los pueblos. En algunas zonas gobernadas por la nobleza *Rex Deus*, esto dio lugar a una forma embrionaria de democracia, puesto que, de un modo u otro, los consejos de ciudadanos comenzaron a mostrar su poderío. Lo que al principio había sido un complemento para el poder de sus señores feudales más adelante se convirtió en una fuerza rival.

Los Templarios eran considerados como una novedosa combinación de temibles hombres combativos y reconocidos defensores del cristianismo. Esta imagen, sumada a sus innumerables propiedades en todos los rincones de Europa y a su aguda visión financiera, favoreció que fueran designados embajadores, asesores de reyes, papas y emperadores, y que ocuparan puestos de responsabilidad, prácticamente en todos los reinos en los cuales operaban. En definitiva, los Templarios alcanzaron posiciones de incalculable poder e influencia en todo el continente europeo, y destacaron en cuestiones militares, en diplomacia, en política internacional y, principalmente, en asuntos financieros. ¿Qué los hizo tan diferentes a otras reputadas órdenes religiosas, muchas de las cuales eran bastante más antiguas? Para conocer las posibles respuestas a esta pregunta debemos estudiar su sistema de creencias.

11

Las creencias de los Caballeros Templarios

Los logros conseguidos por los Templarios en su breve historia de tan sólo ciento ochenta años resultan sorprendentes si se los compara con los de las órdenes fundadas previamente y que los sobrevivieron varios siglos. Sin embargo, las líneas de investigación más evidentes que podrían explicar estas diferencias suelen ser ignoradas o consideradas irrelevantes por los académicos. Los Caballeros Templarios fueron eliminados ignominiosamente a comienzos del siglo XIV, después de un controvertido juicio por herejía, realizado por la Inquisición francesa a instancias del rey Felipe el Hermoso de Francia. Sus archivos internos fueron robados por los inquisidores, escondidos por los mismos caballeros o destruidos. El vacío de información resultante ha tenido dos efectos perjudiciales: dar libre curso a las especulaciones y proporcionar a los historiadores académicos una excusa para ignorar las verdaderas causas del prodigioso desarrollo de los Templarios.

Pese a todo, la falta de información no es tan definitiva como podría parecer, puesto que los Templarios nos han dejado un considerable legado que sirve de guía para conocer sus verdaderas creencias y forma parte de su compromiso con una forma de veneración invariablemente asociada a su actividad –nos referimos al culto de la Virgen Negra–. En otro ejemplo de la actividad de los *Rex Deus* que se originó en la ciudad de Troyes –una obra literaria que aún hoy sigue fascinando a millones de personas, *The Search for the Holy Grail (La búsqueda del Santo Grial)*– se ocultan otros indicios sobre sus creencias, que han sido representados de forma alegórica. Los monjes guerreros nos dejaron también una guía indeleble de sus principios esenciales; fue grabada en tres dimensiones en las grandes catedrales góticas que construyeron, o cuya edificación financiaron, durante la explosión de creatividad que un agudo autor británico, William Anderson, denominó *The Rise of the Gothic (El auge del gótico)*

El culto a la Virgen Negra

Aunque la mariolatría recibió su mayor impulso desde Chartres, sus verdaderos orígenes se encuentran en la adoración pagana de diversas diosas madres. Por ejemplo, Notre Dame Sous Terre, de la Catedral de Chartres, es una variante cristianizada de la antigua práctica druídica de adorar la figura ennegrecida a fuego de una virgen a punto de dar a luz, *Virginibus pariturae*, descrita por Julio César en el *de Bello Gallico*, libro 4. En toda Europa comenzaron a surgir cultos similares que conservaban formas paganas más antiguas de veneración integradas en la práctica católica.

La veneración de la Virgen Negra empezó de un modo similar. Los emplazamientos de algunas de las más importantes Vírgenes Negras o bien son anteriores a la fundación de la orden templaria o están geográficamente situados muy lejos de su alcance. No obstante, los años de mayor desarrollo de este extraño culto coinciden con la época en que la orden era muy poderosa, y la mayoría de estas efigies se encuentran en regiones que estuvieron bajo la influencia de los Templarios. Más aún, el culto está íntimamente asociado con la adoración a María Magdalena.

Aunque la Iglesia católica no ha dejado de manifestar su satisfacción por los beneficios financieros que le reportaba la peregrinación a dichos lugares, el culto a la Virgen Negra siempre le ha resultado muy embarazoso. Como la mariolatría desempeña un papel muy importante en la fe católica, no resulta fácil comprender el obvio malestar que producía la intensa veneración local, nacional y, en ocasiones, internacional de las Vírgenes Negras. ¿Qué puede representar esta imagen para causar semejante ofuscación a la jerarquía eclesiástica?

Las palabras de Bernardo de Clairvaux nos ofrecen una clave para responder a esta pregunta. En la época del Concilio de Troyes, Bernardo estableció requisitos específicos para los miembros de la nueva orden de caballeros: debían «jurar obediencia a Betania y a la casa de María y Marta» –en otras palabras, tenían que ser leales a la dinastía fundada por María Magdalena y Jesús–. Muchos estudiosos del esoterismo han llegado a la conclusión de que las grandes catedrales de Notre Dame construidas o financiadas por los Templarios no estaban dedicadas a María, la madre de Jesús, sino a María Magdalena y al hijo de Jesús –una idea absolutamente herética desde la perspectiva de la Iglesia.

Los Templarios veneraron a la Magdalena bajo el aspecto de Virgen Negra y su culto se divulgó a través de las tierras que controlaban. El investigador y escritor escocés Ean Begg enumera más de cincuenta santuarios hallados en iglesias dedicadas a María Magdalena.[1] En la tradición esotérica europea, la Magdalena es descrita como «el símbolo de la sabiduría divina» y, según la tradición nazareana, era representada vestida de negro como la diosa Isis y con la corona de estrellas de Sofía. Su hijo llevaba la corona dorada de la realeza.[2]

De acuerdo con el iniciado del siglo XX Rudolph Steiner, el simbolismo se puede interpretar, como mínimo, en nueve niveles diferentes, dependiendo de la percepción y el grado de iniciación del observador. La Virgen Negra no es una excepción. En el primer nivel exotérico es simplemente la madre de Jesús con su único hijo; en el segundo, es María, la sede de la sabiduría. En el plano esotérico, el mismo simbolismo puede representar a la Magdalena y al hijo de Jesús. Según un antiguo sistema de símbolos egipcio, en un nivel más profundo el color negro indica sabiduría. De modo que los Templarios veneraban a la diosa de la sabiduría, Sofía, personificada en la diosa Isis y su hijo Horus, que posteriormente es disimulada tras la imagen de la Santa Madre cristiana y su hijo Jesús.[3] Pero existe aún otro nivel de comprensión: Isis era adorada como «la Iniciada de la Luz»,[4] o iluminación.

Si nos retrotraemos a la cristianización de las deidades paganas, la Virgen Negra podría también simbolizar a la Madre Tierra, la diosa egipcia Anna, que en la tradición egipcia siempre era representada con el color negro.[5] Ean Begg, que ha dedicado varios años de estudio a la Virgen Negra y a las corrientes ocultas de espiritualidad de la Europa cristiana, afirma que el análisis de la historia y de las leyendas de la Virgen Negra puede revelar la existencia de una secta hereje con poder suficiente como para impresionar incluso a corrientes actuales poscristianas y a fuerzas políticas secretas implicadas, que aún son influyentes en la Europa moderna.[6] Cuando se lo juzga a la luz de la tradición *Rex Deus*, su comentario parece haber dado en el blanco.

El Santo Grial

A pesar de que la existencia de las familias *Rex Deus* logró mantenerse en secreto y no fue divulgada hasta las últimas décadas del siglo XX, sus creencias, leyendas e historias han sido ampliamente conocidas durante más de nueve siglos, sin que nadie reconociera sus verdaderos orígenes. La creación y divulgación de los relatos de la búsqueda del Santo Grial fue el golpe maestro que inmortalizó la tradición *Rex Deus*. Este género literario, creado deliberadamente para servir a los propósitos de los descendientes de Jesús, tuvo gran éxito. Las sagas del Grial de los siglos XII y XIII son una perspicaz amalgama de tradiciones pre-cristianas con una pátina cristiana, que contiene una guía codificada de las verdaderas enseñanzas de Jesús.

El Grial ha sido caracterizado de diversas formas: como un cáliz, una copa, una piedra que cae del cielo, una piedra dentro de una copa o un cuenco mágico.[7] Se cree que es capaz de devolver la vida a los muertos, o la salud a los heridos o enfermos. Las leyendas celtas y precristianas lo describen como un caldero con cualidades mágicas similares.[8] En la puerta norte de la catedral de Chartres, en la galería conocida como el Pórtico de los Iniciados, existe una talla de Melchizedek que ocupa un lugar de honor; en ella, el Grial está representado como «la piedra dentro de la copa» que es transportada por este rey monje de Jerusalén».[9]

Las sagas del Grial adquirieron su apariencia cristiana a través de la inspiración genial de dos hombres notables: Wolfram von Essenbach[10] –que pasó varios años en Tierra Santa y que, según afirman algunos eruditos, fue un caballero templario– y Chrétien de Troyes. Sus historias fueron una aguda combinación de leyendas paganas, folklore celta, simbolismo místico judío, tradición *Rex Deus* y creencias alquímicas y cabalísticas, enmascaradas tras un ligero barniz de devoción por la reliquia más sagrada de la tradición cristiana –la copa presente en la última cena, presuntamente empleada por José de Arimatea para guardar la sangre de Jesús después de la crucifixión.

El primer romance del Grial apareció en el escenario literario, religioso y caballeresco europeo alrededor de 1190 en la forma de una obra épica sin acabar, *Perceval* o *Le Conte del Graal*, cuyo autor fue Chrétien de Troyes.[11] Chrétien, que era pariente de Hugo de Payes,[12] fue educado en el sacerdocio y llegó a ser un destacado traductor y un escritor de considerable prestigio. Dedicó tres de sus primeros trabajos a Marie, condesa de Champagne, hija del rey Luis VII de Francia y de Eleonora de Aquitania.[13] Algunos afirman que su intención original fue dedicar *Le Conte de Graal* a Marie pero cuando su marido, el conde de Champagne, falleció poco después de regresar de Tierra Santa, ella se retiró de la vida pública. Chrétien buscó de inmediato un nuevo mecenas entre las filas de *Rex Deus* y lo encontró en Felipe de Alsacia, conde de Flandes y pariente directo de los primeros reyes cristianos de Jerusalén,[14] que era además hijo de uno de los cofundadores de los Caballeros Templarios, Payen de Montdidier.

La colección de leyendas sobre el rey Arturo que escribió Geoffrey de Monmouth –dadas a conocer en 1136, dieciocho años después de la fundación de los Caballeros Templarios– y las referidas al Santo Grial pronto se mezclaron inextricablemente. Ambos géneros comparten ideales similares respecto de la caballería y, en un tono conmovedor, describen una búsqueda espiritual de la perfección, contraria a la brutal realidad que, lamentablemente, era demasiado tangible y familiar para los embelesados oyentes y lectores.

Según la opinión de muchos estudiosos, resulta irónico que las tradiciones del rey Arturo y las del Grial compartan una fuente común, perdida durante mucho tiempo. Esta presunta «fuente común» y su relación con las sagas resultantes ha sido comparada con la vinculación similar existente entre el documento Q y los Evangelios Sinópticos. No estamos en posición de rebatir la teoría que defiende la posible existencia de algunos textos comunes que habrían asociado estas dos leyendas de caballería –algo que quizás conocieran Chrétien y Wolfram–. Sabemos, sin embargo, que las obras de ambos autores estaban relacionadas por otra fuente común, mucho más importante y perdurable: las enseñanzas y tradiciones de *Rex Deus*. Un estudioso del Grial, Malcolm Godwin, estuvo muy cerca de identificar este vínculo cuando escribió:

> La leyenda del Grial ha conservado, más que ningún otro mito occidental, la magia vital que la señala como una leyenda viviente, capaz de conmover tanto a la imaginación como al espíritu. Ningún otro mito es tan rico en simbolismo, tan diverso y, a menudo, tan contradictorio en su significado. Contiene secretos que han mantenido vivo el interés místico por el Grial durante los últimos novecientos años, en tanto que otros mitos y leyendas han caído en el olvido.[15]

La descripción más divulgada del Santo Grial lo representa como una reliquia, la copa usada por José de Arimatea para recoger la sangre de Cristo después de la crucifixión. Obviamente, esta historia fue creada por alguien que no tenía ningún conocimiento de la práctica funeraria judía de la época, ya que cualquier hombre que manipulara un cadáver estaba obligado a un prolongado período de purificación que, presuntamente, correspondería a la víspera de la Pascua. La aversión judía a tocar cadáveres humanos –y menos aún la sangre– durante los tiempos bíblicos hace que esta historia resulte increíble. Por otro lado, las tradiciones funerarias del judaísmo ortodoxo de la época exigían que se enterrara el cadáver completo, incluyendo la sangre, con el fin de garantizar la vida futura. Esta práctica, que continúa vigente entre los hasidines, prohíbe terminantemente extraer la sangre de un cadáver.

La búsqueda del Grial

Cuando se redactó el primer romance del Grial, en muchos sentidos, Europa era un estado policial; todo aquel que fuera considerado espiritual o religiosamente diferente corría el riesgo de ser condenado a morir en la hoguera. Con el objetivo de sobrevivir, las familias *Rex Deus* aprendieron el arte de la simulación, perfeccionándolo hasta niveles altísimos.

Por lo tanto, cuando las sagas del Grial se propusieron escribir la larga y peligrosa búsqueda de la más sagrada de todas las reliquias –la copa de Jesús–, su relato incluyó un mensaje codificado de naturaleza muy diferente.

Los romances del Grial describen la ardua y prolongada búsqueda de un caballero sometido a muchas tentaciones y peligros físicos –una historia con cierto aire romántico, basada en los conocidos riesgos de una larga peregrinación–. Situada en un período caracterizado por la veneración de las reliquias sagradas, ¿por qué es tan especial la historia del Santo Grial? Tras la descripción convencional de la cruzada, perfectamente aceptable para la jerarquía eclesiástica de la época, se oculta otra historia. La saga del Grial es una alegoría de la búsqueda alquimista,[16] una guía herética para recorrer el camino espiritual hacia la iluminación.

En el siglo XII, cualquier caballero que aspirara a la salvación sólo tenía que alistarse como voluntario para marchar a Tierra Santa. La indulgencia prometida por este ejercicio de virtud cristiana garantizaba la absolución de todos los pecados, los ya cometidos y aquellos en los que se pudieran incurrir en el futuro. Servir en la Orden de los Caballeros Templarios garantizaba que si el caballero moría en el campo de batalla, iría directamente al cielo sin detenerse en el purgatorio. Entonces, ¿para qué buscar el Grial? Otro motivo para cuestionar el mensaje manifiesto de las sagas del Grial es que, por el mero hecho de acudir a una iglesia o catedral y gracias al milagro de la transustanciación, cualquiera podía tener acceso directo al cuerpo y a la sangre de Cristo a través de la comunión –y aunque someterse al acto de confesión les resultaba embarazoso, los libraba de tener que enfrentarse a pruebas y peligros.

Los romances originales del Grial incluyen claves codificadas para un sistema herético de creencias que contradecía el poder monolítico de la opresiva Iglesia de la época. El soberano del castillo del Grial, el Rey Pescador, está herido. Ya no sirve a su empobrecido reino con eficacia y, al igual que los usurpadores de las verdaderas enseñanzas de Jesús, los líderes de la Iglesia cristiana devastan las vidas espirituales de aquellos a los que afirman servir. Cuando alguien lo suficientemente puro como para ver el Grial restituya la salud del Rey Pescador, su deteriorado reino será restaurado. Cuando las verdaderas enseñanzas de Jesús triunfen sobre la codicia, la mentira, la hipocresía y la tergiversación, se pondrá de manifiesto la realización del cielo en la Tierra.

En cuanto a las cualidades iniciáticas ocultas en los romances, el primer colaborador literario de Tim, el desaparecido Trevor Ravenscroft, redactó su obra maestra, *The Cup of Destiny (La copa del destino)*,[17] en torno a estos mismos temas. Su intención era comunicar a la generación más joven que, a través de su drama y simbolismo, estas sagas ocultaban indicios de un camino singular de iniciación que revelaba los misterios más profundos del verdadero mensaje de Jesús. El autor no fue el único en llegar a esta conclusión; al escribir sobre la importancia del Grial, el difunto profesor Joseph Campbell –uno de los principales mitologistas del mundo– cita un pasaje del Evangelio de Tomás: «Aquel que beba de mi boca será como yo. Yo mismo me convertiré en él».[18] Campbell concluyó que este pasaje representaba la forma última de iluminación que puede surgir de una búsqueda exitosa del Grial.[19]

Las palabras *Santo Grial* parecen ser una deformación del término *Santo Gradual* –gradual en el sentido de una ascensión espiritual o de un camino de iniciación ascendente y paulatina, que conduce a la iluminación final–. En las últimas dos décadas se ha adjudicado un nuevo significado al término. *Sangraal*, tal como se escribe en francés, parece ser una versión encubierta de *sang real* o «sangre real».[20] Esta hipótesis fue hecha pública por primera vez en el mundo de habla inglesa en 1981, con la publicación de *Holy Blood, Holy Grail,* donde se afirma que Jesús, supuestamente hijo célibe de Dios, fue un mortal como nosotros, un hombre que se casó y fundó una dinastía.

Mito y alegoría

El uso del mito y la leyenda para transmitir de una forma aceptable alegorías espirituales y verdades incómodas a la conciencia pública es tan antiguo como el habla y la memoria. Quienes desprecian estos medios culturales por considerarlos como una forma de ficción inspirada, adecuada únicamente para niños o crédulos, ignoran que todas las facetas significativas de la vida –las hazañas heroicas, las tradiciones familiares y nacionales, y todas las religiones, incluido el cristianismo –siempre han generado una colorida mitología propia. El valor atribuido a la mitología se ha modificado sustancialmente, gracias al gran trabajo de Joseph Campbell y de otros estudiosos.[21]

Los mitos, igual que el simbolismo, se pueden comprender en varios niveles y, si se los analiza con criterio, pueden constituir claves para verdades ocultas. El mismo Campbell declaró: «La mitología es la penúltima verdad, porque la última nunca puede ser verbalizada».[22] La erudita hindú Ananda Coomeraswamy escribió: «El mito representa el enfoque más cercano a una verdad absoluta que pueda ser expresada en palabras».[23] La poetisa Kathleen Raine demuestra tener un punto de vista similar, aunque mucho más sucinto, cuando afirma: «Los hechos no son la verdad del mito; el mito es la verdad de los hechos».[24] No obstante, para llegar a comprender las creencias de los Templarios no debemos fiarnos únicamente de las prácticas que los han sobrevivido, ni de la literatura alegórica, ni siquiera del mito o de la leyenda. Contamos con una fuente de referencia mucho más tangible y visible –la herencia arquitectónica que nos han legado.

El misterioso y súbito apogeo de construcción de catedrales en la Europa cristiana del siglo XII nos ha dejado majestuosas «plegarias en piedra» que aún adornan el paisaje europeo. Las preguntas que surgen en la mente de cualquier turista o peregrino cuando se encuentra frente a ellas son: ¿qué fue lo que provocó este enorme gasto de recursos en esa época en particular? ¿De dónde procedían las habilidades arquitectónicas que crearon el estilo gótico? Para responder estas preguntas debemos volver a ocuparnos de uno de los tradicionales enemigos de la Iglesia, las familias *Rex Deus*, su descendencia y sus asociados, los caballeros templarios y los francmasones.

Los francmasones medievales

Al parecer, siempre existieron órdenes iniciáticas entre los artesanos que construían las iglesias, las catedrales y los castillos de Europa. Conocidos en Inglaterra simplemente como francmasones, en Francia recibieron una variedad de nombres: los Hijos del Padre Soubise, los Hijos del Maestro Jacques y los Hijos de Salomón, cuyos herederos se conocen hoy en día como Les Compagnons de Devoirs du Tour de

France o Compagnonnage. Estas tres hermandades tenían ciertas creencias en común: observaban una tradición moral caballeresca en su oficio, tenían una actitud humilde frente al trabajo que debían realizar y sabían cómo utilizar un compás.[25]

Más aún, de acuerdo con Raoul Vergez –un compañero carpintero de los *Duties* que reconstruyeron la mayoría de los chapiteles de las iglesias en Bretaña y Normandía después de la Segunda Guerra Mundial–,[26] todos compartían el mismo pan. Este hábito constituye uno de los principales sellos distintivos de una comunidad o fraternidad. Por otro lado, todos aquellos que sabían cómo utilizar un compás eran hombres que habían sido iniciados en el conocimiento secreto de la geometría sagrada. Éstas eran las aptitudes necesarias para conseguir la condición de masón. El origen divino de estas habilidades fue descrito por el autor inglés Ian Dunlop: «En la iluminación medieval es bastante frecuente encontrar a Dios el Padre representado como el *elegans architectus* sujetando un gran compás».[27]

Los masones iniciados estaban acreditados para ingresar en una jerarquía que constaba de tres grados ascendentes: aprendiz, compañero y maestro masón. Los aprendices se familiarizaban con su trabajo de un modo peripatético, trasladándose de taller en taller por todo el país, en lo que fue descrito como el *Tour de France*, recibiendo instrucciones de hombres iniciados y experimentados, a los que se conocía como compañeros. Cuando alcanzaban el nivel de conocimiento requerido, eran iniciados por sus propios maestros en cónclaves secretos denominados *cayennes*. Las tres fraternidades, que siglos más tarde se fundieron en una, tenían diferentes obligaciones, habilidades y tradiciones. Los Hijos del Padre Soubise, cuyas construcciones eran básicamente de estilo románico, procedían del corazón del sistema monástico benedictino. Sus marcas masónicas o «firmas» difieren en gran medida de las de sus hermanos constructores que se dedicaban al estilo gótico, incluso a pesar de que su trabajo es contemporáneo. El Maestro Jacques, hijo de Jacquin, que conforme a la tradición fue nombrado maestro francmasón después de haber servido como aprendiz en Grecia, Egipto y Jerusalén, fue el presunto fundador de los Compagnons Passants du Devoir o Hijos del Maestro Jacques. La misma tradición afirma que construyó las dos columnas del Templo de Salomón –Boaz y la que actualmente se conoce como Jacquin.

LOS HIJOS DE SALOMÓN

La tercera fraternidad, los Hijos de Salomón, es la más importante para nuestras investigaciones de las grandes catedrales góticas. Sus miembros construyeron la catedral de Chartres y la mayoría de las iglesias de Notre Dame góticas, como las de Rheims y Amiens. Estas gloriosas construcciones llevan su firma, la *chrisme à l'epée* –una cruz celta encerrada en un círculo–. Los monjes cistercienses enseñaron los principios de la geometría sagrada a los Hijos de Salomón, cuyo nombre se debe obviamente al rey Salomón, el principal propulsor de la construcción del primer Templo en Jerusalén. Otra rama de la Compagnonnage construyó muchas de las iglesias templarias del sur de Francia, tanto en Languedoc como en Provenza. Se la conocía como Compagnonnage Tuscana, y sus tradiciones y rituales siguieron el rastro de los misterios de la Israel bíblica y Egipto, a través de sus raíces romanas y griegas. Según sus tradiciones secretas, formaban parte de un *collegia* de constructores llamado Les Tignarii, supuestamente fundado por el iniciado romano Numa Pompilius.[28]

La naturaleza precisa de la relación entre los Hijos de Salomón y la Orden de los Templarios no está demasiado clara. Nadie puede desentrañar si los artesanos formaban parte integral de la orden de caballeros, si estaban específicamente afiliados a ella o si estaban asociados a ella por su práctica. A instancias de Bernardo de Clairvaux, los Templarios ofrecieron una regla a la fraternidad en marzo de 1145, cuyo prefacio fue:

Nosotros, los Caballeros de Cristo y del Templo, seguimos el destino que nos prepara para morir por Cristo. Nuestro deseo es ofrecer esta regla de vida, de trabajo y de honor a los constructores de iglesias, para que el cristianismo se pueda extender por toda la tierra y no para que se recuerde nuestro nombre, oh Señor, sino para que Tu nombre perdure.[29]

Es muy probable que los miembros de esta fraternidad de hábiles masones, que se dedicaron al nuevo estilo gótico, estuvieran afiliados de algún modo a la Orden de los Templarios. La clase dirigente de la época les garantizaba grandes privilegios; entre ellos, la exención de impuestos y la protección contra cualquier forma de persecución por los constructores de otras edificaciones. También es instructivo destacar que cuando los Templarios fueron eliminados, los Hijos de Salomón perdieron todos sus privilegios y su inmunidad.

Tanto los Caballeros Templarios como los Hijos de Salomón estaban íntimamente comprometidos con esta fantástica y productiva era de construcción de catedrales, conocida como el «auge del gótico». Fred Gettings, historiador inglés que se ha dedicado a estudiar la evolución de la arquitectura, nos aclara este punto:

> Los Caballeros Templarios, cuya orden fue fundada por la necesidad de proteger las rutas de peregrinación a Tierra Santa, estaban francamente decididos a ofrecer su apoyo moral para que se edificaran catedrales en toda Europa y a financiar su construcción.[30]

El iniciado del siglo XX Fulcanelli, al igual que su biógrafo Kenneth Rayner Johnson, afirma que la arquitectura gótica –fruto del conocimiento templario de la geometría sagrada– no fue solamente un ejemplo de belleza arquitectónica, sino también un código en tres dimensiones para transmitir un mensaje oculto en las formas arquitectónicas de la *langue verte* –el idioma verde o el lenguaje de la iniciación–. Fulcanelli y Johnson no fueron los únicos ni los primeros en defender esta postura, pues hacia finales del siglo XIX J. F. Colfs ya había escrito: «El lenguaje de las piedras hablado por este nuevo arte [la arquitectura gótica] es al mismo tiempo claro y sublime, y está dirigido a los corazones más humildes y también a los más cultos».[31]

La *langue verte* surgió de un comprensible deseo de los iniciados de enmascarar los detalles de sus conversaciones para protegerse de oídos indiscretos, como por ejemplo los de la jerarquía eclesiástica. De este modo, los herejes podían comunicarse mediante un código verbal sin poner en peligro su vida y su libertad. Esta útil defensa contra la persecución no sólo se convirtió en el idioma de los iniciados, sino también en el de los pobres y los oprimidos. Fue el ancestro medieval directo del dialecto conocido como *cockney* y de la *hip-talk* o el *rap* de los guetos urbanos americanos.[32]

La geometría sagrada

La geometría sagrada es un arte de inspiración divina que incluye el conocimiento de la ingeniería, de la construcción y del diseño. Sus practicantes defienden que fue transmitida de maestro a novicio, de forma ininterrumpida, desde las épocas más antiguas hasta la caída de Jerusalén en el 70 d. de C. Esta cadena de comunicación preservó, realzó y transmitió el conocimiento secreto que los antiguos egipcios y los israelitas bíblicos utilizaron para construir sus edificios sagrados. Tras la caída de Jerusalén, dicho conocimiento parece haberse perdido hasta que los Caballeros Templarios volvieron a Europa desde Jerusalén en 1128, después de haber completado sus excavaciones bajo el monte del Templo. Esta extraña yuxtaposición del regreso de los Templarios desde Jerusalén y la repentina explosión de las construcciones de estilo gótico da lugar a más de una intrigante pregunta: ¿es posible que los Templarios encontraran las claves para esta nueva forma de edificación debajo del monte del Templo? ¿Habría en Jerusalén otras influencias en juego que pudieran explicar esta nueva forma de arquitectura? No es posible determinar un período de transición en Europa entre las líneas predominantes de la arquitectura románica y las nuevas, elevadas y elegantes formas de las catedrales góticas. El estilo gótico fue una creación extraordinaria, pero ¿cuáles fueron sus verdaderos orígenes?

El auge del gótico

En trabajos anteriores hemos sugerido el posible origen de la arquitectura gótica –a saber, la documentación descubierta bajo el monte del Templo–. No obstante, al no existir pruebas alternativas viables, siempre hemos mostrado cierta reserva al respecto. Dicha reserva se funda en el hecho de que la arquitectura de la época en que dichos documentos podrían haber sido enterrados no incluía arcos de ningún tipo. La arquitectura hebrea y egipcia se basaba en los dinteles transversales y no en los arcos. En realidad, la única influencia que en esos tiempos puede haber promovido la creación de un arco era romana.

Un colega, Gordon Strachan, acaba de proponer una teoría mucho más verosímil. Strachan está asociado desde hace mucho tiempo con Keith Critchlow, que ha consagrado la mayor parte de su vida a estudiar la arquitectura sagrada. Sus investigaciones no conocen límites de fe, cultura ni época. La conclusión de Strachan tiene el mérito de la simplicidad y la credibilidad. Más aún, es absolutamente coherente con lo que conocemos del intercambio cultural que tuvo lugar a partir de la primera cruzada.

Strachan está convencido de que el arco ojival, que constituye la base del estilo gótico, no procede de Europa, sino que llegó a este continente desde Tierra Santa. Además, puntualiza que fue el resultado de «una combinación singular de las construcciones indígenas y la genial arquitectura del islam».[33] Durante los nueve años iniciales que residieron en Jerusalén, los Templarios conocieron a muchos sufís. En aquella época, el sufismo estaba experimentando un renacimiento.[34] Como ya hemos mencionado, los sufís eran devotos creyentes y practicaban el pluralismo religioso; al igual que sus homólogos *Rex Deus* en Europa, estaban entregados a un camino de iniciación espiritual. Según afirma Strachan, los Templarios aprendieron a diseñar el arco ojival *mukhammas* islámico gracias al contacto con los sufís. En realidad, antes de traer este conocimiento a Europa, lo utilizaron en Tierra Santa para construir un portal de tres crujías en el monte del Templo, que aún hoy en día sigue en pie.[35] De este modo, el conocimiento de la geometría sagrada experimentó un gran impulso gracias al contacto entre las órdenes iniciatorias de ambas religiones –los templarios y los sufís–. Si Strachan está en lo cierto, el legado arquitectónico que llegó hasta nosotros a través de los Templarios aún se puede ver y apreciar gracias al florecimiento de la expresión artística y religiosa de las catedrales góticas de Medioevo.

Dos escritores místicos del siglo pasado destacaron también la importancia de la influencia templaria en estos edificios:

La construcción de catedrales formaba parte de un plan colosal, concebido con gran lucidez, que permitió la existencia de escuelas filosóficas y psicológicas independientes en la brutal, absurda, cruel, supersticiosa, intolerante y escolástica Edad Media. Estas escuelas nos han dejado un legado inmenso que, prácticamente, hemos desaprovechado sin comprender su significado y su valor.[36]

En su trabajo *Le Mystère des Cathédrales,* Fulcanelli escribió que una iglesia o una catedral no era simplemente un lugar de culto o un santuario para enfermos y menesterosos, sino también un espacio destinado a las actividades comerciales, al teatro público y a las creencias seglares:

> La catedral gótica, ese santuario de la tradición, la ciencia y el arte, no debería ser considerada como una obra dedicada exclusivamente a la gloria del cristianismo, sino como una vasta concreción de ideas, tendencias y creencias populares; un conjunto perfecto al que podemos referirnos sin temor siempre que deseemos conocer los conceptos religiosos, seglares, filosóficos o sociales de nuestros antepasados.[37]

Fulcanelli describió estas catedrales góticas como una especie de «bolsa de valores» filosófica donde los grupúsculos entregados a lo arcano y la herejía se burlaban de un clero que ni siquiera sospechaba lo que estaba sucediendo.[38]

LA CATEDRAL DE CHARTRES

Un ejemplo de ello lo encontramos en Chartres, cuya catedral es una soberbia afirmación de las verdades que lograron que el hombre se acercara a Dios. La estructura se yergue como un himno a la espiritualidad iniciática gnóstica –una melódica sinfonía grabada en piedra que es una evidente celebración de la armonía divina–. Cada peregrino o turista, con independencia de su fe, o incluso de su ausencia de fe, abandona el centro espiritualmente elevado, inspirado y transformado. Es ésta la verdadera medida de la magia perdurable de la catedral, conocida como el Libro Dorado porque inspirados sabios han dejado en ella constancia de su sabiduría, como una herencia perenne para todos aquellos que buscan la verdad espiritual.[39]

La fachada occidental de la catedral de Chartres, que fue añadida a la estructura del siglo XI de Fulberto, aloja las tres puertas principales. En un estrecho y pequeño friso que se encuentra precisamente encima de los dinteles de las tres puertas, hay treinta y ocho escenas de la vida de Jesús talladas en la piedra con todo detalle. Es significativo que estas representaciones no incluyan la crucifixión. De hecho, en toda la catedral no existe ni una sola talla de la crucifixión que proceda del siglo XII.[40] Esta sorprendente omisión de la conmemoración del principio central del dogma cristiano es deliberada y refleja las creencias templarias, según las cuales la función de Jesús era revelar y no redimir.

Las magníficas vidrieras transforman la luz natural en una trémula bruma que inunda el interior. Las vidrieras de Chartres no reaccionan a la luz como el cristal ordinario. Fueron fabricadas aplicando conocimientos científicos –la verdadera gnosis– que trajeron consigo los Templarios después de sus excavaciones en Jerusalén.[41] Los estudiosos del esoterismo destacan que esta forma de cristal fue creada premeditadamente para filtrar los rayos de luz o las partículas luminosas que, según se creía, podían perjudicar la capacidad innata de la humanidad para desarrollar su actividad espiritual. Este filtrado selectivo de los rayos cósmicos creaba una longitud de onda de la luz capaz de entrar en armonía con las vibraciones naturales del tejido celular humano y potenciar así el efecto de las energías iniciáticas.[42]

En la ventana ojival central, inmediatamente por debajo del gran rosetón del crucero norte de la catedral, santa Ana, la madre de la Virgen, está representada con un halo que, en general, se asocia con la Magdalena. En las ventanas ojivales que la flanquean se puede ver a los iniciados: Melchizedek, el Rey de la Rectitud, cuyas enseñanzas inspiraron el Kibeiri y a sus herederos espirituales, los druidas y los esenios; a Aarón, hermano de Moisés y sacerdote de los misterios del templo egipcio; al rey David, y por último al rey Salomón, que era «más sabio que Moisés y estaba imbuido de toda la sabiduría de Egipto».

En Chartres hay tres Vírgenes Negras. En la cripta, que según la guía oficial fue utilizada como cámara de iniciación, hay una réplica moderna de la copia medieval basada en la figura druídica de Virginibus Pariturae. En la catedral principal hay otra: se trata de la Virgen del Pilar vestida con un ropaje pesado y adornado, y de forma triangular, como

Jesús entronado en la gloria, mostrando la cruz templaria en su halo, portal principal, fachada occidental de la catedral de Chartres dicta la tradición.[43] Justamente frente a la estatua hay un espacio con un nivel tangible de energía, un sitio de poder otorgado por Dios, donde la vibración es especialmente baja e induce una sensación de desvanecimiento, lo cual indica que es un punto de transformación espiritual.

La tercera Virgen Negra está representada en una vidriera. Notre Dame de la Belle Verrière sobrevivió milagrosamente no sólo al fuego que destruyó la catedral románica de Fulberto sino también a varios siglos de luchas armadas, a la Revolución francesa y a dos guerras mundiales. Dentro de la catedral hay muchos otros espacios de poder telúrico con la capacidad de elevar a todo el que se encuentre en ellos a un esplendor etérico, a un verdadero «estado de gracia» –una cualidad que fue reconocida, utilizada y mejorada por los artesanos que crearon esta magnífica construcción–. La iniciación también es conmemorada por las figuras que flanquean la entrada que conduce a la puerta norte del Pórtico de los Iniciados. A la izquierda hay una talla de Melchizedek sosteniendo un cáliz –el Grial, del cual sobresale la piedra– que ofrece a Abraham. A continuación está Moisés, que recibió las Tablas de la Ley que, según se dice, están representadas por las columnas del Templo de Salomón –Jacquin y Boaz.

Uno de los símbolos más intrigantes de Chartres es el laberinto –un diseño circular construido con baldosas negras y blancas que ocupa más de un tercio del suelo de la nave–. No se trata solamente de un símbolo cristiano, como muchos otros laberintos neolíticos de idéntico diseño. Cierto día, después de visitar Chartres, Tim asistió a un festival *folk* en Bretaña y observó una danza que era una clara indicación del carácter iniciático del laberinto. La música –lenta, aguda, rítmica y arrobadora– era de origen árabe, procedente del norte de África. Todos los habitantes del pueblo, conducidos por el alcalde y su esposa, bailaban con los brazos tan entrelazados que sus cuerpos parecían tocarse y, al mismo tiempo, arrastraban los pies lateralmente formando un diseño sinuoso que reproducía el modelo exacto del laberinto. Tim reconoció en sus movimientos una variación de la danza sufí destinada a producir un estado alterado de conciencia. Por tanto, la catedral de Chartres es un himno a las corrientes ocultas de espiritualidad –un libro de instrucciones para la iniciación, grabado en piedra y oculto tras una apariencia exterior de culto cristiano.

Notre Dame du Pilar, Catedral de Chartres

Estatuas de Melchizedek, Abraham y Moisés, Pórtico de los Iniciados,
catedral de Chartres

La catedral de Amiens

En Amiens, la mayor catedral de Francia, existe una bóveda que se alza cuarenta y dos metros en dirección al cielo. La fachada occidental está dominada por una estatua de Jesús, conocida como Beau Dieu de Amiens, que lo representa con los pies apoyados sobre un león y un dragón. Por consiguiente, en el lugar de honor de la catedral hay una representación de Jesús y del *Wouivre,* la energía telúrica iniciática de los druidas.

Justamente debajo de la bóveda hay una estatua del adepto supremo del Antiguo Testamento, el rey Salomón. Como en Notre Dame de París, los muros que conducen hacia las tres puertas están decorados con cuatrifolios que ostentan un simbolismo alquímico, pero no se trata de la transmutación de los metales básicos en oro, sino de la transformación de la abyecta humanidad en el oro de la iluminación espiritual.[44]

Según la opinión del escritor místico francés François Cali, cuando uno se desplaza desde Chartres hasta Amiens experimenta una transición casi imperceptible «del amor de Dios al amor de la sabiduría –en orden, número y armonía– que puede ser equiparable a Dios, aunque no necesariamente».[45] Orden, número y armonía son los atributos de la gnosis divina tan apreciados por los Caballeros Templarios. Esta catedral, una maravillosa combinación sinfónica de espacio, piedra y luz, fue diseñada y construida para acelerar el principio gnóstico de Sofía, la sabiduría sagrada, y para alojar la reliquia más preciada de los Caballeros Templarios: el relicario que contenía la cabeza seccionada de Juan el Bautista. De acuerdo con nuestro amigo y colega Guy Jourdan, el destacado estudioso provenzal del templarismo, este objeto de veneración no es nada menos que *la vrai tête Baphometique Templier* –la verdadera cabeza bafomética de los Templarios.

En el crucero de la iglesia hay una serie de paneles grabados que narran la historia bíblica de Juan el Bautista, todos ellos coloreados a la usanza medieval. Para reforzar este espacio, el muro exterior del coro está decorado con soberbios bajorrelieves que representan su vida y su muerte. Entre ellos, existe uno que muestra la parte superior de su cabeza seccionada, que está siendo perforada por un cuchillo. El significado de esta representación es desconocido, aunque en las prácticas funerarias de los Templarios se puede observar la importancia que tenía para ellos. En una iglesia templaria de Bargemon, Provenza, se sustituyó una parte del suelo por una lámina transparente de Perspex que deja ver los restos humanos de la cripta subterránea, donde se distingue una hilera de calaveras y huesos largos; cada una de las calaveras está perforada de forma similar a la que fue representada en los bajorrelieves de Amiens.

La importancia de Juan el Bautista para los Templarios se puede deducir del siguiente pasaje del Evangelio de Tomás, donde se cita a Jesús afirmando:

> Entre aquellos nacidos de mujer, desde Adán hasta Juan el Bautista, no hay nadie tan superior a Juan el Bautista, como para no tener que bajar la mirada (ante él).

En toda la región de Languedoc y Provenza, donde una vez gobernaron los Templarios, abundan las iglesias dedicadas a san Juan el Bautista. Una de ellas, que se encuentra en Trigance, Provenza, tiene una ingeniosa disposición gracias a la cual al amanecer de la celebración del Día del Bautista, un rayo de luz ilumina el altar con un resplandor dorado. En la mayoría de las iglesias y capillas de la región prevalecen las tallas de Juan el Bautista, aunque carecen de grabados coetáneos sobre la crucifixión. En muchos casos, estos edificios no solamente destacan por su simbolismo alquímico, sino también por ser el hogar de la Virgen Negra.

LOS LÍDERES INICIADOS

Igual que las familias *Rex Deus* de las cuales descendieron, los Caballeros Templarios fueron maestros de la ocultación. Como ya hemos visto, desde el principio simularon ser devotos militantes cristianos que habían fundado su orden con el fin de proteger a los peregrinos y la Tierra Santa. A través de su Gran Maestro juraron obediencia exclusiva al papa. Sin lugar a dudas, la gran mayoría de los caballeros y todos los oficiales, artesanos y miembros auxiliares fueron seguidores incondicionales de la fe

Talla de Jesús recibiendo el bautismo de Juan el Bautista, catedral de Amiens

Talla de Juan el Bautista rezando, catedral de Amiens

católica. A partir de entonces, los fundadores y los verdaderos líderes fueron los «herejes» y los gnósticos, hecho que era absolutamente confidencial. De acuerdo con los estudiosos franceses George Caggar y Jean Robin:

> La Orden del Templo estaba constituida por siete círculos «exteriores» dedicados a los misterios menores, y por tres círculos «interiores» correspondientes a la iniciación en los grandes misterios. El núcleo estaba compuesto por setenta Templarios...[46]

La decapitación de Juan el Bautista

Salomé atravesando el templo de Juan el Bautista, catedral de Amiens

Al leer este párrafo parece razonable concluir que los devotos miembros cristianos de la orden pertenecían a los círculos exteriores de conocimiento y que rara vez eran autorizados a acceder a un puesto dentro de la jerarquía que les permitiera sumarse a los círculos gobernantes interiores. La pertenencia a la hermética élite gobernante estaba restringida a los miembros de *Rex Deus* que hubieran demostrado ser merecedores de esa distinción, o cuyos antecedentes familiares fueran impecables. Es probable que se hicieran excepciones con el fin de admitir a extranjeros que se habían ganado la confianza y el respeto de sus líderes. Sin embargo, el núcleo de la organización parece haber estado exclusivamente constituido por los descendientes de las familias *Rex Deus*. Estos líderes de la orden templaria estaban consagrados a la búsqueda de la iluminación gnóstica, conocimiento que utilizaban para mejorar la calidad de vida de todos aquellos que vivían en sus territorios.

12

GEROCIDIO Y REPRESIÓR

La región de Septimania, gobernada por nobles procedentes de las familias *Rex Deus*, fue durante siglos un baluarte en la lucha contra la invasión morisca después de la era carolingia. La extensa y próspera población judía liderada por su *nasi*, o príncipe, que era semiautónomo, convivía en armonía con sus vecinos cristianos a pesar de las coléricas diatribas de papas y arzobispos. Sólo nueve años después de la caída de Narbona, durante el reinado de Pepín el Corto, el papa Esteban III condenó implacablemente las concesiones reales de propiedades a los judíos de Septimania. En una carta dirigida al arzobispo Ariberto de Narbona, expresó que aquellos obsequios le habían causado un «disgusto de muerte».[1]

Y Esteban no fue el único en experimentar un profundo malestar ante estos hechos. Posteriormente, el papa Gregorio el Grande hizo pública su oposición a que los judíos dispusieran de esclavos cristianos. Las actas de diversos concilios ecuménicos de los siglos VI y VII revelan el profundo desasosiego que despertaba el hecho de que los judíos tuvieran propiedades en la ciudad de Narbona y en sus alrededores.[2] En el siglo XI, las actas del segundo y del tercer Concilio de Gerona, celebrados en 1068 y en 1078, afirmaban que los judíos de Septimania poseían tierras que en épocas anteriores habían estado sujetas a los diezmos de la Iglesia.[3] El célebre viajero y cronista judío Benjamín de Tudela informó que los *nasi* aún poseían grandes extensiones de tierras y propiedades a mediados del siglo XII,[4] aunque poco después renunciaron a la mayor parte del poder político que habían ostentado durante la era carolingia.[5]

Las actividades de los comerciantes y médicos árabes que habían llegado a la provincia de Septimania desde Oriente o atravesando los Pirineos facilitaron un contacto regular entre esta región y el mundo musulmán. Los médicos y eruditos judíos eran muy respetados. En Narbona y Montpellier[6] tenían sus propias *yeshiva*, o escuelas religiosas, que ayudaron a crear las primeras versiones escritas de la Cábala. La influencia de los textos apócrifos judíos y musulmanes se extendió entre el clero católico y, en algunas ocasiones, incluso entre el pueblo. En Septimania los judíos ocuparon puestos de cónsules o de magistrados en algunas ciudades,[7] pues allí no se les prohibía intervenir en la vida pública como en general sucedía en todas las demás regiones.

Existe un marcado contraste entre la tolerancia y la aceptación de las comunidades judías en Septimania y el tratamiento que recibían en la mayoría de las regiones de la Europa cristiana donde, a finales del siglo XII, los judíos eran considerados una minoría extranjera, y sólo eran tolerados cuando gozaban de la protección del señor feudal. Despertaban recelo porque destacaban como prestamistas o porque solían trabajar como funcionarios del gobierno.[8] En gran parte de Europa, los judíos fueron públicamente humillados y, en ocasiones, brutalmente perseguidos como se hacía con los grupos herejes.

La actitud casi innata de tolerancia que prevaleció en la antigua Septimania, hoy en día Languedoc, produjo un ostensible y acusado efecto tanto en la educación como en el comercio. A mediados del siglo XII, Languedoc era conocida como centro de estudios médicos gracias a la reputación de los galenos de extracción judía, que tenían un profundo conocimiento de las tradiciones médicas del islam.[9] A finales de dicho siglo, mucho antes de que se fundara la primera universidad, residían en la ciudad muchos estudiantes de arte y de leyes.

El ambiente de tolerancia religiosa de Languedoc tuvo sus orígenes en las iniciativas de un hombre de estado con visión de futuro, Carlomagno, y fue mantenido por la nobleza *Rex Deus*, que se instaló a lo largo y ancho de la región bajo su protección. Al concluir el siglo X, Languedoc estaba gobernada por un número de familias poderosas que descendían de aquellos nobles. Bajo su gobierno, un intrincado grupo de señores pirenaicos –que no pertenecían a la nobleza de rango superior– consiguieron mantener un alto grado de independencia para la región. Todos ellos estaban estrechamente vinculados entre sí por acuerdos matrimoniales, a la usanza de los que hemos individualizado como la tradición *Rex Deus*.[10]

Por lo general, la nobleza de toda la cristiandad estaba unida por responsabilidades asociadas al vasallaje o al parentesco, o ambos a la vez.[11] Atrapados en esta compleja red de obligaciones, estaban al servicio de la Santa Madre Iglesia, especialmente en la persecución de los herejes. Las circunstancias imperantes en Languedoc contribuyeron a diluir la efectividad de estas pesadas cargas feudales y religiosas. La región era remota y estaba gobernada por nobles que ostentaban un considerable poder y que, gracias a los matrimonios convenidos, estaban íntimamente relacionados con los señores locales que los servían. Más aún –y acaso lo más importante– la misma Iglesia se encontraba en un estado de declive prácticamente terminal.

EL DECLIVE DE LA IGLESIA

En esa época, muchas de las iglesias de Languedoc estaban vacías, pues no había suficientes sacerdotes para servir en ellas. Algunas construcciones eclesiásticas se usaban simplemente para celebrar danzas o fiestas locales. Debido a la dejadez y la corrupción clericales, la mayoría de las personas era completamente indiferente a la religión. Las actas de los concilios eclesiásticos de la época obligaban a los abades y obispos a recibir la tonsura y a llevar el hábito de su orden, y además, les prohibían usar pieles, intervenir en juegos de azar, maldecir, jurar en vano, tener actores o músicos como invitados, escuchar las maitines en la cama, incurrir en frívolos chismorreos durante el divino oficio o utilizar la excomunión en beneficio personal.

Los concilios acusaban a los obispos de negligencia a la hora de convocar sínodos, cobrar honorarios por conceder órdenes santas, celebrar bodas ilegales y anular testamentos legítimos. La corrupción y la indolencia eran tan extremas que ningún ciudadano respetable podría desear que sus hijos se ordenaran sacerdotes. El clero de la época no era elegido de forma idónea; era mayoritariamente ignorado por los obispos y despreciado por el conjunto de los ciudadanos. Los sacerdotes llevaban una vida tan miserable que, de acuerdo con el papa Inocencio III, renunciaban en masa a su vocación en busca de ocupaciones más rentables.[12]

La jerarquía eclesiástica hacía caso omiso de sus párrocos y ellos eran completamente indiferentes a la autoridad papal; por esta razón, eran muy impopulares en sus propias diócesis. El pueblo se negaba a respaldar su oposición a los barones y los vilipendiaba por no ocuparse de los más necesitados. Los abades, recluidos en sus lujosos monasterios, no gozaban de buena reputación entre los campesinos ni tampoco entre los habitantes de las ciudades. Según el testimonio de escritores católicos contemporáneos, la Iglesia de Languedoc carecía por completo de autoridad y prestigio en esa época y, en consecuencia, estaba espiritualmente muerta. Toda la región ansiaba un cambio, que debía ser necesariamente de naturaleza religiosa. Aunque Languedoc era católica –tanto en teoría como en la práctica– por un proceso natural, y sin que mediara ninguna rebelión abierta, se había convertido en un terreno abonado para la herejía –a saber, para quienes afirmaban seguir las verdaderas enseñanzas de Jesús, una religión iniciática predicada por sacerdotes que seguían el camino apostólico de la sencillez y el servicio.

EL APOGEO DEL CATARISMO

¿Cuáles son los orígenes de esta nueva religión? Debemos ser cautos a la hora de evaluar esta pregunta puesto que gran parte de nuestra información proviene de una fuente poco fidedigna –la Iglesia–. De acuerdo con Malcolm Barber, profesor de historia medieval en la Universidad de Reading:

> La tarea de rastrear ideas a lo largo de los siglos implica una notoria dificultad, en especial cuando dichas ideas se contraponen a la ortodoxia imperante y, por lo tanto, son vilipendiadas, distorsionadas o suprimidas. Algunos historiadores... se han mostrado dispuestos a aceptar la continuidad esencial del dualismo, siguiendo su recorrido

desde el gnosticismo y el maniqueísmo hasta los paulicianos, y desde ellos hasta los bogomilos y los cátaros.[13]

Este punto de vista parece confirmado por Guillermo de Tudela, quien afirma que la herejía se había extendido desde Béziers hasta Burdeos –y llegó a ser conocida como catarismo.

Los cátaros no eran disidentes católicos; su fuerza provenía de una fe mucho más antigua y auténtica que la de la Iglesia.[14] Esta circunstancia los convertía en enemigos cada vez más peligrosos de Roma, porque los nobles de Languedoc no solamente eran tolerantes con las nuevas religiones, sino que además se convirtieron en sus más férreos defensores. El único indicio que ofrece Guillermo de Tudela respecto del origen del catarismo es la mención de una reunión en Carcassone entre el obispo de Osma y un grupo de hombres a quienes denomina «los búlgaros». Existe un cierto consenso sobre el origen búlgaro del catarismo y su desplazamiento por las rutas creadas por los cruzados. La fe cátara se arraigó firmemente en el norte de Italia y en Languedoc, desde donde comenzó a propagarse por diferentes regiones de Francia.

En consecuencia, el papa tuvo que enfrentarse a una religión rival instalada en el mismo corazón de Europa –el catarismo ganaba terreno rápidamente y se presentaba como el custodio de las verdaderas enseñanzas de Jesús–. Había triunfado sobre la población que, en circunstancias normales, se hubiera visto obligada a defender la causa de la Iglesia por la fuerza de las armas.[15] El apoyo a las creencias cátaras no se limitaba a los círculos de la nobleza, ya que muchos miembros de la burguesía que residían en las ciudades se habían sumado a esta nueva religión y controlaban el gobierno prácticamente en todas las regiones.

Los comerciantes y mercaderes católicos del siglo XII tuvieron que afrontar serios problemas teológicos planteados por sus actividades comerciales. La Iglesia se declaraba contraria a la usura; sin embargo, los préstamos eran necesarios para facilitar el comercio. De este modo, la presión de la Iglesia competía con el tema de la rentabilidad. Hubo quienes resolvieron este problema abandonando sus actividades comerciales y uniéndose a los cistercienses; así lo hizo Fulk de Marsella, llevándose consigo a su esposa y su hijo. Una alternativa más interesante era convertirse al catarismo, que a diferencia del papado, no predicaba contra la usura.[16]

LAS CREENCIAS CÁTARAS

La religión cátara proponía una forma dualista, gnóstica e iniciática de cristianismo. Predicaba un evangelio –el Evangelio del Amor– que presuntamente era el Evangelio Secreto de San Juan el Divino. Aunque estas enseñanzas estaban influenciadas por un profundo dualismo, Jesús y Jaime el Justo las hubieran aprobado rápidamente.

Los cátaros predicaban que la Tierra y todo lo que ella contiene, incluso nuestros cuerpos, eran la creación de un Dios malvado, el *demiurgo*, que existía como oposición a un Dios bondadoso que era puro espíritu. Creían que, si seguían las verdaderas enseñanzas de Jesús y llevaban una vida sencilla, por ser creyentes que se habían perfeccionado a nivel espiritual, después de la muerte sus almas se reunirían con este Dios bondadoso. Por el contrario, los pecadores volverían a reencarnarse en este mundo malvado.[17] Los cátaros negaban la existencia del infierno, eliminando así la principal fuente de miedo de la gente común –el temor al fuego del averno y a la condenación.

En la religión cátara, Jesús no era descrito como el redentor, sino como el revelador de una verdad divina –la primera persona en practicar el bautismo por el Espíritu Santo proclamado por Juan el Bautista.[18]

Los cátaros creían que Juan el Bautista había sido el maestro de Jesús y que éste había tenido como discípulo a Juan el Divino, autor de la única escritura a la que daban crédito –el Evangelio del Amor–. Enseñaban que Jesús había traído la salvación a través de sus enseñanzas y no por medio de su muerte sacrificial.[19] A la luz de las creencias de *Rex Deus* y de lo que conocemos sobre las verdaderas enseñanzas de Jesús, no debe sorprendernos que la nobleza *Rex Deus* de Languedoc no sólo protegiera a los cátaros sino que, en muchas ocasiones, también se uniera a ellos.

Los cátaros «sabían» que el dios del Antiguo Testamento no podía haber sido un dios justo, pues había ahogado a muchas personas en el diluvio, aniquilado al faraón y a su ejército, destruido a los habitantes de Sodoma y autorizado el asesinato ordenando a los israelitas la masacre del pueblo de Canaán.[20] En consecuencia, la jerarquía eclesiástica consideraba que los cátaros eran sediciosos. Lo que resultaba intolerable para los católicos era la negación absoluta de una Verdadera Iglesia ya que, en el caso de que las enseñanzas de los cátaros fueran auténticas, los sacramentos serían nulos y la misma Iglesia se habría fundado sobre el engaño y las mentiras. Entonces, ¿cómo podría nadie tener fe en ella? ¿O pagar los tributos y los diezmos? Los símbolos de riqueza y poder mundial de la Iglesia no hacían más que demostrar que pertenecía al maléfico mundo de la materia y que el papa era un agente activo de los poderes satánicos.[21]

Por otra parte, los cátaros podían ofrecer a sus feligreses las verdaderas enseñanzas de Jesús y el Evangelio del Amor en un lenguaje ordinario, comprensible para la gente común. Su mensaje estaba despojado del dogma, de la tradición y de la superstición que habían oscurecido las palabras y los actos simples de Jesús y de los apóstoles durante siglos. Además, la Iglesia se había resistido acérrimamente a cualquier intento de traducir las Escrituras y a celebrar su liturgia en los idiomas locales de la Europa cristiana. Cualquier católico que manifestara el deseo de leer los Evangelios en su propia lengua se arriesgaba a ser acusado de hereje.[22]

Los *perfecti*

En la fe cátara, los laicos eran conocidos simplemente como *credentes,* o creyentes, y los sacerdotes como *les bonhommes,*[23] u hombres buenos. Por otra parte, sus detractores los denominaban *perfecti* –una distorsión del término latino *hereticus perfectus*– y eran también conocidos como los *Cathari,* o los puros.[24] Los *perfecti* eran, en el más amplio sentido, hombres que despertaban el interés del pueblo gracias a su auténtica bondad. Pertenecían a ambos sexos y estaban dispuestos a visitar todas las casas de campo, pueblos y castillos del país o cualquiera de las calles de una ciudad; siempre eran recibidos con gran veneración y respeto.[25] Como ministros de la comunidad cátara, estaban mucho más cerca de sus feligreses de lo que cualquier sacerdote católico había estado jamás. Eran pobres y se mezclaban con el pueblo en su vida cotidiana, para compartir sus ocupaciones en el telar o en el campo. Representaban una autoridad que no necesitaba pompa ni ceremonia para imponer su voluntad. Divulgaban la Iglesia del Amor, vivían de acuerdo con sus creencias y nunca hacían mal a nadie. Por este motivo, la Iglesia cátara floreció y prosperó, y los que se convirtieron a esta fe sentían que eran parte integrante de una comunidad que ofrecía una vida espiritual más rica y una fraternidad mucho más terrenal que la corrupta e indiferente Iglesia católica.[26]

El profesor Barber identifica otro factor que contribuyó al desarrollo de la nueva Iglesia –carecían de dogmatismo doctrinal, en evidente contraste con las enconadas luchas teológicas del clero católico–.[27] La única obligación ritual que se imponía a los creyentes –practicar el *melioramentum,* o *melhorer,* un acto de respeto y veneración ante cualquier *perfectus* que conocieran– constituye un ejemplo de ausencia de rigidez doctrinal. Este ritual consistía en inclinarse tres veces ante el *perfectus* y decir: «Ruego a Dios que haga de mí un buen cristiano y me conduzca a un buen fin». Entonces, el *perfectus* los bendecía diciendo: «Que Dios haga de ti un buen cristiano y te conduzca hacia un buen fin». A excepción de este simple acto, los creyentes no tenían ningún otro compromiso religioso; podían incluso seguir asistiendo a misa en las iglesias católicas, si así lo deseaban.[28]

Los *perfecti* vivían en comunidades de trabajo, independientemente de la clase social de la que procedieran, y viajaban en parejas para ocuparse de las necesidades pastorales de los creyentes, predicando y curando a los enfermos. Sus cualidades sanadoras, igual que las de sus predecesores esenios, se basaban en su conciencia espiritual y en el conocimiento de las hierbas.[29] Como iniciados, sabían que Jesús había prometido a sus discípulos que todos llegarían a ser capaces de hacer lo mismo que él.[30] Los *perfecti* creían en ello, pues tenían la certeza de que la sabiduría sagrada procedía directamente del buen Dios y que al seguir las enseñanzas de Jesús, su don divino –o gnosis– les permitiría concretar su unión espiritual con Dios.

El *consolamentum*

El único sacramento de la fe cátara era el *consolamentum* –una imposición de manos ritual que invocaba el bautismo por el Espíritu Santo, garantizado a todos los *credentes* que hubieran servido durante tres años en un noviciado, demostrando así su humildad y dedicación. Esto no era más que el comienzo de un proceso iniciático formal que duraba toda la vida, a medida que los *perfecti* ascendían a través de grados sucesivos de iluminación, recibiendo niveles cada vez mayores de conocimiento espiritual.[31] El *consolamentum* tenía lugar en una casa particular y en presencia de otros *perfecti* que actuaban como testigos. El *perfectus* que se hacía cargo del oficio –podía ser un hombre o una mujer– se lavaba las manos antes de tocar el Evangelio o de imponerlas sobre el candidato, lo cual refleja la importancia concedida a la pureza ritual de sus precursores esenios.

La vida de un *perfectus* requería una completa abstinencia sexual. Además, evitaban comer carne o cualquier producto de origen animal, como huevos, queso, leche o mantequilla. Esta práctica se derivaba de su creencia en la trasmigración de las almas humanas a formas animales; un animal podía contener un alma humana imperfecta a la espera de la revelación. Sin embargo, les estaba permitido beber vino y comer pescado, pues consideraban que era el resultado de una generación espontánea en el agua. Por el contrario, los *credentes* no debían someterse a ninguna restricción sexual ni alimenticia. Su función era prepararse para recibir el *consolamentum* en su lecho de muerte.

La estructura de la Iglesia cátara

A pesar de que la vida de los *perfecti* estaba sujeta a severas limitaciones, no escaseaban los aspirantes. De hecho, la Iglesia cátara floreció hasta tal punto que fue necesario formalizar un conjunto de diócesis con límites correctamente definidos. Esto no sólo indica el gran desarrollo de la fe cátara, sino también su intención de instaurar una iglesia estructurada en esta Tierra, independientemente de lo que opinaban sobre la corrupción y los excesos del clero católico.[32]

Alrededor de 1167, se establecieron cuatro diócesis cátaras en Languedoc: Albi, Agen, Carcassone y Toulouse.[33] Más adelante, se fundó otra en Razès.[34] Considerando lo que hemos dicho sobre los ancestros de la nobleza de Languedoc, no puede sorprendernos que se fundara una nueva diócesis en el condado de Champagne, a la que poco después seguiría la diócesis de Francia. En Lombardía y Toscana se establecieron otras seis sedes episcopales cátaras y seis más en los Balcanes. Cada una

Castillo cátaro de Queribus, Languedoc

Castillo cátaro de Puilaurens, Languedoc

de ellas estaba liderada por un obispo al que servían dos asistentes –un hijo «mayor» y un hijo «menor», ambos elegidos del decanato de los *perfecti*–. Cuando fallecía el obispo, era sustituido por el hijo mayor, el hijo menor ascendía en la jerarquía y un nuevo miembro ocupaba su puesto.[35] Esta sofisticada estructura no hubiera sido necesaria, ni tampoco hubiera sido creada, de no ser por el apoyo generalizado del populacho y de los condes locales.

Rex Deus y los cátaros

A mediados del siglo XII, la culta y sofisticada nobleza *Rex Deus* de Languedoc era abiertamente anticlerical. No sólo toleraba a la Iglesia cátara, sino que la apoyó y alentó desde sus comienzos. El conde Raimundo IV de Toulouse, fallecido en 1222, se mostró particularmente bien dispuesto a aceptar la nueva religión y siempre que emprendía un viaje se hacía acompañar por un *perfectus*. El conde de Foix y su familia fueron célebres por su apoyo a los cátaros. Después de criar a sus hijos, la esposa del conde fue miembro de los *perfecti*.[36] Roger Trençavel, vizconde de Carcassone y Béziers, tuvo como tutor a un *perfectus* y fue un férreo defensor de los cátaros a lo largo y ancho de todas sus tierras –un verdadero crimen para la Iglesia católica que tuvo que pagar con su propia vida–. Giraud, el historiador católico, afirma que la nobleza menor de Lauragais, el populoso y próspero distrito situado entre Carcassone y Toulouse, era cátara, como también lo eran sus súbditos.[37] Pierre des Vaux-de-Chernay, historiador contemporáneo de la cruzada albigense y sólido defensor de la Iglesia romana, escribió: «Casi todos los Señores de Languedoc protegieron y albergaron a los herejes... defendiéndolos de Dios y de la Iglesia».[38]

Prosperidad en Languedoc

Al finalizar el siglo XII, la comunidad cátara no sólo era numerosa, sino extremadamente floreciente. Los *perfecti*, que en su mayoría procedían de las clases más ricas de la sociedad, donaron todas sus propiedades a su

Rex Deus en una placa de la catedral de Béziers

Iglesia. Los *credentes*, muchos de los cuales pertenecían a familias de mercaderes, en ocasiones legaban sus fortunas a la nueva fe; los más influyentes y poderosos hacían donaciones de dinero y propiedades a lo largo de toda su vida.

A pesar del voto de pobreza absoluta que nunca traicionaron, los *perfecti* aceptaban estos obsequios y disponían de ellos de acuerdo con los mejores intereses de la población local. Las comunidades de *perfecti* cubrían las necesidades de los pobres y los necesitados, y mantenían casas comunales que funcionaban como escuelas, monasterios y hospitales. Fundaron sindicatos de artesanos, grandes establecimientos para los telares y los trabajos en cuero, y molinos de papel.[39] Dichas instalaciones servían como centros educativos para los jóvenes y como lugares de formación para el noviciado. Un cierto número de damas nobles cedieron sus hogares y sus riquezas a la comunidad para que fueran utilizados como conventos cátaros, donde se brindaba ayuda a las hijas de los *credentes* más desfavorecidos. También proporcionaban refugio y guía espiritual a los niños de la nobleza que decidían entregar su vida al servicio de Dios.[40]

El resultado de esta infusión de tolerancia y espiritualidad fue la revigorización de una vida religiosa y creativa en toda la región de Languedoc; además, generó una civilización realmente deslumbrante, basada en unos principios espirituales que fomentaron el comercio, el inicio de la democracia en las ciudades, la estabilidad económica, la libertad creativa, el amor y la tolerancia religiosa.[41] Algunos autores han sugerido seriamente que, de no haber sido por la prolongada y genocida reacción de la Iglesia a esta nueva fe, el Renacimiento podría haber surgido dos siglos antes, y no en Italia, sino en Languedoc.

LA RESPUESTA DEL PAPADO

La reacción inicial de la Iglesia de Roma ante el desarrollo de la religión cátara fue, en principio, aparentemente razonable. En 1145, Bernard de Clairvaux fue enviado a Toulouse por petición del prior Eberwin de Steinfield, para investigar las actividades de un grupo conocido como los «herejes de Colonia», liderados por un monje apóstata llamado

Enrique. Bernard escribió al conde de Toulouse para comentarle el estado en el que se encontraba la Iglesia en esa región y las actividades de Enrique:

> Las iglesias carecen de congregaciones, las congregaciones carecen de sacerdotes, los sacerdotes carecen del respeto debido y, finalmente, los cristianos carecen de Cristo y... Enrique se divierte como un loco junto a los feligreses de Cristo.[42]

A pesar de encontrar numerosas actitudes heréticas y anticlericales, tanto en Toulouse como entre la nobleza de Languedoc, Bernard describe a los cátaros como personas imbuidas de una espiritualidad simple y devota, guiadas por un sacerdocio de gran talento. Al hablar de los *perfecti,* afirma: «No existen sermones más espirituales que los suyos».[43] En torno a esa época, el clero de Liège informó al papa de la existencia de una nueva herejía que parecía «haberse extendido por varias regiones de Francia, y de una naturaleza tan múltiple y variada que resulta imposible individualizarla bajo un mismo nombre».[44] Es evidente que la descripción de esta multifacética herejía correspondía a los cátaros.

La religión cátara siguió creciendo y comenzó a desplazar a la fe católica, una situación a todas luces intolerable para el papa y para la jerarquía eclesiástica de Roma. La Iglesia probó primero con la persuasión y más tarde envió una misión predicante liderada por un fanático sacerdote español, Dominic Guzmán.[45] Las actividades pastorales del español fueron un completo fracaso; un ejemplo de ello es que en el año 1206 fundó en Prouille una casa destinada a alojar a mujeres cátaras arrepentidas, que prácticamente nunca fue utilizada.[46]

Las prolongadas prédicas y el proselitismo de Guzmán debieron de haber caído en saco roto, pues su campaña verbal culminó en una brutal advertencia, formulada en términos claros y sin ningún tipo de ambigüedades:

> Durante años os he traído palabras de paz, he predicado, implorado y llorado. Pero ahora, tal como dice la gente común en España, si una bendición no funciona, entonces hay que usar el palo. Ahora incitaremos a obispos y príncipes a luchar contra vosotros y, ¡ay!,

ellos convocarán a todas las naciones y pueblos, y muchos de vosotros pereceréis bajo el peso de la espada. Las torres serán destruidas, los muros derribados y vosotros seréis reducidos a esclavos. De este modo, prevalecerá la fuerza allí donde ha fracasado la gentileza.[47]

Esta profética declaración tenía, al menos, el mérito de la honestidad –aunque, si la juzgamos a la luz de los acontecimientos posteriores, se la podría describir como el eufemismo del siglo–. A pesar de que el Concilio de Narbona había establecido en el 1054 que «ningún cristiano debía asesinar a otro, pues quien mata a un cristiano sin duda derrama la sangre de Cristo»,[48] se consideró que estas palabras no se podían aplicar a los cátaros, ya que el clero romano no los consideraba cristianos, sino herejes a quienes se podía asesinar o tratar brutalmente a voluntad.

La cruzada albigense

El asesinato del legado papal, Pedro de Castlenau, el 14 de enero de 1208, desató la campaña contra las comunidades cátaras. El presunto asesino fue un vasallo del conde Raimundo IV de Toulouse. Al cabo de dos meses, el papa respondió a este acontecimiento con la siguiente llamada a las armas:

Atacad a los seguidores de la herejía con más osadía que a los sarracenos –porque son más malvados– con mano dura y sin que os tiemble el brazo... vengad esta sangre virtuosa... ¡Enviad a los soldados de Cristo! ¡Enviad valientes reclutas al ejército cristiano! Que el grito de dolor de la Santa Iglesia os incite, que el fervor religioso os inspire para vengar este monstruoso crimen contra vuestro Dios.[49]

Así fue convocada la cruzada contra los cátaros, que fueron considerados un enemigo mucho más peligroso para el cristianismo que todos los ejércitos del islam. Esta declaración garantizaba a cada combatiente que se alistara en esta guerra santa, la absolución de todos sus pecados –pasados, presentes y futuros– a cambio de sólo cuarenta días de servicio en la cruzada.[50] Aquellos que iban a la guerra en nombre del «Príncipe de la Paz» también estaban autorizados a apoderarse de las propiedades de cualquier hereje, noble o campesino, lo que implicaba permiso para robar, asesinar, violar y saquear en nombre de Dios. El ejército de la cruzada se desplazaba acompañado por varios representantes clericales y papales, que se aseguraban de que los herejes recibían el trato que merecían y que eran torturados antes de ser condenados a morir en la hoguera. Es curioso que, a pesar de que esta cruzada había comenzado a instancias del papa, ni los Caballeros Templarios ni los Caballeros Hospitaller desempeñaron un papel significativo en ella.[51] No existen registros que indiquen cómo reaccionó el papa ante la abstención de las dos organizaciones más importantes de monjes guerreros, pero conocemos algunos de los argumentos que las órdenes esgrimieron para justificar su extraña decisión.

Languedoc albergaba alrededor de un 30% de las propiedades europeas de los Templarios y además un gran número de establecimientos que pertenecían a los Caballeros Hospitaller. A pesar de la evidente rivalidad que caracterizaba la relación entre las dos órdenes, ambas tuvieron una respuesta asombrosa y sospechosamente unánime cuando fueron convocadas a participar en la cruzada contra los cátaros. Aseveraron que sus posesiones en la provincia eran puramente comerciales y agrícolas, que no estaban fortificadas, y que carecían de guarnición militar y de una dotación suficiente de hombres. En consecuencia, no eran adecuadas ni como bases ni como baluartes defensivos en tiempos de guerra. Y, por otra parte, las escrituras de donación prohibían específicamente su uso para actividades bélicas.[52] La fundación *Rex Deus* de los Templarios, el hecho de que los nobles pertenecientes a los mismos grupos familiares de Languedoc hubieran donado las tierras en cuestión y la circunstancia de que esos mismos nobles apoyaran a los cátaros pueden explicar la extraña renuencia de los monjes guerreros a sumarse a esta guerra.

Los Caballeros Templarios y los cátaros

Los archivos históricos revelan que entre los Caballeros Templarios y los cátaros existían vínculos evidentes, que excedían la mera lealtad familiar. Cuando la cruzada llegó a su punto álgido, los Templarios prestaron ayuda a los caballeros que habían defendido activamente a los cátaros de los ejércitos de los cruzados.[53] En los registros de la Inquisición existe un alto grado de correspondencia entre los nombres de las principales familias cátaras y los de los líderes templarios de esa región.[54] Los Templarios solían dar refugio a los cátaros que huían de los cruzados y, contraviniendo las instrucciones papales, les permitían ser enterrados en la tierra consagrada. Por este motivo, la Inquisición autorizó la obscena práctica de desenterrar cuerpos y someter a juicio a cadáveres en descomposición que, bajo la acusación de herejía, eran condenados a morir en la hoguera. El líder político que más se beneficiaría de esta cruzada, el rey de Francia, no tomó parte en la campaña hasta muy tarde –de hecho, hasta 1229–, pues estaba ocupado preparando la guerra contra los ingleses. Sólo decidió participar en los sucesos al prever el inevitable resultado y vislumbrar la oportunidad de anexar Languedoc a sus dominios.[55]

La masacre de Béziers

En julio de 1209, el ejército cruzado avanzó por el valle del Ródano hasta llegar a las afueras de la ciudad amurallada de Béziers. El señor de Béziers y Carcassone, el vizconde Raimond-Roger Trençavel, convencido de que iba a resultar imposible defender Béziers, se marchó a Carcassone para supervisar la defensa de la ciudad. Los judíos que allí residían, conociendo perfectamente cómo eran tratados sus correligionarios en el norte de Francia, se sumaron a la huida. El obispo instó al pueblo a rendirse a las fuerzas del papado; sin embargo, los ciudadanos enardecidos decidieron ignorarlo y se prepararon para defender sus hogares.[56]

El asedio fue breve. En el albor de la batalla, conscientes de que la mayoría de los ciudadanos de Béziers eran católicos, los líderes del ejército cruzado pidieron consejo al legado papal, el cisterciense Arnauld Aimery, para saber cómo actuar en el caso de que la ciudad fuera conquistada. Recibieron instrucciones que reflejaban claramente los preceptos de una iglesia fundada en las enseñanzas de Jesús –como, por ejemplo, «ama a tu prójimo como a ti mismo» o «ama a tus enemigos»–. Las órdenes del nuncio papal fueron simples: «No tengáis piedad con ninguna orden, ni edad, ni sexo... cátaros o católicos –matadlos a todos... ¡Dios sabrá quiénes son sus fieles cuando lleguen a su lado!».[57] Los cruzados, católicos obedientes e incondicionales, siguieron el consejo del representante del papa al pie de la letra. La ciudad fue tomada a la mañana siguiente y más de veinte mil personas fueron asesinadas salvajemente sin misericordia; entre ellas había siete mil hombres, mujeres, niños y sacerdotes que se habían refugiado en los recintos sagrados, normalmente inviolables, de la catedral. Pierre des Vaux-de-Chernay escribió que la masacre fue un castigo por los pecados de los herejes:

> Béziers cayó el día de santa María Magdalena. ¡Oh, suprema justicia de la providencia!... Los herejes afirman que santa María Magdalena fue la concubina de Jesucristo... por lo tanto, fue una causa justa que estos repugnantes perros fueran masacrados durante la fiesta de aquella a quien habían insultado...[58]

Esta violenta actitud instauró el escenario de todo lo que habría de suceder en los siguientes treinta años. Béziers representó un vívido ejemplo del destino que les esperaba a todos aquellos que se resistieran al ejército del papa. Narbona se rindió sin objeción, y el vizconde y el obispo se mostraron dispuestos a apoyar a los acusados, ofreciéndose como voluntarios para entregar a todos los *perfecti* y todas las propiedades de judíos que hubiera en la ciudad.

La caída de Carcassone

Carcassone fue la siguiente ciudad sitiada por los cruzados. Después de dos semanas de asedio, el suministro de agua comenzó a escasear peligrosamente y se ofreció al vizconde Trençavel un salvoconducto para debatir las condiciones de la rendición. A pesar del salvoconducto, fue tomado prisionero[59] y los derechos de sucesión de su hijo fueron anulados. El vizconde murió en prisión en noviembre de 1209. Según la mayoría de los historiadores, su muerte fue el resultado de un juego sucio. Después de la rendición de la ciudad, se perdonó la vida de todos sus habitantes sin excepción, y sin ningún tipo de discriminación religiosa. Pese a todo, fueron obligados a abandonar la ciudad en ropa interior, y a dejar sus hogares y bienes en poder del ejército invasor.[60] Con la caída de Carcassone, Simón de Monfort, líder del ejército cruzado recientemente designado, fue recompensado con los derechos feudales, los títulos y las tierras de la familia Trençavel.

LA BRUTALIDAD CONTINÚA

Los asedios de Béziers y Carcassone no fueron más que los actos iniciales de una interminable agonía, oculta tras el inocuo título de cruzada albigense. La guerra continuó durante casi treinta años, con el flujo y reflujo de su sangrienta marea salpicada por actos de gran brutalidad, valentía individual y quemas masivas de *perfecti* de ambos sexos. Estos acontecimientos tuvieron el telón de fondo de una estrategia militar que consistía en arrasar con todo aquello que pudiera ser de utilidad para el enemigo. Su secuela fue una tremenda hambruna y una ruina económica.

La primera quema pública de *perfecti* tuvo lugar en Castres. Después de la caída de Minerva, ciento cuarenta *perfecti* de ambos sexos fueron condenados a la hoguera. Para deleite de los cruzados, cuatrocientos más fueron quemados tras la caída de Lavaur, sesenta incinerados en Les Cases y cinco mil hombres, mujeres y niños despedazados hasta la muerte después de la conquista de Marmande. Simon de Monfort se distinguió por su crueldad y en 1210, después de tomar la fortaleza de Bram, ordenó seccionar la nariz, los labios y las orejas de cien de sus defensores. Luego, dio instrucciones de extirparles los ojos a noventa y nueve de ellos, dejando que el último conservara uno de sus ojos para que pudiera conducir a sus mutilados y sangrantes compañeros hasta el próximo bastión cátaro de Cabaret y convencer a sus defensores de que se rindieran.

Murallas de Carcassone

Entrada principal a la ciudad de Carcassone

No obstante, Cabaret resistió.[61] Los infructuosos defensores de Lavaur fueron tratados con la habitual «caballerosidad» cristiana. Los ochenta caballeros que habían combatido con tanto coraje fueron condenados a la horca pero, como los cadalsos se derrumbaron, su sentencia fue modificada y murieron degollados. La señora del castillo, lady Guiraude, fue entregada a los soldados para satisfacer sus deseos sexuales y, en conformidad con la tradición bíblica, posteriormente lapidada hasta la muerte por adulterio.[62] Los cruzados justificaron estos actos de obscena barbarie, afirmando que se limitaban a defender la verdadera religión de la herejía. Este argumento era motivo suficiente para justificar la brutal campaña de expropiación, perpetrada con la autorización expresa de varios papas y alentada enérgicamente por la jerarquía local, que obtuvo enormes beneficios al requisar las propiedades de los herejes a los que tanto aborrecían.

LA CAÍDA DE MONTSÉGUR

Esta guerra de treinta años concluyó oficialmente con la caída del último bastión cátaro de Montségur en 1244. La ciudad estuvo sitiada durante casi un año y, acaso por primera vez, los cruzados tuvieron una actitud próxima a la caballerosidad. Al establecer los términos de la rendición, se concedió una tregua de dos semanas antes de que los conquistadores entraran en el castillo.[63] Los combatientes de la guarnición fueron perdonados, no así los *perfecti*. Se dice que durante la tregua muchos de ellos huyeron del castillo llevando consigo el tesoro cátaro,[64] aunque la autenticidad de este suceso es pura especulación. Mientras los defensores se alejaban montaña abajo en dirección a su libertad, su camino era iluminado por una gigantesca conflagración: las llamas de las hogueras donde ardían doscientos veinticinco *perfecti* de ambos sexos.

La interminable agonía de la cruzada contra los cátaros había concluido. Sin embargo, la crueldad de la cruzada albigense no consiguió exterminar el catarismo, que no sólo logró sobrevivir sino que floreció en secreto en muchas regiones de Languedoc. Los nobles de la región que habían conseguido salvar la vida se convirtieron en *faudits,* algo parecido a bandidos. Pese a todo, el sufrimiento del pueblo aún no había terminado, pues la Iglesia había concebido otro plan para eliminar al populacho hereje de Languedoc, que acabaría por fin con la herejía cátara y cuyo nombre perduraría en la historia de la infamia durante los próximos siglos –la Santa Inquisición.

13

La Santa Inquisición

El papa Gregorio IX se mostró muy satisfecho con los resultados de la cruzada albigense. En una carta dirigida a sus obispos del sur de Francia, anunció su intención de utilizar a los frailes docentes para descubrir y reprimir la herejía.

La Inquisición comenzó en julio de 1233, cuando el papa designó a dos dominicos para que trabajaran exclusivamente como inquisidores. Más adelante, Peter de Rosa, un historiador del pontificado, los describió como los primeros de «una larga línea de templados perseguidores de la raza humana que tenían la conciencia tranquila».[1]

El Santo Oficio de la Inquisición estaba liderado por los miembros de la orden dominica y muchos de sus frailes se consagraron a ella. La orden fue fundada por Dominic Guzmán, en un intento por perpetuar una atmósfera de terror en la cual la herejía no osaría levantar la cabeza. Los inquisidores tenían autoridad legal para condenar a presuntos herejes, sin ninguna posibilidad de apelación, y para dictar sentencias de muerte sumarias.[2] Su primer objetivo fueron los cátaros.[3]

Las actividades de la Inquisición aseguraron que en Languedoc y en el resto de Europa, el don de paz del papa fuera mucho más temible que los horrores de la reciente guerra. El papa no perdió tiempo en ampliar el alcance de la nueva organización. El mismo año en que fue creado el oficio, nombró como inquisidor de Lombardía a Pedro de Verona.[4] En 1246, el papa Inocencio IV ordenó a los franciscanos que se unieran a los dominicos en la labor de la Inquisición, dividiendo a Italia en dos provincias inquisitoriales.[5] La bula *Super Extirpatione* estableció que los franciscanos serían responsables de Toscana, Umbría y Veneto, mientras que los dominicos quedaban a cargo del resto del país. Las tareas inquisitoriales en el resto de la cristiandad fueron repartidas del siguiente modo: los franciscanos se ocuparon de la región oriental de Francia al sur del Loira, de Polonia, Dalmacia, Bohemia, Croacia, Serbia, Hungría, Jerusalén y Tierra Santa; los dominicos operaron en la región noroccidental de Francia al sur del Loira, en Alemania y Austria. Ambas órdenes debían trabajar juntas en Aragón, Navarra, Borgoña e Italia. Así fue como comenzaron las actividades de la Inquisición a lo largo y ancho de gran parte de la cristiandad, a partir de la mitad del siglo XIII.[6]

Mediante procedimientos desautorizados en otras cortes, la Inquisición hizo caso omiso de los cánones legales establecidos e ignoró todas las leyes escritas, oficiales y consuetudinarias que garantizaban algún tipo de protección a los acusados. Así, se desarrolló un sistema de jurisprudencia que, con el paso del tiempo, no solamente contaminaría la práctica eclesiástica y el derecho canónico, sino también el derecho penal de las tierras sometidas a su maligna influencia. Fue una parodia cruel de la idea de justicia papal. El pontificado había conseguido un arma poderosa que utilizó para su engrandecimiento político. Los reyes y emperadores laicos pronto se vieron tentados a emular el diabólico ejemplo del papa y prostituyeron la religión presuntamente basada en el concepto de un Dios bondadoso, para satisfacer sus propios fines materiales.

Un historiador llamado H. C. Lea escribió:

El criterio de una historia imparcial debería ser que la Inquisición fue la monstruosa descendencia de un fervor equivocado, utilizada en nombre de una codicia egoísta y un deseo de poder, con el propósito de sofocar las aspiraciones superiores de la humanidad y estimular los apetitos más básicos.[7]

La legislación contra la herejía culminó en la creación de un tribunal inquisitorial permanente con una autoridad prácticamente ilimitada. Estos tribunales trabajaban desde una base fija en cada distrito, y junto con los obispos de la región y el clero local.[8] En 1239, pocos años después del establecimiento de los tribunales, un obispo llamado Moranis fue acusado de permitir que los herejes vivieran y se multiplicaran en su diócesis. Como consecuencia, un inquisidor dominico de nombre Roberto de Bougre fue enviado al condado de Champagne para investigar los hechos –signo de que los miembros *Rex Deus* que se encontraban lejos de Languedoc se exponían a un desastre potencial–. Al cabo de una semana de la llegada del fraile dominico, toda la ciudad fue sometida a juicio. El resultado era predecible: el 29 de mayo el obispo Moranis y más de ciento ochenta de sus feligreses fueron quemados en público, acusados de ser herejes cátaros.[9]

¡Si viene uno, vienen todos!

La Inquisición investigó a pueblos, ciudades y distritos enteros de un modo concebido de forma tal que inspirase un terror sistemático y generalizado. Normalmente, su forma de operar consistía en anunciar la inminente llegada de los inquisidores y comunicar la fecha en que comenzarían los interrogatorios públicos. Todo aquel que confesara voluntariamente su herejía en el transcurso de ese mismo día y durante los treinta días siguientes sería absuelto y se le infligiría un castigo mínimo –aunque, naturalmente, con la condición de que estuviera decidido a incriminar a otras personas–. Las interpelaciones recababan datos que se retrotraían a la niñez de los interrogados. Los nombres de sus asociados, amigos y parientes quedaban registrados para que ellos, a su vez, fueran sometidos a prolongados interrogatorios. Algunos individuos eran inculpados de forma arbitraria y, a pesar de tener el derecho de leer los cargos que se les imputaba, no estaban autorizados a conocer los nombres de sus delatores ni de ninguno de los testigos convocados por el tribunal.[10]

No se permitía a los acusados tener ningún tipo de representación legal y, desde que se iniciaron las actividades inquisitoriales, la tortura fue una práctica común que no fue formalmente sancionada por el papado hasta el año 1250.[11] Y todo ello sucedía a pesar de existir una tradición procedente del siglo IX que prohibía tajantemente los derramamientos de sangre al clero y a la Iglesia. Utilizar la lanza, la espada o la daga era un acto tradicionalmente considerado anticristiano, de manera que las técnicas de la Inquisición fueron concebidas para derramar la mínima cantidad de sangre posible. Un pontífice posterior, el papa Alejandro IV, autorizó a los inquisidores a absolverse mutuamente por las así llamadas «irregularidades» cometidas, como por ejemplo, la muerte prematura de una víctima. Alineadas con la política establecida, la mayoría de las formas de tortura empleadas evitaban derramar la sangre de los ajusticiados. Se inventaron métodos para causar el máximo dolor y sufrimiento con un mínimo de «suciedad». De hecho, la mera visión de los instrumentos de tortura era a menudo suficiente para conseguir confesiones de herejía. Aunque las referencias a la tortura no son muy comunes en los documentos contemporáneos, su uso parece haber estado muy difundido en Italia y en Francia a finales del siglo XIII, como más tarde lo estuvo en España.[12] De todos los métodos empleados, el instrumento supremo de la Inquisición fue el fuego.[13]

Bajo el derecho civil preexistente, ciertas categorías de personas estaban teóricamente exentas de la tortura, como por ejemplo los médicos, los soldados, los caballeros y los nobles. En principio, se prohibió a los inquisidores que torturaran a los condenados, ciñéndolos a ejercer de supervisores que ordenaban las ejecuciones civiles y tomaban notas de todo aquello que los acusados confesaban por intimidación. En 1252, el papa Inocencio IV los autorizó de manera formal a practicar personalmente las torturas «con la restricción de que dicha coacción no implicara lesiones en los miembros ni peligro de muerte». Todavía seguía vigente la restricción tradicional referente al derramamiento de sangre, de modo que se evitaban los instrumentos filosos y puntiagudos en favor del potro y de otros dispositivos con los cuales la sangre fluía únicamente como una consecuencia secundaria. Utilizar un par de tenazas para desgarrar la carne hubiera producido una gran efusión de sangre, a menos que el instrumento elegido estuviera candente, en cuyo caso el metal caliente cauterizaba la herida y detenía el sangrado.

Los inquisidores conservaban registros meticulosos de sus interrogatorios, que les permitían continuar acosando a los descendientes de los herejes condenados. La mácula de la herejía era considerada hereditaria; los hijos de los herejes no podían heredar sus bienes y a sus nietos les estaba vetada la posibilidad de ingresar en órdenes sagradas –a menos, por supuesto, que denunciaran a alguien–.[14] Todo el que no se confesara ni recibiera la comunión despertaba recelos y daba motivos a sus enemigos o rivales comerciales para que lo denunciaran a los inquisidores. Los sospechosos eran condenados a prisión por tiempo indefinido, o sometidos a interrogatorios una y otra vez. Se trataba de conseguir confesiones de herejía a cualquier precio. No existe ninguna evidencia de que ninguno de los inquisidores haya perdido alguna vez un caso.

La Iglesia presentó con orgullo el «Libro Negro», o *Libero Nero,* redactado por el malicioso inquisidor Bernardo Gui, como un manuscrito de instrucciones para sus colegas. A continuación presentamos un párrafo de dicho texto:

> O bien una persona confiesa y de esta forma se demuestra su culpabilidad, o bien no confiesa pero de todos modos es igualmente culpable por lo que revelan las declaraciones de los testigos. Si una persona confiesa ser responsable de todos los cargos que se le imputan, es incuestionablemente culpable de todos ellos; pero aunque sólo aceptara una parte de las imputaciones, aún se la considerará culpable de todas ellas, ya que lo que ha confesado demuestra que puede ser culpable del resto de las acusaciones...
>
> Si pese a no ser capaz de resistir los medios [de tortura] empleados, el pobre desdichado sigue negando su culpabilidad, se lo considerará una víctima del diablo y, como tal, no será merecedor de la compasión de los sirvientes de Dios, ni de la piedad ni la indulgencia de la Santa Madre Iglesia: es un hijo de la perdición y deberá perecer entre los condenados.[15]

A los inquisidores se les pagaba con los bienes y las propiedades confiscados a los herejes condenados, razón por la cual los ricos tenían mucho más que temer que los pobres. Para dividir estas ganancias conseguidas ilegalmente, se concibieron diversos métodos. Por ejemplo, una vez pagados los gastos de los escribas y ejecutores, la mitad de lo que quedaba se destinaba a su santidad el papa de Roma y el resto pasaba a ser propiedad personal de los inquisidores. Muchos de ellos eran muy hábiles para percibir qué beneficios personales podían obtener. Otros trabajaban, hacían interrogatorios y practicaban torturas en nombre de un mal entendido amor a Dios; eran los «incorruptibles». Por otra parte, las ganancias económicas y el fervor religioso no eran las únicas recompensas conseguidas por estos entusiastas frailes que ponían gran celo en su tarea; también se les garantizaban las mismas indulgencias que a los cruzados.

Con el paso de los siglos, ha salido a la luz el ignominioso archivo de la Inquisición. Paul Johnson, historiador del cristianismo y católico incondicional, la condena enérgicamente y describe, con horror, los detalles de sus actividades y efectos.[16] Otro destacado historiador, H. C. Lea, definió su catálogo de crímenes como «una serie infinita de atrocidades».[17] El católico lord Acton no solamente condenó a la Inquisición, sino también a la Iglesia que la engendró:

> No eran ni más ni menos que homicidios religiosos... el principio de la Inquisición fue sanguinario, pues los papas no sólo fueron asesinos con gran estilo; también hicieron del asesinato la base legal de la Iglesia cristiana y una condición para la salvación.[18]

Incluso después de la Segunda Guerra Mundial, cuando ya habían salido a la luz todas las atrocidades cometidas en Dachau, Belsen y Auschwitz, y se había mostrado al mundo el horror de la «solución final», un comentarista llamado C. G. Coulson se atrevió a afirmar que la Inquisición era responsable de «las barbaridades legales más elaboradas y difundidas de toda la historia de la civilización».[19] Rollo Ahmed, erudito egipcio del esoterismo, describió a la Santa Inquisición como:

> La institución más despiadada y feroz que el mundo haya conocido jamás... La crueldad de la Inquisición constituye la ironía más blasfema de la historia religiosa, que mancilló la Iglesia católica con las muertes de víctimas inocentes que fueron quemadas en la hoguera para no desobedecer la máxima *Ecclesia non novit sanguinem* —La Iglesia jamás ha derramado sangre.[20]

La Inquisición pervive aún bajo el inocuo nombre de Congregación para la Doctrina de la Fe. Lamentablemente, algunos sacerdotes sostienen que el motivo que condujo a la fundación de la Inquisición seguía vivo y en buen estado de salud al comienzo del siglo XX, cuando el doctor Mariano de Luca, profesor jesuita de derecho canónico, afirmó que la Santa Iglesia católica romana «tenía el derecho y la obligación de asesinar a los herejes».[21]

A pesar de la desalmada eficacia que reveló durante los primeros años en Languedoc, la Inquisición no fue capaz de eliminar la fe cátara por completo. Muchos *perfecti* fueron quemados en la hoguera y un gran número de *credentes,* perseguidos y castigados. Los cátaros que consiguieron salvar la vida huyeron hacia el exilio; otros, aprendieron el arte de la simulación. Aunque la religión cátara, como entidad coherente y visible, desapareció definitivamente en el siglo XIV, muchos de sus seguidores lograron sobrevivir. Algunos buscaron refugio entre las filas de los monjes guerreros que se habían negado a participar en las Cruzadas y otros escaparon a Toscana, donde la tregua fue breve. En 1317, Bernardo Gui, el más infame de los inquisidores, fue enviado por el papa a pacificar el norte de Italia, donde había una peligrosa proliferación de herejes.[22] Según dice la tradición, un grupo de cátaros huyó a Escocia y encontró un refugio seguro en los estados de St. Clair en Roslin, donde fundó una industria de fabricación de papel.

14

EL DECLIVE Y LA CAÍDA DE LOS CABALLEROS TEMPLARIOS

Goethe dijo en una ocasión que los acontecimientos que se avecinan proyectan sus propias sombras antes de producirse. En otras palabras, los sucesos importantes no surgen de ningún vacío mítico, no ocurren sin anunciarse ni sobrevienen de improviso; son la culminación de una serie de circunstancias que no parecen relacionadas y que sirven para establecer las bases para el futuro. Una mirada retrospectiva a la historia nos permite reconocer el encadenamiento de contingencias que debilitaron el poder de los Caballeros Templarios, los privaron de sus bases en Tierra Santa y del verdadero motivo de su existencia y, por último, pusieron de relieve su vulnerabilidad frente a fuerzas aparentemente inferiores.

En 1138 nació el célebre líder del ejército del islam que venció a los cruzados. Su nombre era Salah-al-Din Yusuf ibn Ayyub, conocido también como Saladín o Saladino. Hijo de un hábil general, Najm-al-Din Ayyub, el joven Saladino fue un excelente estudiante antes de iniciar su carrera militar al servicio del adalid sarraceno, Nur-el-Din. Alrededor de 1185, gracias a su diplomacia, a su perspectiva realista de la política y a sus proezas militares, había unificado las dispares facciones del mundo musulmán y estaba preparado para realizar su máxima ambición –librar la *yihad,* o guerra santa, contra las fuerzas cristianas del reino de Jerusalén.

La victoria de Saladino en los Hornos de Hattin en el año 1187 consiguió destruir el mayor ejército cristiano jamás reunido en Tierra Santa, provocando el declive final del poder de los cruzados en aquel país devastado por la guerra. El hecho de que la derrota cristiana no se debiera únicamente a la meticulosa planificación y gran destreza de Saladino, sino también a la incompetencia estratégica del Gran Maestro templario, Gerard de Ridefort, no contribuye a mitigar la atrocidad de la derrota. Al finalizar la batalla, Saladino ordenó la ejecución de los doscientos treinta caballeros supervivientes de las órdenes de los Templarios y Hospitaller. Está escrito que Saladino afirmó: «Mi deseo es purificar la tierra de estas dos órdenes monstruosas cuyas prácticas no tienen ninguna utilidad, que jamás renunciarán a su hostilidad y no prestarán ningún servicio como esclavos».[1]

Saladino sabía que las normas de ambas órdenes prohibían a los monjes guerreros pagar un rescate. Por lo tanto, después de que a cada uno de los hombres se les ofreciera la oportunidad de convertirse al islam –lo que, como es fácil de comprender, rechazaron tajantemente– fueron entregados a los sufís para ser decapitados. Muchas personas se han preguntado por qué motivo los sufís aceptaron esa espantosa tarea, teniendo en cuenta que sus creencias y las de los Templarios tenían mucho en común. La respuesta es simple: los sufís creían que todos los guerreros que perdían la vida por defender su fe se dirigían directamente al paraíso. Más aún, los mismos Caballeros Templarios y los Hospitallers estaban convencidos de que, como mártires cristianos, tenían ganado el cielo y no les atemorizaba la muerte. Los sufís, como buenos soldados que eran, se limitaron a obedecer órdenes, en la creencia de que la entrada inmediata de las víctimas en el paraíso era un destino mucho más noble y piadoso que una vida de esclavitud.

La conducta de Saladino tras la conquista de Jerusalén, que tuvo lugar en el transcurso del mismo año, contrasta notoriamente con el sangriento día del año 1095 en que la Ciudad Santa fue ocupada por primera vez por los ejércitos cristianos. En aquel momento se produjo un verdadero baño de sangre, pues los cruzados asesinaron a todo aquel que se les puso por delante –cristianos, judíos y musulmanes– hasta que sus caballerías se vieron obligadas a avanzar chapoteando entre la sangre. Cuando las fuerzas del islam volvieron a conquistar la ciudad, Saladino negoció una rendición pacífica y ofreció a los habitantes la oportunidad de pagar un rescate para no ser masacrados. Después de la conquista de Jerusalén, el resto de los estados de los cruzados en Tierra Santa perduraron durante más de un siglo. Más tarde, fueron paulatinamente menoscabados hasta que en 1291, con la caída de Acre, Beirut y Sidón, las fuerzas cristianas perdieron su último punto de apoyo viable en ese país sagrado bañado en sangre. Debido a estos sucesos, los monjes guerreros se vieron privados de la justificación principal de su existencia.

El resentímíento hacía los Templaríos

Cualquier organización que sea tan grande y poderosa como la Orden de los Templarios, respaldada por el prestigio del papa, respetada por su prosperidad económica y admirada por el pueblo debido a su valerosa actuación en Tierra Santa, no puede evitar la envidia de las demás. Su poder e independencia se tornaron en arrogancia de casta, y el nivel de los privilegios que le habían sido otorgados, causó un profundo y prolongado resentimiento del episcopado y del clero seglar.[2]

Dicha animadversión se debía, en gran parte, al hecho de que los Templarios no pagaban diezmos –una situación que provocó una pérdida masiva de beneficios para la Iglesia local, ya que los diezmos que una vez habían llenado sus cofres dejaron de existir en cuanto los Templarios comenzaron a recibir donaciones de tierras–. La Iglesia también perdió otro tipo de cuantiosas ganancias, pues normalmente recaudaba elevadas sumas de dinero por celebrar funerales y entierros; sin embargo, cuando fallecían los miembros asociados a la orden –los hermanos y los cofrades, sus parientes, los sirvientes y empleados, los artesanos y sus familias, o cualquier persona que donara tierras, mercancías o dinero a los Templarios–, eran enterrados en las propiedades de los Templarios por los propios sacerdotes de la orden y no por el clero seglar. Por otra parte, había otros intereses personales en juego, pues prácticamente no existía ningún rey en Europa que no debiera dinero a los monjes guerreros.

La situación llegó a un punto crítico con la elección de un nuevo Gran Maestro de los Hospitallers en 1293. Su designación estuvo teñida de acusaciones de irregularidades y, según ha quedado registrado, por algún motivo inexplicable el Gran Maestro de los Hospitallers fue invitado a la asamblea de sus principales rivales para ofrecerles su guía y consejo en esta elección tan disputada.[3] Finalmente, un anciano e ignorante caballero, procedente del norte de Francia, fue distinguido como 23er Gran Maestro de la Orden de los Templarios. La mayoría de las descripciones de este trágico personaje coinciden en que era valiente, estricto y no demasiado listo.

Poco después de la caída de Acre, falleció en Roma el papa Nicolás IV. Su defunción precedió uno de los episodios menos edificantes de la historia del pontificado. Una serie de papas, todos ellos corruptos y deshonrados por el fraude y el escándalo, fueron elegidos de un modo improcedente, y las abdicaciones forzosas fueron sucedidas por elecciones manipuladas con sobornos y violencia. Finalmente, el papa Bonifacio VIII fue acusado de asesinato, idolatría, simonía, sodomía y herejía.[4] Por último, bajo la maliciosa influencia de un monarca inescrupuloso y artero, el rey Felipe el Hermoso de Francia, se designó al francés Bertrand de Goth, arzobispo de Burdeos, que ni siquiera era cardenal, para ocupar el trono papal con el nombre de Clemente V.

En realidad, Clemente se convirtió en un papa provisional, elegido por ser un candidato presuntamente neutral con el fin de evitar la guerra civil entre las dos principales familias que se disputaban el poder en Roma. Clemente V se distanció de la tensa situación que imperaba en la ciudad papal, estableciendo su residencia en Aviñón, donde reinó con considerable esplendor, guiando a sus feligreses por mandato de su soberano-títere, el rey Felipe.

El rey Felipe el Hermoso

Felipe IV ocupó el trono de Francia en octubre de 1285. Aunque pertenecía al linaje capetiano, las tradiciones *Rex Deus* habían desaparecido hacía ya mucho tiempo de la familia real de Francia. El rey Luis IX, abuelo de Felipe, había sido un católico sincero y ferviente, y fue canonizado como san Luis por su compromiso con las Cruzadas. Tras la conquista de Normandía, Anjou, Touraine, el condado de Toulouse y toda la región de Languedoc, la misma Francia se convirtió en un reino de enormes dimensiones. A pesar de ello, atravesaba considerables dificultades financieras que se habían incrementado por los costes de las diversas guerras que había librado Felipe.

En la última década del siglo XIII, Felipe exigió a la Iglesia un tributo del 10% e impuso sanciones financieras en Languedoc. Entre 1294 y 1297, durante la guerra con Inglaterra, los préstamos obligatorios eran muy frecuentes; y entre 1295 y 1306, el rey devaluó reiteradamente el sistema monetario.[5] Todas estas medidas terminaron por provocar disturbios contra el rey, que se vio obligado a buscar refugio en el templo de París, la sede central de los Caballeros Templarios.[6] Los banqueros de Lombardía, a quienes debía más de 800 000 libras tornesas, fueron despojados de sus bienes y sus activos, retenidos. Mediante este conveniente recurso, Felipe canceló su deuda y consiguió importantes ingresos. Durante la década que se inició en 1290, los banqueros lombardos que residían en Francia fueron sometidos a embargos, multas y expulsiones hasta que, en 1311, se valoraron sus deudas y todos ellos fueron encarcelados.[7]

Otro objetivo evidente eran los judíos que residían en Francia. En el año 1295, las «ganancias que obtenían por medio de la usura» fueron confiscadas y ellos, obligados a revelar los detalles de todos sus asuntos financieros. En julio y agosto de 1306, fueron embargadas todas las propiedades de los judíos de Francia, que luego fueron expulsados del país sin un céntimo.[8] La mayoría de las familias judías de Languedoc huyeron a la España musulmana; los judíos de otras regiones de Francia escaparon a Alsacia, Borgoña y el norte de Italia. Un importante contingente emigró a la zona de Tierra Santa, bajo dominio musulmán. Nadie estaba a salvo de la depredación de este monarca empobrecido y desesperado, y menos aún aquellos a quienes debía grandes sumas de dinero.

Felipe el Hermoso fue muy bien remunerado por De Goth en agradecimiento por haberle garantizado su elección en el pontificado, que incluía su derecho a retener los diezmos recaudados por la Iglesia de Francia durante un período de cinco años y la promesa de que el nuevo papa residiría en Aviñón bajo su atenta mirada. Doce de los clérigos elegidos por el rey fueron designados cardenales y, según citan algunas fuentes, para este nombramiento se impuso una condición secreta que nunca fue revelada.[9] En 1306, Clemente V escribió a los Grandes Maestros de los Templarios y de los Hospitaller invitándolos a trasladarse a Francia para discutir su posible fusión. Los caballeros recibieron las siguientes órdenes: «Debéis viajar lo más secretamente posible y con un pequeño séquito, ya que encontraréis a muchos de vuestros caballeros a este lado del mar».[10] Guillermo de Villaret, el Gran Maestro de los Caballeros de Hospitaller, declinó la invitación aduciendo que estaba preparando el asalto del bastión turco Rodas. Es evidente que tanto el papa como el rey estaban enterados de este hecho, pues era de conocimiento público. Jacques de Molay, que no disponía de una excusa tan conveniente, osó desafiar las instrucciones explícitas del papa y levó anclas en dirección al puerto templario de La Rochelle con una flota de dieciocho naves. A bordo de la flota había 60 importantes caballeros de la orden,[11] 150 000 florines de oro y tal cantidad de lingotes de plata que se requerían doce caballos de carga para transportarlos.[12] De Molay sabía perfectamente que, si fracasaban los argumentos racionales contra la fusión propuesta, se vería obligado a recurrir al soborno. Así fue como un gran séquito de caballeros, con sus caballos de carga y transportes, arribó al templo de París, donde fueron bienvenidos por el rey.[13]

El Gran Maestro de la Orden de los Templarios creía haber planificado con acierto su estrategia contra la fusión de las órdenes. Estaba decidido a sostener que, dado que ambas habían servido a la Iglesia y a la causa del cristianismo, no existía ningún motivo sensato para instituir este cambio. También esgrimía un argumento espiritual: por el hecho de que los miembros habían elegido a sus respectivas órdenes guiados por Dios, la insistencia en la fusión podía incluso ser considerada una blasfemia. Además, en vista de que cada orden poseía considerables propiedades y riquezas, era preciso destacar que cualquier movimiento destinado a unirlas habría de ocasionar disputas y conflictos entre sus miembros. Por otra parte, había un tema crucial que no podía revelar ni al rey ni al papa: la Orden de los Caballeros Templarios era la creación militar de los descendientes de los altos sacerdotes del Templo original de Jerusalén.

Los preparativos de De Molay fueron vanos, pues la propuesta de fusión de las dos órdenes militares no era más que una excusa concebida para que el Gran Maestro se sintiera tentado a abandonar la seguridad de

Chipre para establecerse en la peligrosa Francia. En el funeral de la nuera del rey, Catherine de Valois, celebrado el martes 12 de octubre de 1307, De Molay se sentó en el sitio de honor junto al rey,[14] aunque en un plazo de veinticuatro horas habría de ocupar una posición muy diferente.

La caída de los Templarios

Al amanecer del viernes 13 de octubre de 1307, los agentes del rey diseminados por todo el territorio francés abrieron las órdenes selladas que habían sido distribuidas un mes antes, el 14 de septiembre.[15] Actuando en conformidad con las instrucciones recibidas, los soldados franceses se abalanzaron sobre todas las propiedades templarias que había en el reino y arrestaron al Gran Maestro Templario, a los 60 caballeros de su círculo más íntimo y a todos los miembros de la orden que residían en Francia, excepto a veinticuatro de ellos.[16] El único líder templario que consiguió huir fue el preceptor de Francia Gérard de Villiers.

Para justificar esta masiva ola de arrestos, la principal orden guerrera de la cristiandad fue acusada de diversos cargos, descritos del siguiente modo:

> Un hecho lamentable y amargo, algo horrible de contemplar, terrible de escuchar, un crimen detestable, un mal execrable, una tarea abominable, una desgracia inicua, algo prácticamente inhumano y, de hecho, apartado de toda humanidad.[17]

Los Templarios fueron acusados de causar a Cristo «heridas más terribles que las que había sufrido en la cruz»,[18] un comentario que refleja la naturaleza de las imputaciones contra los cátaros, a los que se consideraba más pérfidos que los sarracenos. De hecho, al estudiar las acusaciones contra los herejes de toda la historia europea, se pone de manifiesto la asombrosa semejanza que había entre ellas —como si los denunciantes, tras haber dedicado tanto tiempo y esfuerzo a la tarea de concebir nuevos métodos de tormento para sus víctimas, se hubieran quedado sin ideas para formular los cargos, conformándose con un mero formulismo.

El rey Felipe el Hermoso era escrupuloso en sus acciones y extremadamente cauto, lo que lo llevó a explicar que sólo actuaba bajo las órdenes de Guillaume de París,[19] el principal inquisidor de Francia, delegado y confesor del rey. No obstante, la influencia del rey sobre Clemente V y su relación con Guillaume ponen en evidencia que Felipe era el principal ejecutor de todo este asunto y que, en este caso, la Inquisición actuaba como un brazo del Estado, y no a instancias del papa. También es obvio que, aunque Felipe y Clemente hubieran discutido estos asuntos antes del 13 de octubre, el rey no habría esperado el consentimiento del papa para proceder a los arrestos ni tampoco le habría comunicado su decisión antes de pasar a la acción.[20]

Los inquisidores amenazaron y torturaron a muchos de los caballeros antes de interrogarlos por primera vez. Al menos eran coherentes con sus propias normas –aunque éstas fueran algo precarias–, pues tras la declaración de las víctimas quedaba debidamente registrado que el acusado había «dicho la pura verdad para salvar su alma» y no por haber sido objeto de intimidación y tormento.[21] De las 138 declaraciones de los juicios públicos celebrados en París en octubre de 1307, incluidas las de Jacques de Molay y sus principales caballeros, sólo cuatro de ellas mencionaban que los hombres habían sido capaces de soportar los horrores a los que habían sido sometidos.

En otras partes de Francia, los resultados fueron muy similares. Los registros de la Inquisición demuestran que, como de costumbre, los inquisidores eran muy estrictos a la hora de obedecer la política papal de *ecclesia non novit sanguinem* –la Iglesia no derramará sangre– y, por consiguiente, las torturas aplicadas a los Templarios fueron las mismas que habían demostrado ser tan efectivas con el transcurso de los años. Aunque los autores ingleses Knight y Lomas alegan que la Inquisición crucificó a Jacques de Molay, no existen pruebas fiables de que se haya castigado a sus víctimas con la crucifixión en ningún momento de su prolongada y sangrienta historia. Los fanáticos dominicos lo hubieran considerado la blasfemia final.

Conflicto en las altas esferas

Aunque, en apariencia, el rey Felipe se había avenido a aceptar los procedimientos establecidos haciendo uso de la Inquisición, el papa Clemente V estaba indignado por esta evidente usurpación de su propia prerrogativa. Para Clemente esto resultaba particularmente irritante, porque los templarios sólo eran responsables frente al papa. De todos modos, Clemente carecía del poder y de la voluntad para detener estos procedimientos. En un vano intento por recuperar el control de la situación, emitió una directiva papal fechada el 22 de noviembre de 1307, mediante la cual ordenaba a todos los gobernantes cristianos de Europa que arrestaran a los templarios[22] que residieran en sus dominios y confiscaran sus propiedades en nombre del papa.[23]

Esta misiva no fue muy aplaudida. El rey de Inglaterra se había negado a aceptar los cargos contra los templarios y así se lo había comunicado por escrito al papa. También había enviado cartas a los reyes de Portugal, Castilla, Aragón y Nápoles, en las cuales no dejaba lugar a dudas de su apoyo a la difamada orden. De todos modos, las condiciones impuestas por la directiva papal no le dejaban opción y se vio obligado a responder que iniciaría acciones contra la orden «de la forma más rápida y eficiente posible».

Sus acciones fueron un tanto diferentes a las del rey de Francia aunque, de hecho, arrestó y encerró en prisión a unos pocos caballeros; sin embargo, la mayoría fue autorizada a permanecer en sus preceptorías y, como la tortura estaba prohibida por la legislación inglesa, ninguno de ellos confesó ser un hereje durante los interrogatorios. En consecuencia, los procedimientos realizados en Inglaterra no fueron fructíferos hasta junio de 1311, cuando un caballero llamado Stephen de Stapelbrugge confesó que había renegado de Cristo y afirmó que en el seno de la orden se fomentaba la homosexualidad. Esto sucedió después de que la presión del pontificado hubiera dado lugar a la plena aplicación del derecho eclesiástico y de que por fin se sancionara el uso de la tortura, una situación que propició nuevas confesiones.[24]

En Portugal, el proceso contra la orden se clausuró con la sentencia de «no culpabilidad»; en Escocia, el juicio de los templarios, bajo la explícita dirección de Guillermo de Lamberton, obispo de St. Andrews, culminó en el antiguo veredicto escocés de «no demostrado a pesar de los mejores esfuerzos del fiscal,» John Solario, el legado papal.[25] Lamberton era un estrecho colaborador del barón Enrique St. Claire de Roslin y también líder de un misterioso grupo que había organizado actividades para apoyar a Robert de Bruce en su lucha por conquistar el trono de Escocia.

El arzobispo de Compostela escribió al papa suplicándole la absolución de los templarios. Su petición se basaba esencialmente en que las habilidades y recursos de los caballeros eran muy necesarios en las guerras que se libraban contra las fuerzas musulmanas en España.[26] Los gobernantes de Lombardía, la familia *Rex Deus* de la Casa de Saboya, garantizaron que la mayoría de los obispos de su reino apoyaban la causa templaria. Los obispos hicieron circular una declaración en la que afirmaban no encontrar ninguna evidencia incriminatoria contra la orden, aunque algunos se mostraron contrarios a esta tendencia y presentaron pruebas que justificaban su posición. En Alemania y en Grecia los resultados también fueron muy reñidos. Sin embargo, en Francia, la agonía de los templarios continuó hasta alcanzar el final abrasador que tuvo lugar en el año 1314.

La muerte de Jacques de Molay

El 18 de marzo de 1314, el arzobispo de Sens, acompañado por tres delegados papales, ocupó su lugar en un escenario montado en la parte exterior de la fachada occidental de la catedral gótica Notre Dame de París. El arzobispo no era imparcial, pues en 1310 ya había supervisado la quema de cincuenta y cuatro caballeros templarios.[27] El obispo de Alba leyó a la multitud que allí se congregaba las confesiones arrancadas por medio de la tortura a los caballeros que habían sido sentenciados a prisión perpetua.

Fue entonces cuando el torpe y analfabeto Jacques de Molay se redimió a sí mismo mediante un acto de premeditada osadía que jamás será olvidado. Lo que quedaba del gran guerrero después de la tortura –que en ese momento tenía setenta años de edad– y estaba física y mentalmente marcado por los siete años que había pasado a merced de la

Inquisición– indicó su voluntad de hablar. Los obispos creyeron que De Molay estaba dispuesto a confesar y le concedieron la gracia de dirigirse a la multitud. El Gran Maestro comenzó así un discurso que le aseguró la inmortalidad:

> En un día tan terrible, y en los últimos momentos de mi vida, debo revelar toda la iniquidad de la hipocresía para que triunfe la verdad. Declaro frente al cielo y a la tierra, y reconozco, para mi vergüenza eterna, que he cometido el mayor de los crímenes pero... éste ha sido el de señalar a quienes han sido abyectamente acusados en la orden. Doy fe —y la verdad me obliga a hacerlo— ¡de que son inocentes! Declaré lo contrario con el único fin de evitar los insufribles dolores de la tortura y para aplacar a aquellos que me obligaron a soportarlos. Conozco los castigos infligidos a todos los caballeros que tuvieron el coraje de revocar una confesión similar; pero el atroz espectáculo con que se me ha obsequiado no logrará que cambie una mentira por otra. Renuncio, sin arrepentimiento, a la vida que se me ofrece en condiciones tan infames.[28]

El hecho de que De Molay se desdijera de su anterior confesión fue recibido con gritos de apoyo por parte de la multitud que se había congregado en la catedral. Geoffroi de Charney abandonó su sitio para colocarse detrás de su Gran Maestro en un gesto de apoyo incondicional a su declaración y, tras dar fe de la santidad de la Orden de los Templarios, también él anuló su confesión anterior.[29]

El clero suspendió de inmediato los procedimientos, ordenó que se abandonara el recinto e informó al rey de lo sucedido. Y para zanjar definitivamente este asunto, los dos valientes caballeros fueron sentenciados a una muerte lenta y tortuosa. La ejecución tuvo lugar durante la noche de aquel mismo día en la Isle des Javiaux, donde se preparó un fuego lento y sin humo para que la agonía de los templarios fuera lo más prolongada posible. Jacques De Molay y Geoffroi de Charnay ardieron lentamente hasta morir. La leyenda afirma que antes de ser colocados sobre la hoguera, De Molay maldijo al papa Clemente V y al rey Felipe el Hermoso, y solicitó que ambos se presentaran ante Dios en el cielo al cabo de un año.[30] Ignoramos si la leyenda es cierta, pero es preciso decir que tanto el papa como el rey parecieron obedecer su profética declaración: el papa Clemente, que durante años había padecido de mala salud, murió el 20 de abril, y el rey Felipe IV de Francia falleció el 29 de noviembre del mismo año.

LAS ACUSACIONES

La lista de acusaciones formales contra los Caballeros Templarios fue considerable –renegar de Cristo y profanar la cruz, adorar la cabeza de un ídolo (Bafomet), hacer uso del asesinato y del beso rituales, usar una cuerda de significado herético, modificar la misa, practicar una forma no ortodoxa de absolución, entregarse a aberraciones homosexuales y traicionar a otras fuerzas cristianas–.[31] Todos estos cargos eran injustificados porque la gran mayoría de los templarios eran cristianos devotos. Pero también fueron en gran medida inventadas las acusaciones dirigidas contra el círculo interior de los nobles *Rex Deus* que realmente controlaban la orden y eran indudablemente heréticos, en el verdadero significado de la palabra. A pesar de creer que Jesús había venido para revelarnos la verdad y no para redimirnos, sus propias tradiciones secretas los obligaban a acatar la religión imperante, es decir, el cristianismo y, por tanto, la mayoría de estos cargos eran infundados. De todos ellos, acaso el de la traición puede haber estado justificado, aunque es probable que se haya debido a la incompetencia estratégica y no a una conspiración contra los musulmanes. La homosexualidad y la inmoralidad sexual eran imputaciones habituales para todo aquel que era considerado un hereje. En cuanto a la acusación de llevar una cuerda de significado herético, cierto es que en las ceremonias de iniciación usaban un dogal, al igual que hacen hoy en día los modernos masones libres.

La inculpación más verosímil contra la orden fue la de idolatría –adorar la cabeza barbada del ídolo, Bafomet–. Es un hecho a todas luces innegable que los caballeros veneraban una cabeza con barba, pues la catedral de Amiens fue fundada para alojar un objeto de adoración que era de suprema importancia para los Templarios –el relicario que presuntamente contenía la cabeza de san Juan Bautista–. En las propiedades templarias se encontraron también otras representaciones de cabezas barbadas, como por ejemplo un gran cuadro que representaba una cabeza y que fue descubierto en Templecombe, Inglaterra.

El estudioso francés J. A. Durbec indica que, entre los símbolos que él considera indicativos de la influencia templaria, se encuentra el «Mandilión, una representación de una cabeza con barba sobre un trozo de tela, parecido al velo de Verónica o al sudario de Turín».[32] El erudito e historiador inglés Noel Currer-Briggs sugiere que existen muchas evidencias de que el sudario de Turín fue el original empleado para diseñar la cabeza de Templecombe y utilizado por el círculo interior de la orden.[33] Este hecho aún está por demostrar. Un microbiólogo de renombre internacional, el doctor Leonicio Garza-Valdez, ha desestimado la datación por carbono del sudario de Turín esgrimiendo argumentos puramente científicos.[34]

A primera vista, la imputación más absurda era la del asesinato ritual. Sin embargo, es muy probable que la ceremonia de iniciación de los Caballeros Templarios medievales tuviera mucho en común con la de los Hijos de Salomón. Más aún, no parece insensato sugerir que en ella incluían una reconstrucción del asesinato de Hiram Abif, tal como acostumbran hacer los masones libres modernos. Esto puede haber dado lugar a dicha acusación, que de otra forma, resulta inexplicable.

La supresión papal de la orden

Independientemente de la verdad o la falsedad de los cargos, la confraternidad de los Templarios nunca fue condenada por ninguno de ellos. Sin embargo, la decisión de suprimir la orden fue anunciada en una bula papal, *Vox in excelso,* emitida el 22 de marzo de 1312. El texto del documento es revelador ya que, en efecto, el papa suprimió la orden sin llegar realmente a condenarla:

...considerando, además, el grave escándalo que estos hechos han supuesto para la orden, que parecían imposibles de verificar mientras la orden siguiera existiendo... incluso sin culpar a los hermanos... abolimos la anterior Orden del Temple, y no mediante una sentencia judicial, sino por medio de una disposición, o de una ordenanza apostólica..., y la sometemos a una prohibición perpetua... Si alguien osa actuar en contra de esta decisión, incurrirá en la sentencia de excomunión ipso facto.[35]

El siguiente problema era qué hacer con las vastas propiedades de la orden, sus activos financieros y el resto de sus bienes. Al plantear su plan de transferir todos los activos templarios a la orden rival de los Caballeros Hospitallers, Clemente se enfrentó a la oposición de la mayoría de sus clérigos. Sin embargo, consiguió su cometido y por medio de una nueva bula anunció la confiscación y transferencia de los bienes. Las únicas excepciones fueron las propiedades templarias de los reinos de Castilla, Aragón, Portugal y Mallorca. En Francia, se autorizaron ciertas deducciones en favor del rey Felipe antes de realizar las transferencias, que cubrían los costes de la administración interina de dichas propiedades desde el momento de los arrestos originales, y también los gastos derivados del cautiverio y de los interrogatorios de los caballeros de la orden. Como es evidente, los caballeros templarios fueron obligados a pagar su propia reclusión y tortura.

El destino del tesoro que el rey de Francia había visto durante su estancia en el Templo de París y de las considerables sumas de dinero que había visto introducir en el Templo cuando Jacques de Molay y su numeroso séquito llegaron de La Rochelle, todavía es un misterio que ha desatado todo tipo de especulaciones. Después de los arrestos iniciales, los senescales del rey arrasaron el Templo, pero el tesoro se había esfumado. Y cuando las tropas llegaron a La Rochelle, la flota atlántica templaria había desaparecido con destino desconocido, al igual que las dieciocho naves que habían transportado a Jacques de Molay y a su comitiva desde Chipre.

Se han propuesto todo tipo de explicaciones para la misteriosa desaparición del tesoro y de la flota templaria. Una historia, que aún no ha sido confirmada, sostiene que una suma sin especificar fue transportada hasta Bélgica en un carro lleno de heno. Los historiadores Stephen Defoe y Alan Butler afirman que gran parte del tesoro templario fue llevado en secreto a Suiza, donde los templarios poseían muchas propiedades. Ambos sugieren que los caballeros pasaron a la clandestinidad y emplearon sus activos financieros y sus habilidades para fundar el sistema bancario de dicho país.[36] ¿Acaso la prosperidad de la banca suiza debe su origen a los Caballeros Templarios? Nadie puede estar seguro de ello, pero valdría la pena seguir esa línea de investigación.

Estas teorías no se excluyen mutuamente ni tampoco niegan la tercera hipótesis que, al menos, tiene el mérito de ser verosímil y, lo que quizás sea más importante, está avalada por considerables evidencias coyunturales. Para comprender esta tercera teoría, debemos analizar en primer lugar el destino de los miembros sobrevivientes de la orden después de que fuera suprimida.

El destino de los caballeros que lograron sobrevivir

Después de la supresión de la orden, los caballeros templarios se diseminaron por toda Europa. El destino de muchos de ellos no es ningún misterio: ingresaron en otras órdenes guerreras. Algunos se sumaron a los Caballeros Teutónicos, que tenían su feudo en las costas del mar Báltico; muchos se unieron a la Orden de Calatrava del reino de Aragón; otros, igualmente interesados en combatir a los infieles, lucharon junto a los Caballeros de Alcántara o a los Caballeros de Santiago y continuaron su servicio en España.

Los Caballeros de Santiago, conocidos también como los Caballeros de la Espada, se afiliaron finalmente a la Orden de los Caballeros Hospitallers para garantizar su supervivencia, demostrando que habían aprendido una lección gracias a la persecución de los templarios. Ellos también llegaron a ser muy poderosos y a fines del siglo XV controlaban más de doscientas comandancias en toda España.[37] En Portugal, la orden cambió su nombre por el de Caballeros de Cristo y siguió administrando las antiguas propiedades de los templarios. También declinó su fidelidad al papa y juró obediencia al rey de Portugal. Muchos de los caballeros que lograron huir ingresaron en esta célebre orden. No obstante, poco tiempo después la Orden de los Caballeros de Cristo cambió sus reglas y a partir de entonces sólo fueron admitidos los individuos nacidos en Portugal.

En Inglaterra, se concedió a muchos de los caballeros una pequeña pensión; otros simplemente terminaron sus días en otras órdenes monásticas. Algunos huyeron a Lombardía, donde muchos cátaros habían buscado refugio antes que ellos. Esa región no sólo era conocida por su tolerancia, sino también por ser un centro de actividades bancarias que disfrutaba de un resurgimiento tras la supresión de la Orden de los Templarios. Sin embargo, sería más sensato no hacer tanto hincapié en que esta renovada actividad fue producto del exilio templario, pues con la supresión de la orden se destruyó al principal competidor de servicios financieros de Lombardía. Muchos otros templarios sencillamente desaparecieron sin dejar rastro.[38]

Los templaríos en Escocia

En Europa existía un paraíso seguro donde las órdenes del papa no tenían ningún valor –Escocia–. El reino de los escoceses fue asolado por una guerra civil, precipitada por un amargo conflicto entre los aspirantes a la corona. El contendiente más importante, Robert de Bruce, fue excomulgado por el asesinato ritual de uno de sus rivales, John Comyn, en un recinto de la Iglesia. El decreto pontifical contra Robert fue ignorado por sus nobles, que también fueron excomulgados. Sin embargo, tampoco esta orden fue tomada en cuenta y el papa, en un acto de absoluta desesperación, excomulgó a todo el país.

Muchos templarios huyeron por mar a este refugio celta y, junto con los caballeros que habían atravesado a pie la frontera con Inglaterra y los que se habían afincado en Escocia, ofrecieron su ayuda a Robert. La batalla de Bannockburn garantizó finalmente el trono a Robert de Bruce, que se impuso al invasor inglés. Un total de 432 caballeros templarios –entre los que se encontraban sir Enrique St. Claire, barón de Roslin, y sus hijos Guillermo y Enrique– tomaron parte en la carga final que echó al ejército inglés y preservó la independencia escocesa.[39] La tradición *Rex Deus* relata que, tras la batalla de Bannockburn, el rey Robert de Bruce se convirtió en el Gran Maestro Soberano de la Orden Templaria, como acto de gratitud y reconocimiento.[40]

El rey era esencialmente pragmático; sabía que la supervivencia de este nuevo reino dependía de que él viviera en el mundo medieval como realmente era, y eso significaba reconciliarse con el papa de Roma. Por este motivo, exhortó a los Templarios de Escocia a que pasaran a la clandestinidad –una proeza que, con la colaboración de muchas familias *Rex Deus* y templarias, fue realizada de forma tal que garantizara la continuidad a largo plazo de las tradiciones templarias–. Las propiedades templarias en Escocia pasaron a poder de los Caballeros Hospitallers. Sin embargo, la forma de administrar estos bienes en el reino de Bruce fue muy distinta a la del resto de Europa. En la mayoría de los países, las propiedades de los Templarios fueron absorbidas por los viajes itinerantes de los Hospitallers. En Escocia, eran administradas por separado por ser «bienes fiduciarios» que podían ser restituidos a sus verdaderos propietarios en el futuro.

Pero ¿qué sucedió con el tesoro desaparecido? No ha sido posible demostrar cuál fue su destino, aunque la tradición masónica francesa sugiere que fue transportado a Escocia. La fortuna de la familia templaria más importante de Escocia, los St. Clair de Roslin, se acrecentó en gran medida a partir de ese momento. Los St. Clair, que ya eran ricos y poderosos, de repente se convirtieron en lo que, en términos modernos, denominaríamos «super-ricos». Posteriormente, Guillermo de St. Clair, barón de St. Clair y tercer conde de Orkney, fue célebre por su increíble riqueza.[41] El conde fue el arquitecto y constructor de la capilla Rosslyn, una biblioteca singular construida en piedra que contiene un simbolismo arcano, un soberbio relicario grabado del Santo Grial y una placa conmemorativa de las creencias de los Templarios. La capilla se constituyó en la iglesia central de la masonería libre. Guillermo fue conocido como «uno de los iluminados» y fue iniciado en alguna de las órdenes de caballería más importantes de Europa.

15

Supervivencia y resurgimiento

La eliminación del poder de los judíos de Septimania, la destrucción de la Iglesia cátara, la anterior desintegración del reino normando de Sicilia, la reconquista de Tierra Santa por los sarracenos y, por último, la brutal supresión de los Caballeros Templarios deberían haber garantizado la anulación total de la influencia del linaje *Rex Deus* y el final de su particular herejía. ¿Acaso se había conseguido destruir el dominio de los custodios de la verdad –las secretas y subversivas familias que habían sido enemigas de la Iglesia desde sus comienzos? ¿Habrían sido definitivamente silenciadas las familias que habían conseguido proteger sus tradiciones instaurando un camino espiritual vehemente y eficaz, que logró sobrevivir al éxodo, al exilio babilonio, a la destrucción de Jerusalén por los romanos y a todas las vicisitudes y persecuciones de la Iglesia cristiana? O, por el contrario, ¿habían encontrado medios para sobrevivir y divulgar su mensaje? Y por otra parte ¿qué evidencias existen en los archivos históricos sobre el fracaso o el éxito de sus actividades?

El número total de templarios arrestados en Francia el viernes 13 de octubre de 1307 fue solamente de 620 hombres, y no todos eran caballeros. No obstante, según la mayoría de los historiadores, la cantidad de miembros de la orden templaria que los precedieron ascendería a más de 3000 individuos. Si sólo fueron arrestados uno de cada cinco,

¿qué sucedió con los demás? Uno de los sobrevivientes, que fue detenido en París en noviembre de 1309,[1] admitió haber huido quince días antes de la oleada inicial de arrestos. Más aún, la proporción de templarios capturados en otros países fue incluso inferior a la de Francia. Es razonable concluir que habían sido advertidos de las intenciones del rey francés.

El destino de muchos de los que habían sido caballeros templarios se puede encontrar en los archivos donde se registraban las pensiones que recibían en diversos países. Algunos se vieron involucrados en crímenes o escándalos y también ha quedado constancia de sus acciones. Como ya se ha mencionado, la mayoría se sumó a otras órdenes –entre ellos, muchos miembros de las familias *Rex Deus* y los que pertenecían a los círculos internos de la jerarquía templaria–. De este modo, los descendientes de los veinticuatro *ma'madot* fueron capaces de trocar la adversidad en ventura y desplegaron su influencia en órdenes militares en las que, gracias a su talento y coraje, conquistaron posiciones de poder muy superiores a lo que hubieran podido esperar.

La experiencia de las familias heréticas tras la fundación de los Caballeros Templarios había puesto de relieve tanto los beneficios como los riesgos de tener un brazo militar en su movimiento. Los *Rex Deus* aprendieron de sus errores previos y, como una hidra multicéfala, se reagruparon y más adelante volvieron a dispersarse, infiltrándose en otras organizaciones militares y órdenes de caballería. También habían aprendido que el hecho de tener una representación ejecutiva y disciplinada próxima al poder político resultaba muy provechoso para su causa. Sin embargo, esta vez se aseguraron de que sus nuevas acciones y afiliaciones fueran distintas a las de los antiguos templarios. Las nuevas órdenes no poseerían propiedades ni obtendrían ningún ingreso de sus propios recursos. En apariencia, carecían de autonomía y estaban ostensiblemente vinculadas a algún rey, que financiaba sus actividades. Daba la impresión de que estaban más interesadas en el prestigio que en el poder real y se convirtieron en vehículos del mecenazgo real, compuestas por cortesanos y no por oficiales militares. No obstante, la tradición templaria era el modelo en el cual basaban la creación de sus ritos y rituales, así como la mística que deseaban transmitir.[2]

No debe sorprendernos que la orden que estaba a la cabeza de las de más reciente fundación fuera la creación de ciertas familias escocesas con una larga historia de compromiso con los Templarios. Lo que sí es asombroso es que esta nueva orden fuera instituida deliberadamente para servir a la casa real que había arrestado a sus predecesores nobles.

REX DEUS EN ESCOCIA

Este intrincado grupo de familias escocesas, vinculadas por lazos cohenitas de matrimonios convenidos, actuó como un vehemente depositario de la tradición y las enseñanzas *Rex Deus*. Dichas familias fueron también un eficaz canal de transmisión de su mensaje, que de uno u otro modo, ejerce todavía una considerable influencia en el mundo moderno. Algunos años después de la caída de los Templarios, este grupo produjo una nueva organización militar que es descrita por Michael Baigent y Richard Leigh como «la institución neotemplaria más genuina de todas las que han existido».[3] Esta nueva orden se adaptaba perfectamente al contexto de una esfera de cooperación militar franco-escocesa recientemente inaugurada, conocida hoy en día como la «Alianza Auld» y creada en 1326 mediante un tratado entre Robert de Bruce y Carlos V de Francia.

La Alianza Auld desempeñó un papel vital en la guerra de los Cien Años y durante muchos siglos más; aún se la recuerda con afecto en el siglo XXI. Las tropas escocesas tuvieron una función muy relevante en el sitio de Orleáns, durante las campañas lideradas por Juana de Arco, en las que destacaron tres oficiales escoceses –los dos hermanos Douglas y sir John Stewart–. En aquella época, gracias al nombramiento de John Kirkmichael como obispo de Orleáns, los lazos escoceses con Francia eran muy sólidos. De hecho, el célebre estandarte blanco que fue utilizado como punto de reunión para el ejército francés fue pintado por un escocés.[4]

Aunque en dicha campaña las fuerzas francesas resultaron victoriosas, el país se sumió en un estado de agitación y confusión; la campiña fue arrasada por bandas de soldados desmovilizados y empobrecidos. El nuevo rey, Carlos VII, creó un ejército de infantería para restaurar el orden y mantener su poder en el reino. Fue el primero en Europa desde la supresión de los Caballeros Templarios y el primer ejército nacional desde la caída del Imperio romano.[5] Estaba compuesto por quince *compagnies d'ordonnance* con seiscientos hombres cada una; entre ellas, el regimiento élite era la *compagnie des gendarmes Ecossais.* Este insigne honor fue concedido al regimiento escocés, en agradecimiento por haber servido a la corona francesa durante más de cien años. El asombroso coraje de esta unidad y su inequívoco compromiso con el rey francés quedaron demostrados en la batalla de Vermeuil, librada en 1424, donde la compañía escocesa –al mando de John Stewart, conde de Buchan, y de sus principales oficiales, Alexander Lindsay, sir William Seton y los condes de Douglas, Murray y Mar– fue prácticamente aniquilada.[6]

La Guardia Escocesa

En reconocimiento a este supremo acto de gallardía, se creó una unidad especial de tropas escocesas a la que se concedió el honor de servir personalmente al rey de Francia. La compañía, compuesta por trece caballeros, contaba con la asistencia de veinte arqueros y estaba dividida en dos secciones –la *garde du roi,* es decir, la guardia del rey, y la *garde du corps du roi,* la escolta personal del rey–.[7] Esta última estaba en servicio constante; incluso algunos de sus miembros dormían en los aposentos del rey. En 1445, el número de guardias escoceses de la escolta del rey fue elevado a sesenta y siete hombres y un oficial; a partir de ese momento, la guardia personal del rey contó con veinticinco hombres y su superior. A todos los oficiales se les concedió el honor de ser iniciados en la prestigiosa Orden de San Miguel, una de cuyas ramas se estableció poco después en Escocia.[8]

A diferencia de las órdenes puramente caballerescas y honorarias, como los Caballeros de la Orden Garter, la Orden de Bath en Inglaterra o la Orden del Vellocino de Oro en Borgoña, la Guardia Escocesa fue una activa orden castrense, que recibió entrenamiento militar y tuvo frecuentes oportunidades de demostrar su valía en batalla, beneficiándose así de todos los derechos y privilegios de los soldados de la élite profesional. A pesar de no contar con un gran número de integrantes, la Guardia Escocesa fue lo suficientemente poderosa como para desempeñar una función decisiva en las guerras de aquella época. No profesaban ninguna religión en particular y no eran fieles al papa, sino al rey de Francia. Con miembros procedentes de las principales familias escocesas –los Seton, los St. Clair, los Stewart, los Montgomery (que aún hoy en día se sienten orgullosos de la prolongada vinculación de sus familias con la Guardia Escocesa) y los Hamilton, todos ellos nombres familiares para la tradición *Rex Deus*–, la Guardia se convirtió en «un vehículo especial por el cual [los jóvenes nobles escoceses] fueron iniciados en la formación castrense, en la política, en los asuntos de la corte, en los modos y las costumbres extranjeras y, según parece, también en cierta especie de ritual».[9] La Guardia Escocesa disfrutó de una excelente posición social en Francia durante más de ciento cincuenta años y sus oficiales fueron utilizados como emisarios y mensajeros para los asuntos más delicados e importantes, tanto en el área de la política como de la diplomacia. En ocasiones, el oficial que estaba a cargo de la Guardia desempeñaba también la función de chambelán real.

La Guardia Escocesa había jurado lealtad a la casa regente de Francia, la dinastía Valois, cuyo derecho a gobernar el país estaba bajo la constante amenaza de la Casa de Guise, una rama menor de la Casa de Lorraine. Pero no se trataba simplemente de una rivalidad política o dinástica; era una verdadera disputa criminal. Se cree que, por lo menos, cinco reyes franceses sufrieron una muerte violenta o fueron envenenados, y que muchos miembros de las familias Guise y Lorraine fueron asesinados. La Guardia Escocesa se encontraba en una posición ambivalente y muy comprometida, ya que la familia Guise pertenecía al linaje *Rex Deus*. Por otra parte, en 1538, María de Guise se casó con el rey Jaime V de Escocia; su boda unió a dos de las familias más importantes del grupo secreto. Debido a este vínculo matrimonial, y a pesar de que en 1547 Enrique II de Francia había garantizado a la Guardia un considerable aumento de salario, ésta a menudo actuaba en nombre de su rival, la Casa de Guise.

La situación llegó a un punto álgido en junio de 1559. Durante un torneo de justas un capitán de la Guardia, Gabriel Montgomery, causó la muerte del rey Enrique II al golpear su cabeza con una lanza rota. Una esquirla de la lanza perforó el cráneo del rey por encima de su ojo derecho y Enrique II murió once días más tarde a causa de la herida. Se afirma que no se trató de un accidente, sino de un complot para beneficiar a la familia Guise.[10] A partir de ese momento, la fortuna de la Guardia Escocesa declinó apreciablemente. A pesar de los conflictivos eventos que la eclipsaron, durante tres siglos fue un canal de transmisión muy importante para las tradiciones *Rex Deus*, convirtiéndose en el vehículo que permitió renovar sus enseñanzas secretas y reimplantarlas en la sociedad francesa. También actuó como un cauce a través del cual fluían las tradiciones e ideas *Rex Deus* desde las familias francesas hacia sus homólogas escocesas, que descendían de las familias Lorraine, Guise, Saboya y la Casa de Borgoña.

Otras órⴅeⴖes de caballerῖa

Los Caballeros de Santiago, que ofrecieron refugio a los templarios en España, divulgaron las tradiciones y prácticas de la orden a través del mundo hispanohablante durante siglos. Con el paso del tiempo y con la reconquista de España por las fuerzas de la cristiandad, la orden desarrolló una naturaleza «caballeresca» y acogió en sus filas a los principales miembros de las familias *Rex Deus* de toda Europa, incluyendo al conde de Orkney y al barón de Roslin.[11] Al haber jurado obediencia a los reyes de España y revelado sus credenciales ortodoxas al desempeñar un papel crucial en la Reconquista –la expulsión de los moros de España–, los Caballeros de Santiago eran un vehículo ideal para los propósitos *Rex Deus*. Por ser sus miembros de diferentes procedencias (sólo había un pequeño e influyente grupo que estaba constituido por los miembros de la hermética familia), la orden demostró ser un camuflaje perfecto para las acciones de los miembros *Rex Deus* que intentaban restablecerse sin exponerse a ningún riesgo. De esta forma, las familias *Rex Deus* fueron capaces de utilizar la orden para sus propios propósitos, sintiéndose seguras tras la respetable fachada de un grupo cuyos miembros procedían de diversas familias comprometidas con la Iglesia y con el Estado.

Los caballeros templarios también se infiltraron en otras confraternidades similares; por ejemplo, las de los Caballeros de Alcántara y los

Caballeros de Calatrava. Bernardo de Clairvaux desempeñó un misterioso papel en la fundación de ambas órdenes de caballeros españoles.[12] Parece razonable especular que, en principio, fueron concebidas para ofrecer una opción si se daba el caso de que los templarios eran eliminados –una precaución muy sensata, destinada a proporcionar medios alternativos para seguir difundiendo el mensaje *Rex Deus*–. Nos hemos preguntado si se habría aplicado un enfoque similar en el caso de los miembros escoceses de los Caballeros Hospitallers, ya que sus acciones después de la eliminación de los templarios –consideraban que las tierras templarias eran recursos separados que estaban bajo custodia– podrían indicar que la influencia *Rex Deus* fue un factor preponderante en esta orden de Escocia, y siguió siéndolo durante muchos siglos.

En 1430, Felipe el Bueno, duque de Borgoña,[13] fundó la Orden del Vellocino de Oro, a la que solamente podían ingresar veinticuatro caballeros cuidadosamente elegidos entre las mejores familias de Europa –todas ellas miembros destacados del linaje *Rex Deus*–. El papa Eugenio IV los describió como «los macabeos resurgidos»,[14] ¡una frase mucho más acertada de lo que el papa jamás hubiera podido imaginar! Esta orden de caballeros poseía una enorme reputación y el hecho de ser expulsado de ella, o de incurrir en algún desvío respecto de la meta señalada, suponía un deshonor perpetuo para la familia afectada. Un escudo negro grabado encima del trono del conde de Nevers en una iglesia de Brujas constituye un testamento perenne de la vergüenza que sufrió al ser excluido de la orden.[15]

El número veinticuatro tiene un profundo significado simbólico para las familias *Rex Deus*, por corresponder a la cantidad de familias herederas de la *ma'madot*, el linaje de sumos sacerdotes del Templo de Jerusalén. También es el número de caballeros admitidos en una orden fundada por el rey de Hungría en 1408. Los miembros fundadores debían comprometerse a practicar la «pura y verdadera fraternidad», y se les garantizaba el derecho a llevar escudos de armas con el emblema de un dragón enroscado en un círculo y decorado con una cruz roja. Cuando su fundador, el rey Segismundo, se convirtió en Santo Emperador Romano, la orden comenzó a ser conocida como la Corte Imperial y Real del Dragón.[16] Sus miembros eran seleccionados entre las casas nobles y reales de Europa; entre ellos se encontraban el duque de

Lituania, el rey de Polonia y el rey de Aragón. Durante los siguientes dos siglos, se fundaron ramas autónomas de la orden en Bulgaria, Bosnia, Arcadia, Italia y Francia.

René D'Anjou

Otra orden restringida fue la Orden de Croissant, fundada en 1448, en Angers, por un destacado miembro de una de las familias *Rex Deus*, René D'Anjou. Los únicos hombres dignos de ingresar en ella eran los caballeros nobles que demostraran tener un carácter intachable. Las normas de la orden requerían que sus miembros vivieran en armonía, siguiendo los principios del amor fraternal basado en los preceptos de la religión, la cortesía y la caridad. No estaban autorizados a proferir juramentos impíos ni a hacer ninguna broma indecente, y debían ser lo suficientemente íntegros como para que las mujeres y los niños pudieran ser confiados a su cuidado sin la menor vacilación. Uno de sus principales compromisos era dedicar sus buenos oficios a la ayuda de los pobres.

René D'Anjou, que luchó con valentía por Francia bajo el liderazgo de Juana de Arco, fue rey titular de Jerusalén, rey de las dos Sicilias, de Aragón, de Valencia, de Mallorca, de Cerdeña y de Córcega. También fue conde de Provenza, Forcalquier y Piedmont, príncipe de Gerona, duque de Calabria, señor de Génova y conde de Guise.[17] En él confluían muchas de las ramas de la prosapia *Rex Deus*. Su madre era Yolanda de Aragón y su esposa, Isabel de Lorraine, hija de Carlos II y de Margarita, hija del emperador Roberto I de Bavaria. Yolanda era la hija mayor del duque Roberto I de Bar y de la princesa María de Francia. La boda de René había sido pactada por su tío abuelo, el cardenal Luis de Bar.

René D'Anjou no era un mero aristócrata, sino también un hombre cabal y talentoso por derecho propio. Fue un erudito de fama internacional que intercambió correspondencia de forma regular con el conde Guillermo St. Clair. Igual que él, coleccionaba manuscritos originales en hebreo, griego, árabe, turco y latín, y era famoso por organizar torneos de justas y festivales, generalmente centrados en temas extraídos de romances sobre el Grial. Su Orden de Croissant se fusionó muchos años más tarde con otra hermandad, para crear la Orden de la Flor de Lis, que adoptó como símbolo una cruz de cuatro barras –todas de igual longitud, para distinguirla de la cruz del Gólgota– que, en su parte superior, llevaba el emblema de la flor de lis. Este emblema *La Croix Fleury,* todavía es lucido con orgullo por los miembros de la orden del siglo XXI. A ella sólo se puede ingresar por medio de una invitación o por derecho de nacimiento en el seno de ciertas familias, y sólo las familias pertenecientes a la tradición *Rex Deus* están autorizadas a ocupar puestos de poder.

De acuerdo con nuestro primer informante *Rex Deus*, Michael, la Orden de Bath, en Inglaterra, puede haber sido otra «tapadera» para las actividades *Rex Deus* en la época de su fundación original. Por lo tanto, un estudio comparativo de las listas de los integrantes de estas diversas órdenes podría arrojar alguna luz sobre los miembros de esta orgullosa y secreta tradición que ha sobrevivido durante milenios, desde el antiguo Egipto hasta el presente. El hecho de que las familias estuvieran afiliadas a órdenes diversas explica ciertas diferencias en los rituales practicados en las distintas tradiciones *Rex Deus*. Cuando presentamos a nuestro primer informante a otro miembro declarado del linaje *Rex Deus* que ostenta un alto rango en la Orden de la Flor de Lis, nos sorprendió descubrir que, aunque ambos eran capaces de resolver ciertas lagunas asociadas con el conocimiento y la comprensión de sus mutuas hermandades, existían evidentes diferencias en los respectivos rituales tradicionales, aunque esta circunstancia puede explicarse por la constante evolución de las tradiciones de estas familias en el seno de estas organizaciones caballerescas. Su decisión de haber utilizado una gran cantidad de órdenes también nos permite vislumbrar la sabiduría de estas familias que, tras la eliminación de los Caballeros Templarios, no se arriesgaron a que fracasara su misión de inspiración divina por el hecho de «colocar todos los huevos en una misma canasta». Esa estrategia las había conducido prácticamente a la ruina en el pasado, y no estaban dispuestas a permitir que volviera a suceder.

Lo que antecede da lugar a una pregunta que, sin embargo, no podemos responder: ¿acaso, por razones de seguridad, las familias *Rex Deus* se habían dividido en dos o más grupos completamente separados que comenzaron a operar ignorando la existencia de la otra facción? La proclamación de las sagas del Grial había comenzado a divulgar los beneficios de la espiritualidad iniciática, más allá de las filas en constante expansión del grupo *Rex Deus*. Había llegado el momento de apoyarse en esta historia de éxito, para ampliar la red e incluir en ella a la mayor cantidad posible de individuos abocados a una búsqueda continua de la verdad.

16

Nueva legitimación de una famosa «falsificación»

Cuando el ex rey Umberto de Italia murió en 1983, una reliquia santa de fama internacional que había estado en posesión de su familia durante siglos fue legada a la Iglesia católica –el Sudario de Turín–. Se determinó que esta reliquia, que había generado una considerable controversia desde el momento en que fue exhibida por primera vez en público, a principios del siglo XIV, hasta que fue heredada por el Vaticano, sería sometida a la prueba del carbono radioactivo para establecer su verdadera edad y procedencia con la esperanza de dar fin a la polémica. Tres reputados laboratorios se ocuparon de realizar las pruebas: la Universidad de Arizona, en Tucson, el Instituto Federal Suizo de Tecnología, de Zurich, y el Laboratorio de Investigaciones de Oxford. Todo el proceso fue realizado bajo la estricta vigilancia del doctor Tite, del Laboratorio de Investigaciones del Museo Británico, que había aceptado asumir la responsabilidad total de su supervisión.

Las muestras del sudario fueron tomadas en privado, ante la exclusiva presencia de la jerarquía eclesiástica y de los miembros de las plantillas de cada uno de los laboratorios que intervenían en la investigación. Todo el proceso fue grabado en una cinta de vídeo. Se cortó una muestra de siete centímetros de una de las esquinas del tejido que luego, bajo observación, fue dividida en tres partes. Cada una de ellas fue depositada en un recipiente apropiado cerrado herméticamente y entregada a los respectivos laboratorios.

El resultado de la investigación fue anunciado por el cardenal Ballestrero en Turín el 13 de octubre de 1988 y cayó como una bomba en el escenario mundial. Ese mismo día, un poco después de su intervención, sus palabras fueron confirmadas por el doctor Tite, en Inglaterra. Ballestrero manifestó que se podía afirmar con una evidencia del 99,9% que el sudario de Turín había sido fabricado entre los años 1000 y 1500 de la edad común y, más aún, que existía una certeza del 95% de que su origen se hallaba entre 1260 y 1390.[1] El hecho de que hubiera sido científicamente demostrado que la venerada reliquia, presuntamente considerada el lienzo fúnebre de Jesús, había sido fabricada en la época medieval sumió al mundo cristiano en un estado de consternación y de indignación. ¡El sudario de Turín era un fraude! Los católicos estaban furiosos y los protestantes, perplejos. La Santa Madre Iglesia se desmarcó rápidamente de esta aseveración, aunque con cierta ambivalencia que se puso de manifiesto en las palabras del profesor Luigi Gonella, asesor científico del Vaticano: «Las pruebas no fueron solicitadas por la Iglesia y no nos sentimos obligados a aceptar los resultados».

Los teóricos de la conspiración, los periodistas y los fantasiosos hicieron su agosto; los artículos sobre la supuesta procedencia del sudario quedaron sepultados bajo una avalancha de comentarios e informaciones que insistían en que las pruebas habían sido alteradas por una conspiración. El célebre autor de derechas de *La Contre Réforme Catholique au XXme Siècle*, el hermano Bruno Bonnet-Eymard, acusó al doctor Michael Tite de cambiar las muestras por otras tomadas de una capa del siglo XIII, alegando que había sido recompensado con una cátedra por prestarse al engaño. Estos portavoces de la verdad revelada por inspiración divina no se limitaron a calumniar al doctor Tite, sino que además afirmaron que los resultados habían sido «manipulados como parte de un plan deliberado de la comunidad científica para socavar la cristiandad».[2] El profesor Werner Bulst llegó a decir que se trataba de una conspiración masónica anticatólica, haciendo públicas sus acusaciones en un programa de televisión.[3]

Dos escritores alemanes escribieron un *best-seller* con un enfoque completamente diferente. Holger Kirsten y Elmar Gruber manifestaron que los resultados de la prueba de datación por carbono habían sido alterados por los científicos que actuaban en connivencia con la Iglesia, sugiriendo que las cámaras de vídeo habían sido desconectadas durante el procedimiento de la toma de muestras. Según ellos, tal como afirmaba el clérigo de derechas Bonnet-Eymard, las muestras habían sido cambiadas. Y llegaron aún más lejos, insinuando que existían considerables discrepancias entre la descripción de las muestras del sudario y las que se habían recibido en los laboratorios.

El motivo que ambos autores esgrimen para esta teoría de la conspiración es bastante interesante: la Iglesia tenía gran interés personal en desacreditar el sudario, pues las pruebas forenses no dejan lugar a dudas de que Jesús aún estaba vivo cuando lo desenclavaron y bajaron de la cruz. En otras palabras, en el caso de que el sudario hubiera sido legitimado por las pruebas realizadas, la creencia central de la Iglesia –que la muerte de Jesús en la cruz nos redimió de todos nuestros pecados– habría sido evidentemente desautorizada por una de las reliquias más santas de la cristiandad.[4]

Proliferación de teorías

Los autores ingleses Lyn Picknett y Clive Prince divulgaron otra teoría que, en algunos aspectos, tiene un cierto grado de credibilidad. Centraron todas sus sospechas en el único personaje que vivió a finales de la era medieval y que podía haber tenido la habilidad suficiente como para falsificar un elemento como el sudario de Turín: el gigante del Renacimiento Leonardo da Vinci. No obstante, por motivos que llegarán a ser obvios, tenemos razones para creer que sus declaraciones distan mucho de ser ciertas.

Robert Lomas y Chris Knight, otros dos famosos escritores ingleses en el campo de la historia especulativa, se sumaron a la confusión «utilizando» la prueba del carbono para promocionar sus propias teorías sobre el origen del sudario. Afirmaron que se trataba de la tela usada para envolver el cuerpo de Jacques de Molay después de haber sido crucificado por la Inquisición –una declaración que más tarde fue desestimada–. También se mostraron categóricos al manifestar que el tejido del sudario –una sarga 3/1 con espiguillas en forma de espina de pez– era muy común en la Europa del siglo IV. Esta afirmación es completamente infundada, ya que el doctor Tite, que tenía a su disposición todos los recursos del Museo Británico y de otros importantes museos europeos, no pudo encontrar ni un solo fragmento de este tipo de tejido que perteneciera a esa época, para usarlo como control en las pruebas de datación con carbono radioactivo.

De manera que ¿cuál es la situación actual respecto de la procedencia del sudario? ¿Y cuál es su mensaje –independientemente de que sea genuino o falso–, que preocupa tanto a la Iglesia? Para responder a estas preguntas debemos analizar las circunstancias de la primera exhibición documentada de la reliquia, así como la historia previa y posterior a las pruebas realizadas.

La primera evidencia del Sudario

En 1203, Robert de Clari, un cruzado francés, describió en los siguientes términos un objeto que había visto expuesto en la iglesia My Lady Saint Mary de Blachernae, en Constantinopla:

> ...donde se guardaba la sábana fúnebre con la que había sido envuelto el cuerpo de Nuestro Señor, que cada viernes se exhibía extendida en sentido vertical para que la figura de Nuestro Señor pudiera ser claramente contemplada. Ninguna persona, ni griega ni francesa, supo jamás qué había sido del sudario después de la toma de la ciudad.[5]

La traducción de la palabra clave, *figura*, causó cierta confusión, ya que podía significar cara –si se utiliza la traducción del francés moderno al inglés– o dibujo de cuerpo entero. Algunos historiadores refieren que, doblado y enmarcado, el sudario puede haber sido el objeto exhibido como el Mandilión, el «rostro en la tela» que, según cuenta la leyenda, fue enviado por Jesús al rey Abgar de Odessa. Otros afirman que la figura quedó impresa en el velo de Verónica, mientras Jesús iba camino del calvario.

Existen otras dos tradiciones que vinculan el Mandilión con el sudario de Turín. La primera es una insistente versión que niega que las imágenes sean «producto de la mano del hombre»; la otra dice que la historia conocida y demostrable del Mandilión concuerda –a excepción de una breve laguna– con el relato previo del sudario, que ha desaparecido.[6] La pregunta formulada por Ian Wilson fue: «¿Acaso se trata del mismo objeto?».

La primera exhibición pública de la que se tiene constancia tuvo lugar en una pequeña iglesia de Lirey, Francia, a finales del siglo XIV y permitió conocer los vínculos existentes entre los templarios y el sudario. Enrique, obispo de Troyes, escribió al respecto:

> Muchos teólogos y personas de otra condición [han afirmado] que éste no puede ser el verdadero sudario de Nuestro Señor con la imagen del Salvador, ya que los evangelios sagrados no mencionan nada al respecto. Sin embargo, es bastante improbable que, de haber existido, no haya sido registrado por los santos evangelistas o que el hecho haya permanecido oculto hasta la actualidad.[7]

Por tanto, ya desde el principio la procedencia del sudario fue el centro de una polémica y, como es obvio, existían muchas razones posibles para que así fuera. Una de ellas es el escepticismo basado en la razón, característico de una época célebre por la fabricación de reliquias santas. Otra es la circunstancia de que la reliquia fuera expuesta por primera vez en la diócesis de Troyes, región que en una época fue uno de los dominios de los templarios. Pero aún existe otra razón derivada de las relaciones de los templarios con sus propietarios, la familia de Charney. Geoffrey de Charney, fallecido en 1356, era sobrino de Geoffroi de Charney,[8] que había sido martirizado junto a Jacques de Molay en la Isle des Javiaux en 1314. La familia estaba además íntimamente conectada con las familias Brienne, De Joinville y D'Anjou, y con la Casa de Borgoña. El genealogista inglés Noel Currer-Briggs ha estudiado la implicación de muchas de estas familias en el saqueo de Constantinopla,[9] lo cual puede servir de vínculo entre el sudario y la reliquia descrita por

Robert de Clari, al que ya hemos citado. En un trabajo anterior hemos sugerido que este grupo de familias *Rex Deus* protegió el sudario por su contenido herético y porque, de una u otra forma, sabían que habría de desempeñar un papel importante en la divulgación de un mensaje que se oponía al de la Iglesia: Jesús había venido para revelar y no para redimir.[10]

La legitimación papal del sudario

Margarita de Charney, de setenta y dos años de edad y que no había tenido descendencia, era el último miembro de la dinastía Charney. En 1453, el duque Luis de Saboya le donó el castillo de Varanbon y las rentas de las propiedades de Miribel. El duque era gobernador de gran parte de Lombardía y miembro del linaje *Rex Deus*. Estas generosas donaciones eran una compensación por los valiosos servicios prestados a la Casa de Saboya, entre los que se incluía el regalo del sudario. Los dos maridos de Margarita, Geoffrey II y Humberto de Villersexel, habían sido ordenados caballeros de la Orden del Collar de Saboya por los duques que los habían precedido.[11]

En el siglo XV, la Iglesia comenzó a referirse a esta reliquia como el lienzo fúnebre de Jesús. En 1464, el teólogo Francesco Della Rovere escribió: «Actualmente está protegido con gran devoción por los duques de Saboya y coloreado con la sangre de Cristo».[12] Cinco años más tarde, Francesco se convirtió en el papa Sixto IV. En su tratado *On the Blood of Christ (Sobre la sangre de Cristo),* no solamente reconoció y legitimó el sudario, sino que también estableció el 7 de mayo como su día festivo.[13] El sudario fue dañado por el fuego al menos dos veces durante el siglo XVI y, tras el incendio de 1532, fue remendado con catorce parches triangulares de gran tamaño y ocho pequeños, todos ellos confeccionados con la tela utilizada en el altar, y la parte posterior fue protegida con un simple retal de batista, tejido que también se conoce como tela de Holanda.[14]

En 1578, el duque de Saboya ordenó llevar el sudario a Turín, la ciudad que ha sido su hogar desde entonces. Otro duque encargó al arquitecto Guarino Guarini que diseñara una magnífica catedral barroca, consagrada a san Juan Bautista, que habría de albergar el sudario. La reliquia llegó a su nueva residencia el 1 de junio de 1694, y fue guardada bajo llave detrás de una reja forjada en hierro, situada en el lugar de honor encima del altar mayor. A partir de ese momento, el sudario sólo se expuso al público en ocasiones cuidadosamente seleccionadas, como por ejemplo visitas papales, días festivos especiales o bodas importantes de la nobleza local.

Análisis forense de la reliquia

Las medidas de la reliquia son de 4,36 m de largo y 1,1 m de ancho, y está compuesta por una sola pieza de material. A la izquierda, se ha cosido una tira del largo total del tejido y de 8,5 cm de ancho. La imagen monocroma de la tela es de color sepia y muy sutil; es muy difícil percibirla en condiciones normales de visibilidad. Sin embargo, la desvaída imagen con apariencia de sangre tiene suficientes detalles como para haber convencido a generaciones de devotos de que, en efecto, se trata del lienzo fúnebre de Jesús.

Un fotógrafo aficionado local, Secondo Pia, fotografió el sudario en 1898. A medida que la imagen de la figura se hacía visible en las cubetas de revelado, Secondo experimentó un gran alivio que pronto se tornó en perplejidad. Esperaba volver a ver el negativo de una imagen de mala calidad y poco definida de la figura que había fotografiado y, por el contrario, apareció ante sus ojos una imagen muy detallada, con un contraste tan marcado entre la luz y la sombra que parecía tridimensional. La sangre que manaba de la cabeza, de las manos y de los pies se veía con un realismo casi mágico.[15] La figura que se hacía visible en la cubeta era la de un hombre alto y bien desarrollado, cuyo rostro con barba parecía asombrosamente vivo.

La publicación de las fotografías causó sensación en todo el mundo, motivo por el cual fueron realizadas una gran cantidad de exhaustivas investigaciones que culminaron en las pruebas de datación con carbono radioactivo. El sudario no volvió a ser fotografiado hasta 1931, en esa ocasión por un profesional y con unos resultados todavía más increíbles. Según nuestra información, desde entonces sólo ha sido fotografiado dos veces más –en 1969 y en 1973.

Después de que el sudario fuera expuesto al público en noviembre de 1973, se le practicaron pruebas forenses. El profesor Gilbert Raes, del Instituto Ghent de Tecnología Textil, analizó varios hilos del tejido y la tela en su conjunto. La trama era de 3/1, con espiguillas en forma de espina de arenque, muy común en la época de Jesús, aunque este tipo de tejido era mucho más frecuente en seda que en lino. Un examen minucioso, en el que se utilizó luz polarizada, convenció a Raes de que, efectivamente, el material era lino. Un análisis microscópico posterior de las hebras indicó que había rastros de una variedad de algodón conocida como *Gossypium hebaceum*, una planta nativa de la región del Mediterráneo oriental. Raes concluyó que la tela había sido fabricada en Oriente Medio en un telar que había sido previamente utilizado para confeccionar tejido de algodón.[16]

El doctor Max Frei, un eminente criminólogo suizo, tomó muestras de partículas adheridas al sudario y consiguió identificar partículas minerales, fragmentos de cabello humano, fibras de origen vegetal, esporas bacterianas, esporas de variedades de musgo y hongos, y granos de polen de diversas especies de plantas. Entre las muestras de polen, se encontraron algunas típicas del desierto: *tamarix, suaeda* y *artemesia,* que sólo crecían en las costas del mar Muerto.[17] Los comentarios de Frei incluyeron la siguiente observación:

> Estas plantas son de gran valor diagnóstico para nuestros estudios geográficos, pues no existen plantas idénticas a éstas en el resto de los países donde, presumiblemente, el sudario estuvo expuesto al aire libre. En consecuencia, una falsificación producida durante la Edad Media en algún lugar de Francia, un país en el que no crecen estas típicas especies halófilas, no podría contener granos de polen característicos de los desiertos de Palestina.[18]

En la superficie del sudario se encontraron seis variedades diferentes de polen de plantas originarias de Palestina. Se trataba de tipos de polen que podrían proceder de su presunta exposición en Turquía, Francia e Italia.

Tras analizar las muestras de polvo tomadas de la parte más cercana a los pies de la figura impresa en el sudario, se concluyó que eran de piedra caliza. El doctor Ricardo Levi-Setti, del Instituto Enrico Fermi de la Universidad de Chicago, realizó ensayos comparativos con muestras extraídas de tumbas de piedra caliza de la región de Jerusalén y demostró que eran prácticamente idénticas. Las partículas de piedra caliza eran bastante específicas –se trataba de travertina aragonita y no de calcita, que es mucho más abundante–.[19] La travertina aragonita es una forma relativamente rara de piedra caliza, bastante común en las tumbas de los alrededores de Jerusalén.

Desde la publicación de las primeras fotografías de Secondo Pia hasta el anuncio de los resultados de la datación con carbono, el interés científico y forense por el sudario no disminuyó en absoluto. Cada nuevo avance tecnológico que pudiera ser relevante para las investigaciones era aplicado de forma inmediata al sudario y al análisis de la figura representada en él. Los resultados de estos prolongados estudios fueron de tal magnitud que, incluso el escéptico obispo John Robinson, conocido por haber escrito «*Honest to God*», se vio obligado a señalar que el peso de las pruebas había modificado la situación, y que había llegado el momento de que todos aquellos que dudaban de la autenticidad de la reliquia expusieran sus razones en lugar de refutar las evidencias.[20] Para su sorpresa, eso es precisamente lo que sucedió con el anuncio de los resultados de la datación por carbono, hecho que causó una profunda decepción a millones de creyentes de todos los sectores de la cristiandad.

¿Verdadero o falso?

En teoría, los resultados de las pruebas con carbono radioactivo, que invalidaban la autenticidad del sudario, deberían haber puesto fin a la polémica sobre la autenticidad de la reliquia, con la posible excepción de las teorías conspiratorias de las que ya hemos hablado. Ahora era perfectamente razonable considerar que la reliquia era un fraude y afrontar algunas preguntas tan fascinantes como imposibles de responder. ¿Quién lo había confeccionado? Y, quizás lo más importante, ¿cómo lo había confeccionado? Antes de que ninguna de estas preguntas pudiera ser respondida, un microbiólogo americano de renombre internacional hizo un descubrimiento que invalidó de forma irrevocable los resultados de la datación por carbono radioactivo de 1988. Su descubrimiento no sólo volvía a abrir el tema de la procedencia de la reliquia, sino que también podía proporcionar la prueba de que se trataba de un objeto del siglo I.

Las técnicas de datación por carbono no son tan infalibles como se cree. Las sustancias porosas, como por ejemplo el mortero, son las más difíciles de analizar porque continúan intercambiando dióxido de carbono con la atmósfera, y los resultados de las investigaciones no son en absoluto fiables.[21] Cantidades extremadamente pequeñas de contaminación pueden distorsionar de forma significativa el análisis de todo tipo de materiales, motivo por el cual las muestras utilizadas para establecer el origen del sudario se limpiaron con las técnicas más fiables que se conocían en ese momento. Sin embargo, a pesar de todas las precauciones, las pruebas realizadas al sudario resultaron ser muy inexactas debido a una forma de contaminación desconocida en ese momento y que surgió de la misma naturaleza del tejido analizado.[22]

El autor inglés Ian Wilson describió la reliquia diciendo que «tenía un brillo parecido al damasco».[23] Recientemente, se ha descubierto que esa apariencia brillosa se debía al desarrollo de organismos microbiológicos que envolvían por completo cada uno de los hilos que constituyen el tejido. El alcance de esta contaminación, que demostró ser muy resistente a los métodos de limpieza utilizados en los laboratorios dedicados a la investigación, es de tal magnitud que, de hecho, el material analizado correspondía a una cantidad ligeramente inferior al 40% del tejido del sudario y a más de un 60% de organismos vivos.[24]

Más aún, las pruebas revelaron que los agentes limpiadores empleados no sólo no fueron efectivos a la hora de eliminar los organismos microbiológicos, sino que, lo que es más grave, disolvieron parte de la celulosa de las hebras del tejido, aumentando el grado de inexactitud de los resultados obtenidos, que ya habían sido condicionados por el revestimiento microbiológico.[25] Como consecuencia de semejante distorsión de los resultados, sigue abierta la polémica sobre la edad y la autenticidad de esta controvertida reliquia.

El revestimiento bioplástico

La presencia de un revestimiento microbiológico formado de organismos vivos ya ha sido demostrada en tallas de jade, en esculturas mayas hechas en piedra y en envolturas de lino de antiguas momias egipcias. Un microbiólogo americano, el doctor Leoncio A. Garza-Valdes, que fue profesor de microbiología en el Centro de Ciencias de la Salud de la Universidad de Texas, fue el primero en describir este tipo de contaminación. Experimentado coleccionista de grabados mayas, Garza-Valdes advirtió que muchos de ellos tenían un brillo peculiar, causado por una capa formada por bacterias y hongos, a la que denominó «revestimiento bioplástico».[26] Este investigador encontró cubiertas similares en los hilos de algodón empleados para unir placas de jade en la elaboración de pectorales. Un análisis mediante microscopio electrónico, realizado por el laboratorio de análisis industriales de San Antonio, confirmó que estos revestimientos eran orgánicos y no producidos por el hombre.

Posteriormente, Garza-Valdes analizó las envolturas de dos momias egipcias muy diferentes. La primera, que correspondía a una niña de trece años y había sido descubierta por sir Flinders Petrie, se encuentra ahora en la sección de Egiptología del Museo Manchester, en Inglaterra. La momia y sus envolturas fueron sometidas a las pruebas de datación por carbono en la Universidad de Manchester con resultados, en cierto modo, preocupantes. El análisis reveló que los huesos de la niña procedían del año 1510 a. de C., pero que sus envolturas databan del 225 de la era cristiana, una diferencia de más de 1700 años.[27] Garza-Valdes realizó pruebas similares a un ibis momificado de su propia colección, que indicaron una discrepancia entre la momia y sus envolturas de cuatrocientos a setecientos años. En enero de 1996, descubrió que las fibras de lino del tejido que cubría la momia de Manchester estaban recubiertas por una capa bioplástica similar a la que él mismo había encontrado en otros tejidos antiguos. Intrigado por estos hallazgos y ansioso por saber si se podrían aplicar al sudario de Turín, viajó a Italia.

Como católico devoto, el doctor Garza-Valdes creyó ingenuamente que las autoridades eclesiásticas apreciarían sus descubrimientos y le darían permiso para analizar el sudario de Turín. Con todo, para su sorpresa, sus hallazgos fueron tan bienvenidos como una cobra en un cóctel y la jerarquía eclesiástica no tomó ninguna iniciativa para autorizar un nuevo análisis del sudario. No obstante, Garza-Valdes fue presentado personalmente al profesor Giovanni Riggi Numana, quien había extraído las muestras originales para las pruebas de datación por carbono en 1988. El profesor le enseñó un pequeño paquete sin abrir, que contenía ínfimos fragmentos de las muestras originales del sudario, autentificadas por el sello intacto del cardenal Ballestrero. El profesor Riggi le mostró también trozos de cinta adhesiva que habían sido utilizados para retirar las muestras de sangre de la parte posterior de la cabeza impresa en el sudario. Abriendo el paquete sellado, el profesor retiró un hilo de la muestra original y el doctor Garza-Valdes lo colocó bajo el microscopio. El microbiólogo americano afirmó de inmediato que las hebras del hilo estaban completamente cubiertas por un revestimiento bioplástico.[28]

Al hacer un cultivo, se descubrió que estaba compuesto por organismos vivos que aún absorbían carbono de la atmósfera. El doctor Garza-Valdes estaba convencido de que, si se practicaba una nueva prueba al sudario utilizando las mismas técnicas de limpieza aplicadas en 1988, los nuevos resultados indicarían una fecha incluso posterior, puesto que las bacterias se habrían multiplicado considerablemente durante todos esos años, aumentando la proporción de organismos vivos en el hilo.

El americano no limitó su examen a los hilos; analizó con rigor los trozos de cinta adhesiva y las presuntas muestras de «sangre» adheridas a ellos. Las muestras con apariencia de sangre han sido examinadas a lo largo de los años por gran cantidad de científicos y los resultados obtenidos han sido contradictorios. Antes de la prueba de datación por carbono radioactivo, un científico italiano –el doctor Bauma-Bollone– había afirmado que dichas manchas eran sangre humana tipo AB.[29] Después de examinar cintas similares, los doctores Adler y Heller coincidieron con los hallazgos de su colega italiano.[30]

Cuando el doctor Garza-Valdes analizó las muestras que le había proporcionado el profesor Riggi, descubrió una vez más la presencia de sangre humana tipo AB –el grupo sanguíneo más común de la comunidad judía–. Por el grado de deterioro de la muestra, dedujo que las manchas de sangre tenían un origen muy antiguo.[31] Examinó metódicamente todo lo que encontró en el trozo de cinta que le había suministrado el profesor Riggi y, en las muestras tomadas de la región occipital, encontró diversos túbulos microscópicos de madera que resultaron ser de roble.[32] En el caso de que el sudario fuera auténtico, dichos fragmentos sólo podrían proceder de la cruz en la que Jesús había sido sacrificado.

El doctor Garza-Valdes publicó los resultados de las pruebas realizadas al tejido del sudario en un artículo que los situaba en el contexto de los revestimientos bioplásticos que había encontrado previamente en otros objetos. En la portada del periódico había una imagen del rostro de Jesús tomada del sudario con el siguiente titular: «Secretos del sudario. Los microbiólogos descubren cómo oculta el sudario su verdadera edad». El artículo concluía que el sudario tenía muchos siglos más de antigüedad de lo que había indicado la datación por carbono radioactivo. La reacción mayoritaria de la comunidad científica fue apoyar esta tesis tan revulsiva. El doctor Harry Gove, de la Universidad de Rochester, principal creador del método utilizado para la datación por carbono del sudario, afirmó: «No es una idea descabellada». Como la datación por carbono había quedado desacreditada, cualquier evaluación razonable de la verdadera procedencia del sudario debía basarse en los resultados de los diversos análisis científicos realizados, hasta que el papado autorizara una nueva prueba que empleara las técnicas de limpieza adecuadas –si es que se decidía a hacerlo.

Previas evidencias forenses

En 1902, el profesor Yves Delage afirmó en París que las heridas y los datos anatómicos que habían quedado impresos en el sudario de Turín eran tan precisos que no podían ser obra de ningún artista. Más aún, añadió que era prácticamente imposible que alguien fuera capaz de reproducir los detalles con tanta exactitud en una imagen en negativo.[33] A principios de los años treinta, el doctor Pierre Barbet, anatomista del Hospital St. Joseph de París, realizó una serie de experimentos con cadáveres humanos y miembros amputados, los cuales le permitieron concluir que las heridas representadas en el sudario correspondían a las de un hombre crucificado.[34]

El doctor Barbet opina que los responsables de la crucifixión de Jesús eran hombres muy experimentados y con un profundo conocimiento de la anatomía. Utilizando un brazo recientemente amputado, Barbet colocó clavos en las muñecas siguiendo el mismo modelo del sudario. El clavo pasó a través de una cavidad que hay entre los huesos de la muñeca, conocida como «el espacio de Destot», de forma tal que podría haber aguantado el peso de un hombre crucificado.[35] Tras introducir el clavo a través del nervio mediano, el pulgar de la mano afectada se contrajo. Consultando fotografías de la imagen del sudario, Barbet descubrió que no era posible identificar ninguno de los pulgares en la tela. Entonces se le ocurrió la siguiente pregunta: «¿Podría un falsificador haber imaginado algo semejante?». ¡Obviamente, la respuesta es no!

Barbet utilizó técnicas experimentales semejantes en los pies, emulando la forma de introducir los clavos representada en el sudario. El clavo atravesó fácilmente el segundo y el tercer metatarsos, lo que llevó al investigador a concluir que un solo clavo que sujetase ambos pies podría haber soportado sin problemas el peso de un hombre crucificado.[36] El profesor Hermann Moedder, de Colonia, radiólogo,[37] y el doctor Judica-Cordiglia, profesor de medicina forense en la Universidad de Milán, confirmaron sus hallazgos. Posteriormente, el doctor Anthony Sava, de Brooklyn, y el doctor Robert Bucklin, que ahora reside en California, hicieron un nuevo estudio de las manchas de sangre.

El fotógrafo británico Leo Vala aplicó los avances tecnológicos modernos para producir un modelo tridimensional de tamaño real de la cabeza de la figura del sudario.[38] El profesor de etnología Coon, de Harvard, examinó las fotografías de este modelo y describió el rostro en los siguientes términos: «Situándonos en la época moderna, su tipo físico correspondería a los judíos sefardíes y a los árabes nobles».[39] El doctor David Wills determinó que no era posible definir de forma legítima las heridas representadas en la cabeza de la imagen, a menos que se las refiriera al contexto descrito en los Evangelios.[40] Las marcas de las heridas de la parte anterior y posterior de la imagen –que se ven en grupos de tres, a partir del hombro y en sentido descendente– han sido clasificadas por varios médicos como representaciones fisiológicamente exactas de lesiones causadas por latigazos. También se ha afirmado que las contusiones de los hombros concuerdan con la acción de haber cargado y arrastrado una pesada cruz. Cuando el profesor Judica-Cordiglia analizó las heridas de las rodillas, concluyó que correspondían a las que se producen como consecuencia de caídas reiteradas.[41]

El flujo de sangre representado en el sudario resulta fascinante por dos motivos: primero, porque coincide por completo con lo que uno podría esperar de una crucifixión y, segundo, porque es tan profuso que solamente se podría explicar por el hecho de que, aun después de haber envuelto el cuerpo con la sábana fúnebre, la sangre hubiera seguido fluyendo. La sangre que manaba de la herida de la muñeca izquierda indica que el brazo debía de haber estado en un ángulo de entre 55 y 65° respecto de la posición vertical durante un tiempo considerable.[42] Existe también una herida muy visible entre la quinta y la sexta costillas del lado izquierdo del cuerpo que, teniendo en cuenta la inversión en espejo de la imagen, debía de haber estado en el flanco derecho de la víctima. El flujo sanguíneo de esta herida se interrumpe en ciertos sitios, indicando que las zonas «más claras» se deben a que la sangre se mezcló con un líquido incoloro[43] y que la herida fue infligida cuando la víctima estaba en una posición casi erecta. Según un radiólogo alemán, el profesor Moedder, ese líquido incoloro procedería del saco pleural. Este dato fue confirmado por el doctor Anthony Sava, quien destacó que es muy frecuente que se acumule líquido en la cavidad pleural cuando existen heridas físicas continuas y prolongadas. El doctor Sava sugirió que la causa más probable de esta pleuresía serían los azotes que provocaron las heridas de la parte superior del cuerpo, y que la enfermedad fue agravada por la crucifixión.[44]

Las prácticas funerarias judías

Las tradiciones y las prácticas funerarias judías de la época hubieran requerido que el cuerpo de Jesús fuera colocado en su tumba con las manos cruzadas sobre la zona pélvica. Esta postura es idéntica a la de otros cadáveres examinados por el padre Roland de Vaux, de la Escuela Bíblica, durante sus excavaciones en el cementerio esenio de Qumran.[45] Su descubrimiento no deja de resultar irónico, pues el padre De Vaux invirtió la mayor parte de su tiempo y energía en Qumran intentando refutar cualquier conexión entre Jesús y los esenios. Los detalles del sudario indican también que, en absoluta contradicción con las prácticas funerarias judías de Tierra Santa durante el siglo I, el cuerpo envuelto por el lienzo fúnebre no había sido previamente lavado, sino untado con abundante cantidad de ungüento. Esto confirma el relato hallado en el Evangelio de Juan, donde se lee:

> ...y José se acercó y se llevó el cuerpo. Lo acompañaba Nicodemus (el primero en visitar a Jesús por la noche), que había llevado una mezcla de mirra y áloe con un peso superior a cuarenta y cinco kilos. Entre los dos envolvieron el cuerpo de Jesús con un tejido de lino, de acuerdo con las prácticas funerarias judías (Juan 19, 38-41).

No obstante, este procedimiento era contrario a la tradición judía, pues el cuerpo de Jesús no fue lavado antes de la sepultura. Por otra parte, el ritual indicaba que eran las mujeres, y no los hombres, quienes debían manipular los cuerpos de los muertos. Si los hombres hubieran tocado el cadáver, no hubieran tenido tiempo para celebrar los procedimientos rituales de purificación antes de la Pascua. En cuanto al ungüento de mirra y áloe, era un artículo tan caro que es bastante improbable que hubiera sido desperdiciado en un cadáver.

Resumen de las evidencias

Como la prueba del carbono de 1988 practicada al sudario ha sido invalidada y está pendiente un nuevo análisis, nos vemos obligados a evaluar la edad y el origen de esta controvertida reliquia estudiando las pruebas forenses y científicas disponibles. De acuerdo con las declaraciones del profesor Delage en 1902, el sudario representa las heridas y los detalles anatómicos de un hombre crucificado, que ningún falsificador hubiera sido capaz de crear. Los estudios del doctor Barbet sobre la inserción de los clavos y las consecuencias anatómicas derivadas permiten afirmar que la imagen corresponde definitivamente a un hombre crucificado. Moedder, Judica-Cordiglia y Bucklin han confirmado sus conclusiones. Los comentarios del profesor Coon sobre los rasgos étnicos del rostro del sudario sitúan su origen con toda certeza en Oriente Medio. La trama del lienzo, el análisis del polen y el examen de las partículas de polvo revelan también que procede de la misma región. Creemos que, considerada a la luz de un equilibrio de probabilidades, la evidencia científica demuestra categóricamente que este polémico objeto puede ser realmente el lienzo utilizado para envolver el cuerpo de Jesús el Nazoreano cuando fue bajado de la cruz. ¿Cuál fue su importancia para los miembros de *Rex Deus* y de los Caballeros Templarios?

El uso de semejante cantidad de ungüentos curativos de tan elevada factura garantizaba que Jesús tuviera las mayores opciones de recuperación después de las debilitantes heridas que había sufrido. La muerte por crucifixión se produce como resultado de una secreción masiva de fluidos pleurales, que presionan los pulmones y causan asfixia. La herida de lanza en la parte lateral del cuerpo de Jesús habría sido provocada para aliviar dicha presión, drenando el líquido del saco pleural, y le habría salvado la vida. Por lo tanto, no estaba destinada a acelerar su muerte, tal como se afirma en el relato del Evangelio. Las insistentes historias que han circulado durante más de dos mil años indican que Jesús sobrevivió a su suplicio en el Gólgota. Uno de los primeros padres de la Iglesia, Ireneo, obispo de Lyon, menciona que Jesús llegó a una edad muy avanzada y viajó a Oriente acompañado por san Juan.[46]

Existen dos emplazamientos posibles para la tumba de Jesús y ambos se encuentran en Oriente, uno en Cachemira y el otro en Japón. En el *Evangelio Perdido según San Pedro*, se dice que Jesús fue visto saliendo de su tumba, asistido por dos miembros de los esenios. En una de las estaciones de la cruz de la iglesia de la Magdalena en Rennes-le-Chateau, de Languedoc, Jesús es representado abandonando su tumba a la luz de la luna. Baigent, Leigh y Lincoln informan que un monje anglicano les comunicó que Jesús había vivido hasta el año 45 de nuestra era.

Las enseñanzas *Rex Deus*, las antiguas tradiciones que defienden que Jesús sobrevivió a su suplicio en la cruz y el mensaje preservado en la imagen del sudario de Turín apuntan al hecho de que la creencia fundamental de la Iglesia cristiana –a saber, que Jesús murió en la cruz como sacrificio por nuestros pecados– es falsa. San Pablo, el primer hereje «cristiano», fue el responsable de la deificación de Jesús y de la promulgación de la blasfema doctrina: «Murió por nosotros». Este hombre, descrito por los ebionitas como «el que cuenta mentiras y distorsiona las verdaderas enseñanzas de Jesús», se convirtió, sin saberlo, en el fundador de la sociedad más cruel y represiva de la historia: la Iglesia cristiana. Ahora, después de más de dos mil años de hogueras, torturas y represión, por fin se ha divulgado la verdad –Jesús vino a revelar y no a redimir.

17

Propagando la luz
desde Lombardía

Cuando los cátaros huyeron de Languedoc, buscaron refugio principalmente en dos regiones: Escocia y Lombardía. Años más tarde, muchos de los caballeros de la perseguida orden templaria siguieron sus pasos porque, al igual que ellos, sabían que las tierras gobernadas por la nobleza *Rex Deus* ofrecían algo semejante a la seguridad y a la tolerancia. Con el paso del tiempo, las regiones mencionadas se convirtieron en importantes centros de divulgación de las creencias *Rex Deus* que, si bien de forma muy diferente, todavía siguen afectando nuestra vida en el siglo XXI.

En esa época, Italia se hallaba lejos de ser un país unificado: en el norte, estaba compuesto por un gran número de ciudades-estados; en la parte central, se encontraban los estados papales, y en el sur, los reinos de Nápoles y Sicilia. En la Lombardía occidental, o Piamonte, los condes *Rex Deus* habían creado un estado que sólo era superado en poder y en ambición por los dominios de los Visconti ubicados en la región oriental –un estado que pronto llegaría a ser el más poderoso de Italia–. El afable Azzo Visconti (1329-1339) comenzó a aumentar la potestad familiar y, con considerable destreza y previsión, su tío y sucesor, el arzobispo Giovanni (1339-1354), gobernó una vasta región que se extendía desde los Apeninos hasta los Alpes. Invadió Boloña y llegó a amenazar la independencia de la soberbia ciudad-estado de Florencia. Sólo el empeño resolutivo del papa y de sus aliados consiguió frenar el avance de Giovanni.[1]

La tradicional rivalidad entre Venecia y Milán fue el factor principal en la lucha por el poder entre las diversas ciudades-estados del norte de Italia. Venecia ya había amasado una enorme riqueza, gracias al comercio con Oriente y a su gran imperio ultramarino. Milán había conseguido su grandeza debido a los fértiles terrenos agrícolas, que permitían alimentar formidables caballos, y a la fabricación de seda y bordados. Gozaba de una magnífica posición geográfica, cuyas fronteras estaban en el centro mismo de las grandes rutas comerciales que atravesaban los Alpes, y la ciudad llegó a crear una industria de armas y armamento que se vendían a los combatientes de todo el mundo, independientemente de su raza, credo o color. Cualquier gobernante bendecido por semejantes recursos y oportunidades estaba destinado a convertirse en el hombre más rico de Europa. Y eso fue exactamente lo que sucedió cuando una familia procedente de modestos caballeros al servicio de los carolingios –que luego formaron parte de las Cruzadas antes de convertirse en soldados mercenarios– asumió el control de Milán y comenzó a anexar los estados vecinos a su territorio. Los Visconti de Milán llegaron a ser la familia más rica de Europa. Mediante matrimonios convenidos consiguieron relacionarse con las casas reales de Valois, Habsburgo, Tudor, Stuart y Hanover,[2] y también con los Borbones, futuros reyes de Francia.[3]

La fortaleza y el éxito de los gobernantes Visconti en la región central de Lombardía siguieron en pie tras la muerte del arzobispo Giovanni. A pesar de que sus propiedades fueron divididas entre sus tres sobrinos (pronto reducidos a dos), y de los reiterados ataques del papa y de sus aliados que sufrieron, perdieron muy pocas posesiones, a excepción de Génova y Bolonia. Gian Galeazzo Visconti reunificó las tierras de los Visconti y fue el gobernante más astuto y ambicioso de su época. Era un hombre sagaz que tenía la intención de fundar un reino unido en Italia, aunque ello implicara atacar los estados pontificales. En realidad, se las ingenió para ampliar sus dominios e incluir en ellos a las ciudades más importantes de Toscana, con la notable excepción de Florencia, y compró el título de duque de Milán a Wenceslao, rey de los romanos.[4]

Aunque las actividades de los déspotas que gobernaron las ciudades-estado del norte de Italia estuvieron caracterizadas por la crueldad, las artimañas y el capricho –algo muy común en esa época–, éstos se mostraron tolerantes con todos aquellos que huían de la opresión y se abstuvieron categóricamente de reprimir la libre expresión del espíritu humano entre su propia gente. Tampoco intentaron introducir hábitos de servilismo ni de humillación. Su gobierno dio lugar a uno de los mayores florecimientos del genio humano en Europa: el Renacimiento. Durante esta época tan productiva, se produjo una masiva explosión de talento creativo y la energía de la voluntad popular se mantuvo fuerte e incólume. Los gobernantes más destacados fueron aquellos que, como los Medicis de Florencia, conocían a su pueblo, comprendían sus necesidades y se ocupaban de satisfacerlas.[5] Las cartas del tarot, una extraña forma de expresión artística, constituyen un signo de la naturaleza tolerante y herética del pensamiento de uno de dichos gobernantes. Según la teóloga católica Margaret Starbird, el tarot era «un catecismo virtual para las creencias suprimidas de la Iglesia cristiana alternativa, la Iglesia del Santo Grial, cuyos artículos de fe incluían a la pareja de Cristo y a su novia, la mujer llamada Magdalena en los Evangelios».[6]

El tarot

Huelga decir que estas cartas, consideradas peligrosas y heréticas, despertaban la desconfianza y el recelo de la Santa Madre Iglesia. De acuerdo con un monje de la época, las cartas del tarot eran «peldaños de una escalera que conduce directamente al infierno».[7] Otros sacerdotes las describen de una forma más simple, como el breviario del demonio.[8] Es extraño que una persona tan versada en las Escrituras como Margaret Starbird se haya dedicado a hacer un estudio serio del significado oculto del uso de las cartas del tarot. Sin embargo, ella lo interpreta usando las referencias de las Escrituras a la dinastía de los gobernantes de Israel, la Casa de David y la herejía medieval de sangre real –*la sang real*–[9] que, según su opinión, nos conduce a su mensaje secreto.

No existe un consenso sobre los orígenes del tarot. Algunos creen que nació en la época medieval, en las regiones de Provenza y del norte de Italia. Otros afirman que llegó a Occidente a través de los cruzados y que los mazos originales orientales fueron transformados por influencia de los cátaros, los gitanos, los Caballeros Templarios, la Cábala y el antiguo pensamiento hermético griego.[10] El estudioso inglés del Grial, Malcolm Godwin, señala: «Es posible que los templarios hubieran aprendido a utilizarlos gracias a sus rivales sarracenos».[11] Este autor también es de la opinión de que las evidentes referencias al Santo Grial y el obvio contenido gnóstico del tarot eran la causa principal de la actitud hostil de la Iglesia. De hecho, la jerarquía eclesiástica tenía buenos motivos para inquietarse, puesto que el uso del tarot como sistema de enseñanza visual –ya sea como «tarjetas de ayuda pedagógica» o como «pizarra de bolsillo»– era típico de la tradición templaria, tradición que perduró hasta el siglo XXI, gracias a la fraternidad mundial de la francmasonería y a las modernas órdenes templarias.

El lúcido análisis de Margaret Starbird se basó en las evidencias históricas halladas en los diseños originales de las cartas. La vestimenta y los símbolos representados en los primeros mazos permiten a la autora situar correctamente su origen en el último período de la época medieval, pues según afirma, «se relacionan de forma directa e irrefutable con la Iglesia del Amor y la herejía medieval del Santo Grial».[12] Aunque en la época en que escribió el libro Starbird ignoraba la existencia de la tradición *Rex Deus*, con gran agudeza y sin temor a contradecirse, afirmó que cada uno de los cuatro palos de los bonitos mazos del siglo XV decorados con vivos colores, creados en Provenza y en el norte de Italia, estaban claramente asociados con la herejía medieval que rodeaba a los descendientes del Santo Grial que habían conseguido sobrevivir.[13] Y, sin caer en la cuenta, refuerza una vez más la validez de la tradición *Rex Deus*:

> El símbolo de una copa muy elaborada, encontrado en algunos de los primeros mazos del siglo XV –los Visconti-Sforza, que reciben su nombre de los mecenas del artista, y cuyo origen se sitúa entre los años 1440 y 1480– es muy similar a numerosas imágenes medievales del Santo Grial. Y, precisamente, las familias nobles de Provenza y del norte de Italia, las familias locales aliadas de Anjou y Milán, estaban relacionadas por lazos de amistad e incluso por vínculos de

sangre y por matrimonios con *la sang real*. Las cartas procedentes del siglo XV que pertenecían a la familia Visconti de Milán parecen ser las más antiguas...[14]

Ciertamente, el tarot enseña una forma de espiritualidad muy diferente a la de la Iglesia católica, ya que incluye temas heréticos como la reencarnación, la renovación o el renacimiento espiritual y la transformación.[15] En el tarot, Isis –la diosa de la sabiduría venerada por los Templarios como la Virgen Negra– está representada en la carta conocida como la Templanza. Perceval, el héroe de la saga del Grial de Wolfram von Eschenbach, está simbolizado en la esquina inferior izquierda de esta carta, como un valle entre dos montañas –Perce a Val–. El mazo es una representación simbólica de la búsqueda del Grial, en la cual un inocente peregrino se somete a pruebas iniciáticas, incluyendo una muerte simbólica en este mundo y la resurrección a una gnosis espiritual, antes de encontrarse con la diosa. La carta conocida como el Loco es Perceval (o Parzival); el Ermitaño representa al eremita del Grial; el Rey Pescador ha sido simbolizado como el Ahorcado, aunque éste es también una referencia a los templarios que fueron torturados; la Torre es una representación simbólica de la Magdalena; la Luna es la portadora del Grial.[16] Uno de los palos representa a la Casa de Pendragón, en alusión a las leyendas del rey Arturo; otro simboliza el sur, o la Casa de los Spear, y se refiere a la familia St. Claire como la Casa de Lothian y Orkney, ya que los St. Clair, además de ser los señores de Roslin en Lothian, también eran los condes de Orkney.

Las familias de la tradición secreta eran sabias y, a la vez, discretas en el uso del mito, la leyenda y la alegoría para divulgar su mensaje herético. En Europa, las sagas del Grial comenzaron a despertar un interés que nunca habían tenido en los siglos precedentes, y el uso del tarot, en sus diversas y múltiples formas, es hoy en día mucho más popular de lo que había sido jamás. Sin embargo, no fue ésta la única forma de expresión artística surgida en el Renacimiento, que promulgó el mensaje espiritual de amor y esperanza. A medida que la Iglesia perdía su monopolio sobre las pinturas y esculturas encargadas a los artistas, el mecenazgo se trasladaba del sacerdocio a las nuevas clases ricas y poderosas de los comerciantes y a la nobleza gobernante. Estos medios de expresión fueron empleados por las familias *Rex Deus* para transmitir su mensaje liberador al público general, cuidadosamente codificado en magníficas obras de arte.

Los Medici de Florencia

El sueño de los Visconti de conseguir un reino unificado en Italia resultaba a todas luces impracticable, motivo por el cual cada vez fue más evidente la perentoria necesidad de que existiera un verdadero equilibrio equitativo de poder entre las ciudades-estados del norte del país. El hombre que más contribuyó a conseguirlo fue Cosimo de Medici, inteligente manipulador político que convirtió a la república florentina en una encubierta tiranía.

Para Cosimo, el banquero más poderoso de Europa, fue inadmisiblemente fácil asumir el liderazgo tradicional de los pequeños mercaderes y artesanos, función que le otorgó una considerable influencia en los asuntos de Florencia. Los pilares de su poder fueron la destreza con que manejaba sus negocios bancarios en Europa y su habilidad innata en política extranjera que estaba basada en sólidos principios comerciales.

Al fallecer el último duque de Milán, Cosimo se alió con el nuevo duque de Sforza para mantener el equilibrio del poder en el norte de Italia.[17] Cuando Francesco Sforza consolidó su dominio en Milán tras muchos años de lucha contra su oponente tradicional, Venecia, la ciudad marítima tuvo que hacer frente a un enemigo que, en términos de sutileza, estrategia y fuerza de las armas, había conseguido que sus predecesores parecieran niños.[18] Por tanto, la alianza de los Medici con los Sforza de Milán fue una enorme contribución a la estabilidad política de Italia y una buena forma de frenar las ambiciones de Venecia.[19] Por otra parte, se trataba de una alianza entre dos de las familias secretas, los Medici y los Sforza, cuya vinculación con la dinastía *Rex Deus* se debe a la unión matrimonial de Francesco Sforza y la hija del último duque de Visconti de Milán. Francesco fue posteriormente iniciado en la prestigiosa Orden de Croissant de René d'Anjou.[20]

Los residentes judíos en Italia

A pesar de las incesantes luchas intestinas que azotaban el norte de Italia, este territorio –al igual que muchos otros gobernados por la nobleza *Rex Deus*– fue un refugio para los disidentes religiosos, los cátaros y los templarios, pero también para los judíos que huían de otras zonas de Europa donde eran perseguidos. Los bienes, la habilidad financiera y la visión comercial de estos exilados judíos contribuyeron de un modo decisivo a mejorar y acelerar la marcada prosperidad que, en gran parte, se debía a la ventajosa situación geográfica de las ciudades-estado del norte del país. A finales del siglo XIII, estos estados con gobierno propio comenzaron a atraer a financieros judíos que residían al otro lado de los Alpes. En los estados papales de Roma ya existía una comunidad judía floreciente y bien establecida. Hacia la segunda mitad del siglo XIV, los judíos de Roma se trasladaron al valle del Po y, al mismo tiempo, un gran número de judíos atravesó los Alpes desde Alemania para instalarse en el norte de Italia. Estos nuevos inmigrantes, que huían de los pogromos y la persecución, buscaron refugio en una comarca célebre por su tolerancia, su relativa seguridad y sus oportunidades económicas. Una tercera oleada, bastante menos numerosa, llegó a la región después de haber sido expulsada de Francia en 1396 y se estableció principalmente en el Piamonte y en Saboya.

En el norte de Italia, el período de mayor prosperidad para los judíos fue el Renacimiento, cuando sus comunidades alcanzaron su cénit.[21] La inmigración de banqueros judíos a las ciudades-estado del norte impulsó el establecimiento de otros judíos en esta floreciente región y contribuyó al desarrollo de las ciudades y los centros rurales. La forma de reconocer legalmente su situación fue garantizar a los fundadores de los bancos una *condotta* (privilegio) que les otorgaba derechos de residencia lo suficientemente prolongados como para que fuera posible crear una comunidad estable con capacidad de autoabastecimiento.[22] Así fue como entre 1350 y 1420, los judíos Ashkenazi procedentes de Europa del norte fijaron su residencia en el norte de Italia.[23]

En 1438, fue fundado en Florencia el Banco de Pisa, el mayor banco judío de la Italia del Renacimiento. Los Medici fueron tan tolerantes con la perseguida comunidad judía, caracterizada por su perspicacia financiera, como lo habían sido sus antepasados en la época carolingia. Esta política no sólo floreció en los territorios controlados por la familia Medici, sino también en los que estaban bajo el dominio de los Sforza. En consecuencia, cuando los judíos fueron expulsados de España y de los territorios españoles de Nápoles y Sicilia, se los alentó a establecerse en Piamonte, Milán, Rávena, Pisa, Génova, Livorno y Florencia.[24]

El Renacimiento

René d'Anjou, el esotérico fundador de la Orden de Croissant, fue una figura esencial que actuó como catalizador para el Renacimiento. Pasó varios años en Italia, donde tenía muchas posesiones, y a través de su íntima amistad con la familia Sforza, que ostentaba el poder en Milán, se puso en contacto con sus aliados, los Medici de Florencia. La influencia de René fue un factor determinante en la decisión de Cosimo de Medici de embarcarse en una serie de proyectos que, en última instancia, transformaron la civilización occidental. En 1439, Cosimo envió a sus agentes a recorrer el mundo mediterráneo a la búsqueda de manuscritos antiguos. En 1444, fundó la biblioteca de San Marco, la primera biblioteca pública cristiana de Europa –una institución que desafió el monopolio sobre el aprendizaje que poseía la Iglesia–. Más adelante, decidió incluir la enseñanza del griego antiguo en la Universidad de Florencia por primera vez en siete siglos.[25]

El estudio de la literatura clásica, la filosofía y la ciencia de la antigua Grecia comenzó a florecer, convirtiéndose en la base del espíritu intelectual de investigación que fomentó el nuevo Renacimiento artístico, intelectual y espiritual. Bajo la dirección de dos florentinos, Petrarca (1304-1374) y Bocaccio (1313-1375), se produjo una enorme demanda de estas materias de estudio, que gozaron de una comprensión y una apreciación nunca vistas en la Europa medieval. Petrarca y Bocaccio buscaron y rehabilitaron obras clásicas que estaban olvidadas en las bibliotecas monásticas de la Europa cristiana y de otros lugares.[26] Después de la Reconquista, gran parte de las enseñanzas de la época helénica fue trasladada a Florencia desde las bibliotecas musulmanas de Granada y Toledo.[27] Como era predecible, el pontificado no veía con buenos ojos este estallido de actividad creativa y libertad intelectual y el poder papal decidió ejercer presión sobre la nobleza *Rex Deus* del norte del país. El asesinato de Galezzeo Maria Sforza, perpetrado en 1476, fue el resultado de un complot papal. También lo fue la conspiración de los Pazzi, que le costó la vida a Giuliano de Medici en 1478.[28] A pesar de estos previsibles intentos de sofocar, detener e incluso revertir el nuevo espíritu de investigación y progreso intelectual, Lorenzo de Medici, conocido como Lorenzo el Magnífico, consolidó el poder de su familia en Florencia en un breve período de tiempo y se rodeó de eruditos imbuidos del misticismo de Egipto y la sabiduría griega. En este ambiente prosperaron la literatura devocional, la filosofía y la ciencia, y bajo su generoso mecenazgo trabajaron destacados artistas, entre los cuales podemos citar a Boticelli, Miguel Ángel, Verroccio y Ghirlandaio.[29]

LEONARDO DA VINCI

De esta pléyade de talentos artísticos y creativos, pocos artistas fueron tan influyentes como Da Vinci (1452-1519), quien no sólo dejó huella en su época, sino también en los siglos venideros. El genio visionario de Darwin y su sagacidad le permitieron anticiparse a la era de las máquinas y la tecnología del siglo XIX. Leonardo era un ávido lector y traductor de Euclides, Vitruvio, Plinio, Ptolomeo, Celsio y también de los autores árabes; al igual que su colega Piccolo della Mirandola, acumuló un enorme caudal de conocimientos científicos, anatómicos y médicos que no tuvieron parangón durante muchos siglos.[30]

Al principio, Leonardo trabajó como pintor en Florencia y en 1483, a la edad de treinta años, se trasladó a Milán, donde se benefició del mecenazgo del duque Ludovico Sforza, conocido como El Moro por su tez oscura. Regresó a Toscana por un breve período de tiempo y luego volvió a Milán; más tarde viajó a Roma antes de instalarse definitivamente en Amboise en 1515, donde fue muy bien recibido por Francis I.

En sus pinturas, Da Vinci no cesaba de buscar formas visibles y símbolos que revelaran el espíritu invisible y el cosmos, incluyendo algunos que enseñaban formas sutiles de herejía ocultas en supuestas pinturas devocionales católicas.[31] A pesar de la reputación que se había ganado entre sus contemporáneos por tener «un pensamiento un tanto herético», el genio de Leonardo y el poder incuestionable de sus mecenas lo protegieron de las temidas atenciones de la Inquisición. Fue llevado a Milán para que creara una estatua ecuestre del primer duque Sforza de Milán que, de hecho, nunca acabó. No obstante, durante su prolongada estancia en la ciudad produjo tres obras que ponen de manifiesto su enorme talento y sublime arte, y que aún son consideradas por la Iglesia como ejemplos supremos del arte devocional cristiano. Estas pinturas comprenden dos versiones diferentes de *La Virgen de la Roca* y de la obra de arte más reproducida en el mundo occidental, conocida como *La Última Cena*.

Este inmenso fresco, que cubre por completo una de las paredes del refectorio del convento de Santa Maria della Grazie de Milán, muestra a Jesús y a sus discípulos cenando en la víspera de su arresto. Es, sin lugar a dudas, la obra más conocida de la iconografía cristiana en todo el mundo, y sus copias se pueden ver en iglesias, capillas, colegios, oficinas y casas privadas, tanto católicas como protestantes. Para la gran mayoría de los cristianos, se trata de un recordatorio definitivo del servicio original de la comunión y de la sagrada, aunque errónea, creencia de que Jesús murió por nosotros y es nuestro salvador. En realidad, el simbolismo sutilmente codificado en dicha obra predica una categórica herejía que contradice algunas de las doctrinas más valoradas de la Iglesia católica.

Todo gran arte es ambivalente en varios niveles yuxtapuestos. Para empezar, la representación de escenas tridimensionales en un plano de dos dimensiones es irreal; el uso de la perspectiva crea una ilusión de distancia, un engaño utilizado con el fin de transmitir la verdad. Más aún, cada época tiene sus propias modas y convenciones que los artistas tienen en cuenta para producir sus obras. Un verdadero artista recurre también a la ambivalencia para conseguir que, al contemplar sus cuadros, percibamos escenas familiares de una forma característicamente diferente a la que estamos acostumbrados. En todo arte, a veces resulta difícil discernir qué es lo primordial –el conocimiento y la penetración del artista o los de su benefactor.

Durante el Renacimiento, las instrucciones del mecenas eran esenciales y quedaban registradas en los contratos con todo detalle, antes de que se iniciara la obra. Gracias a ello, podemos conocer las intenciones exactas de los mecenas en cuestión. Cuando se trataba de pintores y escultores de genio, como es el caso de Leonardo da Vinci, también debemos considerar en qué medida y de qué forma los conocimientos técnicos, la comprensión espiritual y el evidente genio del artista realzaban la visión de su mecenas.

La Última Cena

La Última Cena es un fresco de considerables dimensiones, cuyos bordes inferiores están a la altura de los hombros del observador. Combina el arte de la perspectiva con una sutil distorsión de la realidad visual de una forma tan inspirada que el observador medio no se da cuenta de que está siendo engañado. A pesar de que la mayor parte de la pintura está por encima del nivel de los ojos, el artista persuade a quienes contemplan la obra de que sus cabezas están prácticamente al mismo nivel que la figura central. Los observadores tienen la sensación de estar mirando la superficie de la mesa desde un punto superior, de ver a través de la ventana que está en el fondo de la sala y de contemplar el horizonte justo por debajo del punto medio de las ventanas. A través de la ventana se ve que brilla el sol, aunque se supone que la pintura representa la última cena, una comida que se toma por la noche.

Jesús, la figura central, está sentado con las manos y los brazos extendidos, flanqueado por dos grupos de tres discípulos. Desde la perspectiva del observador, y de izquierda a derecha, las figuras del primer grupo son Bartolomé, Jaime el Justo (el hermano de Jesús) y Andrés; todos ellos miran a Jesús. El segundo grupo está compuesto por la figura reclinada de Pedro, cuya mano izquierda toca el hombro de Juan, el discípulo amado. La cabeza de este último está ladeada hacia Pedro, como si estuviera escuchándolo. Frente a ellos y entre ambos, se encuentra el cuerpo de Judas, ligeramente girado. Jesús, aislado, ocupa el lugar principal. En el tercer grupo está sentado Tomás, el hermano gemelo de Jesús, que parece amenazar a éste levantando el dedo índice de la mano derecha. Frente a Tomás se encuentra Jaime el Grande, curiosamente representado como el doble de Jesús. También se puede ver a Felipe, un poco inclinado sobre Jaime y mirando con tristeza a Jesús. Y el último grupo de tres personas está compuesto por dos hombres, Mateo y Tadeo, que no miran a Jesús pero gesticulan enfáticamente en su dirección en un aparente estado de perturbación, y por Simón, que se encuentra en el extremo de la mesa frente a Jesús, aunque su rostro está ligeramente girado hacia Tadeo.

Es evidente que están discutiendo algo. En los relatos de los Evangelios asociados a la última cena, se destaca que se trata de un debate centrado en el tema de la sucesión de Jesús después de su muerte. Nuestra opinión es que lo que el artista representó en su obra es precisamente esta acalorada disputa. Más aún, la actitud de Pedro –que susurra algo al oído de Juan, como si estuviera manteniendo una conversación secreta– está compensada por su mano derecha, casi incorpórea, que aparece por detrás de Judas sujetando un cuchillo que apunta a Jaime el Justo, como si pretendiera decir a Juan: «¡No soy yo el próximo líder, sino él!» –un simple reflejo de verdad histórica que es extremadamente herético.

Judas, que tiene en su mano derecha una cartera de piel muy abultada, acaba de derramar el contenido de un salero sobre la mesa –una pequeña alusión a una antigua superstición y un delicioso ejemplo de la habilidad de Leonardo para conseguir que incluso el detalle más nimio resulte importante–. Los diversos gestos de las manos de los discípulos también son muy relevantes, pero merecen un tratamiento mucho más exhaustivo de los que podemos ofrecer en este libro.

La mayoría de los trabajos más recientes sobre el fresco se han centrado en la figura de san Juan, quien, de acuerdo con Picknett y Price, no es un hombre sino una característica figura femenina que correspondería a María Magdalena. Consideramos que esta remota posibilidad es bastante poco viable. La explicación más adecuada para esta figura típicamente afeminada es similar a la que fue ofrecida para el personaje sexualmente ambivalente del arcángel Uriel en otra pintura de Leonardo, *La Virgen de las Rocas*. En la tradición esotérica, el iniciado realmente iluminado se torna hermafrodita –el equilibrio único entre los primigenios Adán y Eva de los orígenes legendarios de la humanidad–. Juan, conocido como el supremo iniciado cristiano, es el «discípulo amado» a quien Jesús confió sus enseñanzas secretas. Juan, al igual que

Juan el Bautista, otra figura bíblica pintada con frecuencia por Leonardo, fue reverenciado por las familias *Rex Deus*, los Caballeros Templarios y los cátaros.

La Última Cena ocupa prácticamente toda la pared del refectorio de Santa Maria della Grazie. Precisamente frente a ella, en una especie de recepción que hay al otro extremo del refectorio, se encuentra otra pintura, *La Crucifixión* de Giovanni Donato Montofano. Ambos artistas trabajaron en sus obras al mismo tiempo; por lo tanto, cada uno de ellos conocía las posiciones relativas de las obras terminadas y el tema que representaban. La evidente conexión teológica entre los acontecimientos representados es la institución del sacramento de la santa comunión. La obra maestra de Leonardo muestra el pan y el vino, aunque se trata de pan común fermentado con levadura y ninguno de ellos parece estar partido. Los platos, el pan y los vasos de vino están colocados con tanta ceremonia que no parecen corresponder a las personas que están sentadas a la mesa. Definitivamente, se trata de un modelo ritualizado y sacramental aceptado por la jerarquía eclesiástica; pese a todo, instintivamente percibimos que algo importante está sucediendo, aunque sólo pueda ser reconocido por los iniciados.

Toda la mesa está dispuesta en un orden perfecto, a excepción de la sal derramada junto al codo de Judas. El artista no ha resaltado ninguno de los vasos de vino y no hay nada que recuerde remotamente a un cáliz, la representación simbólica más fácil de reconocer de la copa de la primera comunión. Jesús está sentado con los brazos abiertos, la mano izquierda con la palma hacia arriba y la derecha con la palma hacia abajo. Parece que estuviera discutiendo con Tomás, con Jaime el Grande y con Felipe, al que se ve preocupado. El único asunto que podría haber provocado esta airada discusión, y que está recogido en los Evangelios, es quién será el futuro líder. Se ha mencionado también la negativa de Pedro de aceptar la función que le asignaba la Iglesia, y el simbolismo utilizado para representar a Juan nos indica que es el principal portador de las enseñanzas reveladas por Jesús. La estrecha similitud entre las figuras de Jesús y Jaime el Grande es una referencia directa a otra herejía –la de los gemelos sagrados, o la existencia de dos Jesuses, que Leonardo representa, al menos, en otras dos pinturas–.

La Virgen de las Rocas

Existen dos versiones de la pintura conocida como *La Virgen de las Rocas*, y ambas son de Leonardo da Vinci. Su disposición y diseño general son muy semejantes, y la diferencia reside principalmente en los detalles y en el color. La primera de estas obras fue encargada por la confraternidad de San Francisco el Grande de Milán, y sería la obra central que habría de situarse encima del altar en una de las capillas. Las dimensiones exactas del cuadro fueron especificadas en el contrato firmado antes de iniciarse la obra, en el que también se determinaron los detalles de la ubicación de las figuras. Los personajes se encuentran en una gruta y la Virgen está sentada prácticamente en el centro; con el brazo derecho rodea el hombro de un niño. Su mano izquierda está estirada, en ademán de proteger la cabeza de otro niño que está sentado frente a ella y a su izquierda. Una figura angélica sentada detrás del segundo niño señala con el dedo índice la figura del bebé que está junto a la Virgen. El niño, sobre cuyo hombro se apoya la mano de la Virgen, está arrodillado y tiene las manos entrelazadas en un gesto de oración, mientras mira al otro niño, que tiene los dedos en alto, como si estuviera bendiciéndolo. Esta versión está expuesta en el Museo del Louvre, en París. En términos generales, la segunda –y posterior– contiene pequeñas aunque importantes diferencias de postura, acaso destinadas a otorgarle mayor énfasis a la escena. El ángel está sentado ligeramente por detrás del segundo niño, al que mira con adoración. Esta obra está expuesta en la National Gallery, de Londres.

Cualquier devoto cristiano que vea una de estas pinturas por primera vez asume de forma natural que el niño que la Virgen está abrazando es Jesús. Para el observador, Jesús está rezando a Juan el Bautista que, a su vez, está bendiciendo al denominado Hijo de Dios. Sin embargo, esta interpretación es errónea, ya que el niño que está junto a la Virgen no es Jesús, sino Juan el Bautista. Jesús está representado por el niño que ofrece la bendición. Podemos concluir que un contrato tan estricto y preciso sólo pudo haber sido redactado por un hereje que pertenecía al sacerdocio, porque aunque Leonardo siguió sus instrucciones al pie de la letra, resulta más que evidente que el resultado se presta fácilmente a una mala interpretación. Para todo aquel que desconozca las instrucciones contractuales de los sacerdotes y su explicación de la escena que se debía representar, las pinturas parecen completamente inocentes.

En alguna etapa de la historia de la pintura, se debe de haber puesto de manifiesto el peligroso nivel de confusión que se había generado en torno a las identidades de los dos niños, lo que provocó que se tomaran medidas para aclarar el asunto. Después de todo, ningún devoto católico podría admitir una obra de arte que implicara que, desde el comienzo, Juan el Bautista fue más importante que Jesús –ni siquiera debido a una mala interpretación–. Se encargó a otro artista que introdujera nuevos elementos en la obra que se encuentra actualmente en Londres; se añadieron halos característicos a cada uno de los niños y una cruz alargada destinada a identificar al niño Juan el Bautista. Aunque esta iniciativa debería haber solventado el problema, los iniciados ven en ella dos gloriosos ejemplos de referencias ocultas a la herejía de los gemelos santos: dos representaciones del concepto, incluso más herético, de la existencia de dos Jesuses. No cabe duda de que el genio imponente de Leonardo creó dos pinturas casi idénticas de esta escena. Con todo, no son éstas las únicas referencias artísticas para estas explosivas herejías creadas a finales del siglo XV; hubo otras que tuvieron lugar en Escocia.

──── 18 ────

LOS ST. CLAIR DE ROSLIN Y LA FUNDACIÓN DE LA FRANCMASONERÍA

Los cátaros y los caballeros templarios que huyeron a Escocia principalmente encontraron asilo y refugio en las tierras de los St. Clair de Roslin, una dinastía que, gracias a sus continuos e ininterrumpidos servicios, su lealtad y su coraje, se hizo merecedora del nombre de «la dinastía señorial de los nobles St. Clair». El primer miembro de la familia que llegó a Roslin fue Guillermo el Correcto, que marchó a Escocia en 1507 con el caballero Bartholomew Ladislaus Leslyn, escoltando a la princesa Margarita, que más tarde se casaría con el rey Malcolm Canmore.[1] El primer St. Clair nacido en Escocia, Enrique de St. Clair, luchó bajo las órdenes de Godfroi de Bouillon en Tierra Santa en el 1096, y estuvo presente en el sitio de Jerusalén,[2] acompañado por miembros de otras once destacadas familias aristocráticas escocesas.

Los representantes de las doce familias tenían por costumbre reunirse antes de la cruzada, y siguieron haciéndolo en Roslin hasta finales del siglo XVIII, cuando ya se habían desvanecido las esperanzas de una posible restauración de los Estuardo. Las familias del grupo –que incluían a los Estuardo, los Montgomery, los Douglas, los Dalhousies, los Ramsey, los Lesly y los Lindsay, además de los St. Clair– estaban vinculadas por lazos de matrimonio y creencias comunes. Todas ellas estaban relacionadas con los Templarios y siguieron propagando sus tradiciones después de la supresión de la orden. Estas familias formaron parte de la fundación de la francmasonería en Escocia y apoyaron la causa de los Estuardo.

En el libro *The Bloodline of the Holy Grail (El linaje del Santo Grial)*, Laurence Gardner otorga validez a un importante aspecto de la leyenda de *Rex Deus*, afirmando que los Estuardo descendían de las principales familias jerárquicas de la Israel bíblica de la época de Jesús –y sus raíces dinásticas eran similares a las compartidas por las familias que se reunían regularmente en Roslin.

El conde Guillermo St. Clair

La persona que más contribuyó a propagar las tradiciones de *Rex Deus* fue el conde Guillermo St. Clair, que vivió en el siglo XV. Además de ser el señor de Roslin era también el tercer conde St. Clair de Orkney. Su descripción como Caballero de la Concha y del Vellocino de Oro[3] indica que era miembro de dos órdenes diferentes, que ya han sido mencionadas –los Caballeros de Santiago,[4] cuyo símbolo era la concha, y la Orden del Vellocino de Oro, fundada por el duque de Borgoña–. El conde Guillermo también era descrito como «uno de los *Illuminati*, un noble de talento singular», y como «un hombre de aptitudes excepcionales dedicado a la política y a la construcción de castillos, palacios e iglesias».[5] Era mecenas de la masonería de oficio de toda Europa, «un Gran Maestro y un adepto del más alto grado».[6] Los archivos históricos escoceses confirman que no sólo había recibido el legado de Gran Maestro de los masones del oficio, sino también de todos los gremios de Escocia,[7] desde los más laboriosos hasta los más sencillos, como los fabricantes de papel, los curtidores, los constructores de barcos y los guardabosques.[8]

Guillermo, un verdadero hijo del Renacimiento, vivió en la misma época que René d'Anjou y mantenía correspondencia con él. Al igual que Cosimo de Medici, tenía la obsesión de coleccionar manuscritos originales y consiguió reunir una enorme biblioteca que guardó en el castillo Roslin. El respeto que el conde Guillermo sentía por su colección fue registrado por un historiador de la familia:

En esa época (1447), se produjo un incendio en la Torre del Homenaje del castillo, razón por la cual sus ocupantes fueron obligados a abandonar el edificio. Mientras observaba el fuego, el capellán del príncipe recordó los documentos de su señor y se dirigió a la parte superior de la mazmorra, arrojando al vacío los dos enormes baúles que los contenían. La noticia del incendio llegó a oídos del príncipe por los gritos y lamentos de las damas y las mujeres gentiles. Entonces, se dedicó a contemplarlo desde la colina College, lamentándose únicamente de la pérdida de sus fueros, estatutos y demás textos. Más tarde, cuando el capellán —que había salvado su vida bajando por la soga de una campana que pendía de una viga— le comunicó que sus pergaminos estaban a salvo, el príncipe se mostró muy complacido, y acudió junto a la princesa y sus damas para reconfortarlas.[9]

La importancia de estos documentos refuerza el hecho de que la conciencia espiritual fluye como un río por la historia de los St. Clair. El conde Guillermo fue definido en su época como uno de los *Illuminati*, lo que nos indica el respeto que inspiraba —pues las cualidades de los «iluminados» no son otras que las de poseer un conocimiento y una percepción espiritual profundos y perdurables—. De hecho, según Tessa Ransford, directora de la Biblioteca de Poesía Escocesa, el nombre Roslin se traduce del gaélico escocés como «conocimiento antiguo transmitido a través de las generaciones».[10]

Los St. Clair de Roslin eran los guardianes de la gnosis de inspiración divina, el verdadero tesoro de los Caballeros Templarios. El conde Guillermo preservó esta herencia para las futuras generaciones, codificándola en las tallas de la capilla Rosslyn.

LA CAPILLA ROSSLYN

El conde Guillermo es principalmente recordado por su legado más enigmático y duradero, el santuario místico de la capilla Rosslyn. Inicialmente concebida como una gran iglesia colegiada, sus cimientos fueron echados entre los años 1446 y 1450. Para construir esta iglesia,

Guillermo convocó a los maestros más habilidosos y experimentados de todas las regiones de Europa,[11] y amplió considerablemente la ciudad de Roslin para poder alojarlos. De hecho, Roslin creció a tal ritmo que comenzó a rivalizar en tamaño con la vecina localidad de Haddington, e incluso con Edimburgo. En 1456, el rey Jaime II le concedió el fuero real.

Los maestros masones percibían 40 libras anuales, una suma enorme para la época, teniendo en cuenta que los masones ordinarios ganaban 10 libras al año. Como arquitecto, mecenas y diseñador de la capilla, el conde Guillermo supervisó todos los aspectos de su construcción. No dejó nada librado al azar y, al igual que los mecenas de los artistas en la Italia del Renacimiento, impartió sus instrucciones con tan rigurosa precisión que se han convertido en una leyenda. Antes de esculpir la piedra, se hacía un modelo en madera que era enviado al conde para que diera su aprobación. Sólo entonces los artesanos comenzaban a tallar la piedra. Por este motivo, la armonía sinfónica y esencial del diseño de la capilla Rosslyn es la suma de diversos factores: un plan concebido por un hombre de gran talento, que ejercía un control absoluto sobre el diseño, la calidad y la construcción; un ritmo comparativamente rápido de trabajo que no dejaba tiempo para desvirtuar la concepción original, y un equipo de masones muy cualificados que trabajaban sin interrupción en el mismo proyecto, algo que no era habitual en la construcción de iglesias de la época.

Trevor Ravenscroft escribió: «Las esculturas de Roslin son magníficas manifestaciones de conciencia o visión espiritual, materializadas en piedra». En un artículo publicado en 1982, Douglas Sutherland describió la capilla del siguiente modo: «Una obra maestra medieval de la masonería que contiene algunas de las tallas en piedra más exquisitas que jamás se hayan creado. La capilla Rosslyn acaso haya caído en el olvido, pero sigue siendo memorable».[12]

Es imposible hacer un análisis realista del significado del contenido artístico y espiritual de los grabados en piedra de esta singular construcción, a menos que se realicen a la luz de la historia familiar y del carácter complejo de su fundador. Consideradas por sí mismas, las tallas simplemente son bellas y misteriosas manifestaciones del arte masónico que se prestan a malas interpretaciones. Parte del enigma de la capilla Rosslyn es que en esta iglesia construida a finales del Medioevo, y

Cabeza de Hermes Trimegistos, deteriorada por unas condiciones climáticas adversas, en la pared oriental de la capilla Rosslyn supuestamente cristiana, encontramos una multitud de referencias simbólicas talladas en piedra, procedentes de todas las tradiciones iniciáticas espirituales de la historia de la humanidad, previas a su construcción. Entre ellas, una escultura de la cabeza de Hermes Trismegistos, el célebre autor de la *Tabla Esmeralda*, que a menudo es equiparado al dios egipcio Thoth; prolíficos grabados del hombre verde que conmemoran el principio de la muerte y el renacimiento espiritual, concepto medular de todos los senderos iniciáticos, así como rosetas talladas y estrellas de cinco puntas, que una vez decoraron los templos dedicados a Ishtar y Tammuz en la antigua Babilonia, dos mil quinientos años antes del nacimiento de Jesús.

Simbolismo Templario en la capilla Rosslyn

En la capilla también se puede encontrar un simbolismo íntimamente asociado a los Caballeros Templarios. El erudito francés J.-A. Durbec enumera los signos y sellos que caracterizan a una construcción que puede ser atribuida a los Templarios:

1. Tallas de una estrella de cinco puntas, *L'étoile*.
2. Dos hermanos montando el mismo caballo, *deux frères sur un seule cheval*.
3. El sello conocido como *Agnus Dei*, o sello templario, *un agneau pascal (nimbé ou non) tenant une croix patté au-dessus de lui*.
4. Una representación estilizada de la cabeza de Jesús, como la del sudario de Turín o la del velo de Verónica, conocida como el Mandilión.
5. Una paloma en vuelo llevando en el pico una rama de olivo, *une colombe tenant en son bec une branche d'olivier*.
6. Una forma de cruz oriental conocida como la Cruz Floral.[13]

No obstante, debemos proceder con cautela antes de atribuir una construcción a los Templarios, pues los símbolos enumerados por Durbec son elementos muy conocidos de la iconografía cristiana básica. Pese a todo, la presencia de dos o más de ellos combinados en el mismo edificio indica una fuerte influencia templaria y, en el caso de que confluyan en una edificación anterior a la eliminación de la orden, podremos afirmar con certeza que se trata de un genuino edificio templario.[14] La capilla Rosslyn, fundada más de un siglo antes de la destrucción de los Templarios, es algo muy semejante a un misterio. La geometría sagrada de su arquitectura contiene los signos típicos de una verdadera construcción templaria. Más aún, los elementos de su iconografía que indican la influencia de los templarios aparecen, de una u otra forma, a cada paso y no se limitan a los símbolos mencionados.

En la bóveda de cada una de las crujías de las naves laterales y en el abovedado del techo de la cripta se puede ver la cruz con incisiones propia de los St. Clair. En la unión de los brazos de cada una de dichas cruces, esbozada de una forma sutil pero característica en cada caso, hay una variante de la *croix patté* de los Caballeros Templarios, conocida como la cruz del conocimiento universal. Tampoco es una mera coincidencia que los colores heráldicos de la familia St. Clair fueran plata y negro azabache, los mismos que lucían los Sforza de Milán y que transportaron con orgullo en el estandarte de batalla de la orden templaria, la Beausèant.

En la capilla hay dos sepulturas de piedra templarias procedentes de tumbas locales. Una de ellas se encuentra en la cripta, contigua a una piedra de la cofradía del siglo XVII, que representa al Rey de los Horrores. La otra está en la nave norte de la capilla, y en ella hay una cruz con diseños florales, bajo la cual se puede leer el nombre de Guillermo de Sinclair. El sello templario del *Agnus Dei* aparece en una columna de la pared norte; en una columna similar de la pared sur se puede ver el velo de Verónica. La soberbia talla de la paloma en vuelo con una rama de olivo en el pico adorna la sección occidental del techo en medio de un mar de estrellas de cinco puntas.

La familia St. Clair siempre estuvo íntimamente relacionada con la orden templaria. En realidad, sus miembros pertenecían a la dinastía *Rex Deus* que fundó la orden, y el castillo familiar fue el último destino de Hugo de Payen, al regresar de Tierra Santa en el año 1127. En el interior de la capilla, el indicador de la tumba está bellamente decorado con un símbolo templario –la Cruz Floral– y fue construido en memoria del

Grabado en piedra de una iniciación de los Caballeros Templarios en la pared sur de la capilla Rosslyn, deteriorada por unas condiciones climáticas adversas

hombre que, en 1314, lideró el ataque a Bannockburn, preservó la independencia de Escocia y garantizó la corona a Robert de Bruce.[15]

Contemplar el simbolismo templario de la capilla Rosslyn a la luz de la historia de los St. Clair, conlleva una inevitable conclusión: la capilla, cuya construcción, diseño y contenido fueron rigurosamente supervisados por el conde Guillermo, fue creada como un monumento en memoria de la calumniada Orden de los Caballeros Templarios, y como un medio de transmisión de sus ideales y creencias para las generaciones futuras. Éste es el motivo por el cual el conde Guillermo recurrió a la habilidad de sus colegas masónicos, con excelentes resultados, para celebrar todos los caminos espirituales iniciáticos conocidos que, de una u otra forma, contribuían a la gnosis sagrada que los descendientes de los *ma'madot* de Israel habían protegido, a costa de pagar un alto precio.

Esta celebración imperecedera no fue el único medio utilizado por el conde Guillermo para garantizar la protección de estos ritos iniciáticos. De hecho, la capilla nos ofrece muchas más claves e indicios sobre sus planes de futuro. Estas representaciones simbólicas del principio sagrado esencial de la tradición *Rex Deus* habían sido utilizadas durante más de quinientos años por una fraternidad fundada por el conde Guillermo, pues la construcción de este santuario fue el primer paso para crear una organización que atesorara y guardara estos secretos y los transmitiera a las futuras generaciones de todo el mundo –el oficio de la Francmasonería–. Los miembros de esta organización habían empleado su conciencia espiritual para trascender las fronteras geográficas, culturales y religiosas que, por lo común, obstaculizan el progreso del ser humano.

LA FUNDACIÓN DE LA FRANCMASONERÍA

El misterio que rodea la fundación de la francmasonería ha sido eclipsado por la reserva adoptada por la logia en su relación con el público general. Los primeros gremios de artesanos de los masones medievales de toda Europa tenían sus propios mitos de fundación, tradiciones y rituales iniciáticos, a veces muy diferentes entre sí. De algún modo, y en algún sitio, los masones se convirtieron en los precursores de la francmasonería

Máscara mortuoria del rey Robert de Bruce en la pared oriental del coro
secundario de la capilla Rosslyn

Detalle de la Columna del Aprendiz de la capilla Rosslyn que muestra
el simbolismo *Rex Deus* del nudo de Staffordshire

moderna. El debate sobre cómo, dónde y cuándo tuvo lugar esta transformación ha sido prolongado, e incluso amargo. El hábito innato de la clandestinidad de los primeros hermanos masones dificultó que los historiadores pudieran documentar el desarrollo preciso de la francmasonería, además de complicar los estudios sobre el tema.

El debate sobre los orígenes masónicos suele degenerar en una versión moderna de *odium theologicum*, en la cual se cuestiona más enérgicamente el carácter del defensor de una teoría que sus propias conclusiones. No obstante, algunos investigadores que tienen opiniones opuestas pero que están dispuestos a aceptar nuevas ideas están analizando las diversas teorías y, con toda seguridad, pronto conseguirán resolver la cuestión. Creemos que de todas las familias, había una en particular que contaba con los medios, los motivos y la oportunidad de ejercer un efecto transformador sobre los gremios medievales de los masones operativos, y los utilizó con tan buenos resultados que dichas corporaciones evolucionaron hasta llegar a ser la moderna logia de la francmasonería especulativa. Nuestra opinión no habrá de silenciar a aquellos que levantan su voz para defender sus teorías a favor o en contra del origen templario de los masones pero, con el tiempo, ofrecerá claves que contribuirán a resolver este enigma histórico.

A continuación describiremos algunos aspectos de la historia de la masonería operativa, con el propósito de demostrar de qué forma diversos miembros de los gremios masónicos fueron reunidos en un lugar y cómo comenzaron a transformarse para formar la moderna logia especulativa, bajo la guía de los St. Clair de Roslin. Ciertos rituales antiguos nos permiten deducir otras pruebas que indican los orígenes *Rex Deus* de la logia.

Primeros orígenes de la logia

De acuerdo con el poeta y mitólogo inglés Robert Graves, la francmasonería comenzó siendo una sociedad sufí. Llegó por primera vez a Inglaterra durante el reinado del rey Athelstan (924-939) y, más tarde, se introdujo en Escocia como un gremio de trabajadores. Grave describe los orígenes sufís de los masones, la importante función desempeñada por los templarios y la transformación muy posterior de los gremios de la masonería operativa en la francmasonería. Sitúa los orígenes de los sufís mucho antes de la fundación del Islam:

> Una antigua francmasonería espiritual cuyos orígenes nunca habían sido estudiados ni datados, a pesar de que la característica firma sufí está presente en la literatura ampliamente divulgada del segundo milenio anterior a Cristo.[16]

El autor explica que su sabiduría oculta fue transmitida a través de las generaciones, de maestro a discípulo, como hicieron tantas otras órdenes.[17]

Graves destaca el papel desempeñado por los maestros sufís en la construcción del Templo de Salomón. Conocemos su sólida vinculación con el pueblo hebreo, porque el legendario maestro místico de los sufís, el *Khidir* o el Hombre Verde, es una combinación de dos figuras proféticas de la Israel bíblica –Elías y Juan el Bautista–. La cuestión es: ¿de dónde extrajeron su antiguo conocimiento? La respuesta se puede encontrar en el antiguo Egipto, que los Textos de las Pirámides describen como la primera época.

Ya hemos hablado del nivel de sofisticación y de conocimiento que alcanzaron las tres ramas de los Compagnonnage en los comienzos de la Francia medieval. En Alemania, España e Italia había gremios de trabajadores similares, y los constructores que utilizaban el estilo gótico tenían una relación particularmente estrecha con la orden templaria. Por ello, cuando el historiador John Robinson afirma que las logias de masones constructores ayudaban a los Caballeros Templarios que se daban a la fuga para ponerse a salvo, su afirmación nos sugiere una pregunta que aún no hemos sido capaces de resolver: ¿acaso estas logias particulares que los ayudaban a escapar y les daban refugio eran los Hijos del Maestro Jacques, que en el futuro serían conocidos como *Les Compagnons Passants?*

En Portugal, los refugiados se unieron a la Orden de los Caballeros de Cristo; en los estados bálticos, se sumaron a los Caballeros Teutónicos; en Lombardía, ayudados por los cátaros que los habían precedido, utilizaron su habilidad para impulsar el sistema bancario que empezaba a desarrollarse. Sin embargo, la historia fue muy distinta en Escocia. Advertidos de que debían pasar a la clandestinidad por el rey Robert de Bruce, los templarios siguieron manteniendo vivos sus ritos y costumbres. Bajo la protección de los St. Clair de Roslin, la tradición templaria y la gnosis de los masones tuvieron la oportunidad de fusionarse en beneficio mutuo.

La gnosis masónica

Los intuitivos y talentosos maestros masones que crearon la capilla Rosslyn dieron por sentado que su obra sería hermosa. Sin embargo, la mera belleza no era suficiente. Tenía que existir un significado –y no en el sentido de narrar una historia, aunque a menudo esto también era un ingrediente esencial, sino un significado más profundo y espiritual–. Recordemos que, para los masones medievales, *art sina scienta nihil est* –el arte sin conocimiento no es nada–. En este contexto, el conocimiento al que se hace referencia es la «gnosis» –la sabiduría espiritual o el conocimiento místico.

Con toda certeza, las personas que vivían en el Medioevo y en el Renacimiento, para quienes eran diseñadas estas obras de arte, se conmovían más en su presencia y se implicaban mucho más con ellas que cualquier observador moderno, independientemente de su nivel de erudición. En esa época tan creativa, las esculturas, las pinturas, e incluso las construcciones están destinadas a hombres y mujeres para los cuales el simbolismo era el aliento de la vida espiritual –una vida espiritual muy diferente a la que enseñaba la Iglesia.

Para los ocultistas, u hombres medievales, los símbolos tenían un significado real. Un símbolo es meramente un símbolo, una simple copia o imagen, que carece de significado; sólo existe significación en aquello que puede convertirse en realidad, y en lo que puede tornarse una fuerza vibrante. Si un símbolo actúa sobre el espíritu de la humanidad liberando las fuerzas intuitivas, entonces y sólo entonces, estamos ante un verdadero símbolo.[18]

El conde Guillermo había planificado una nueva realidad para las generaciones futuras, una organización de hombres con ideas afines que, desde sus inicios, se habían entrenado para obtener el conocimiento a través de rituales, simbolismo y alegorías. Para ellos, el simbolismo era el motivo principal de la verdadera inspiración. Esta forma de comprometerse progresivamente con el mundo espiritual, que se lograba por medio de niveles ascendentes de iniciación, permitió divulgar las realidades gnósticas preservadas por las familias de la tradición oculta a un público mucho mayor.

La Columna del Aprendiz

De todos los misterios y leyendas que envuelven la capilla Rosslyn, pocos son tan conocidos como los que rodean la más sorprendente y hermosa de sus joyas artísticas: la Columna del Aprendiz. La historia del aprendiz asesinado –con su obvia referencia a los rituales iniciáticos de los gremios medievales de los masones y a la leyenda más antigua de Hiram Abif, maestro masón relacionado con la construcción del Templo del rey Salomón– tiene una gran repercusión simbólica, espiritual y ritual para la hermandad universal de la francmasonería.

La columna es una representación del Árbol de la Vida, esencial para el estudio de la Cábala; también simboliza al árbol Yggdrasil de la mitología nórdica –el Mundo Ash que une el cielo y el infierno–. Se trata de otro ejemplo de ambivalencia artística y espiritual que los cristianos, paganos y cabalistas judíos interpretan de un modo que trasciende las insignificantes divisiones religiosas.

La Columna del Aprendiz es una de las tres columnas que separan el coro secundario de la nave principal de la capilla. Junto a ella se encuentra la Columna del Oficial y, un poco más lejos, la Columna del Maestro Masón, tallada de forma sublime. Según la tradición masónica, cada logia debe estar soportada por los tres grandes pilares que tienen un profundo significado simbólico. La Columna del Maestro Masón representa la sabiduría o gnosis sagrada, la Columna del Oficial simboliza la fuerza y la Columna del Aprendiz alude a la belleza. En los términos arquitectónicos de la tradición masónica la sabiduría construye, la fuerza sostiene y la belleza está concebida para adornar. Por otra parte, la sabiduría sirve para descubrir, la fuerza para soportar y sustentar, y la belleza para atraer.

No obstante, lo antedicho no tiene ningún valor a menos que estos pilares estén erguidos sobre la misma roca o base –a la que se conoce como Verdad y Justicia–. Estas cualidades reflejan aquellas que aspiran alcanzar los humildes iniciados de cualquier camino espiritual legítimo:

El que es tan sabio como un Perfecto Maestro no será fácilmente engañado por sus propias acciones. Si una persona posee la fuerza que representa un Guardián Superior, podrá tolerar y superar cualquier obstáculo que se presente en su vida. Aquel que esté adornado con humildad de espíritu, como un Guardián Inferior, se acercará más a la semejanza con Dios que ninguna otra persona.[19]

La capilla Rosslyn fue fundada en 1446 y la francmasonería algunos siglos más tarde. Sin embargo, en la capilla abundan las referencias simbólicas a los rituales masones, y también a sus prácticas y creencias –y en tal profusa cantidad que aún hoy en día existen pocos masones en el mundo que no consideren este espacio de belleza e iluminación espiritual como el centro no oficial de la logia a nivel mundial–. En el interior de la capilla se pueden ver símbolos que aluden a la leyenda de Hiram Abif; el rostro destrozado del aprendiz mirando fijamente los rasgos tortuosos del Maestro Masón, su presunto asesino, que se encuentra al otro lado de la capilla.

Hace algunos años, al fabricar unos moldes de yeso de las tallas para facilitar el proceso de restauración, se descubrió una situación anómala. La cabeza del aprendiz había sido sustancialmente modificada –la barba, que en algún momento adornaba el rostro, había sido eliminada con un cincel–. Tenemos motivos para pensar dos cosas: la primera, que esta modificación se debió a que el conde Guillermo había ido demasiado lejos en su representación de la herejía; la segunda, que las dos caras con barba habían sido originalmente diseñadas para revelar la herejía de los gemelos santos y la leyenda secreta de la existencia de los dos Jesuses. Muy cerca de allí, en la pared sur del triforio, se ve la faz de la viuda desconsolada junto a la frase: «¿Quién vendrá a ayudar al hijo de la viuda?».

Columna del Aprendiz, capilla Rosslyn

Columna del Maestro Masón, capilla Rosslyn

Se trata de una oración con un significado particular para los miembros de las logias y de los gremios masónicos desde la época del antiguo Egipto hasta nuestros días. Prolifera el *memento mori*, cuyo más fino ejemplo acaso sea la soberbia talla de *la danse macabre*, la danza de la muerte, en la bóveda de crucería del coro secundario.

Mucho antes de la fundación de la capilla Rosslyn, y bajo la guía de la familia St. Clair, ciertos miembros del círculo interior de la orden templaria fueron cuidadosamente seleccionados de entre los gremios operativos de la logia para ser instruidos en la sabiduría sagrada. Los temas de estudio incluían ciencia, geometría, historia, filosofía y los documentos recuperados por los Templarios durante sus excavaciones en Jerusalén.[20] Como resultado, después de la eliminación de los Templarios, Escocia en general y Midlothian en particular se convirtieron en los bastiones del conocimiento. Esta nueva hermandad de masones especulativos «libres» creó organizaciones caritativas para ayudar a los miembros más pobres de la sociedad; sus respectivos gremios también donaban parte de su dinero a sus vecinos más desfavorecidos. De acuerdo con el príncipe Michael de Albania, éstas no sólo fueron las primeras

Cabeza del aprendiz asesinado con la sien derecha aplastada, capilla Rosslyn

294

Cabeza del Maestro Masón, capilla Rosslyn

Cabeza de la viuda desconsolada, triforio sur, capilla Rosslyn

instituciones de caridad establecidas en Nicosia que no estaban bajo el control de la Iglesia, sino también las primeras organizaciones de este tipo en toda Europa.[21]

La fundación de la capilla Rosslyn, la reunión de un numeroso grupo de masones cualificados e influyentes de todas las regiones de Europa y la creación de su propia comunidad para alojarlos ofrecieron al conde Guillermo la oportunidad de ampliar y desarrollar esta clase de organizaciones. Guillermo sabía que estaba asumiendo grandes riesgos, pues aún no habían terminado los días en que los herejes eran perseguidos y quemados en la hoguera. Al crear la arcana biblioteca de piedra que era la capilla Rosslyn, y estimular y reforzar las nuevas órdenes masónicas especulativas «libres», nos dejó un legado perdurable que le garantizó –al igual que a su ilustre abuelo el conde Enrique St. Clair– el título de «digno de recuerdo inmortal».

La posición del conde Guillermo como Gran Maestro hereditario de todos los gremios de Escocia, su autoridad sobre el tribunal masónico de Kilwinning, sus antecedentes templarios, su condición de estudioso del esoterismo y el simbolismo masónico de la capilla Rosslyn se combinan para demostrar que poseía todos los medios, los motivos y las oportunidades para colaborar activamente en la transformación de los antiguos gremios de la logia en la moderna fraternidad especulativa. La nueva francmasonería no reconocía fronteras de clase y llegó a admitir al rey Jaime VI de Escocia, que había sido iniciado en la logia de Perth y Scone en 1601.[22] Cuando, dos años más tarde, se convirtió en el rey Jaime I de Inglaterra, comprendió que necesitaba aliados influyentes para contrarrestar la codicia de la interesada aristocracia británica, y los encontró entre los miembros de los gremios de comerciantes y constructores de Inglaterra, a quienes introdujo en la francmasonería, aunque de un modo informal.[23] La primera prueba documental de reclutamiento de la francmasonería inglesa data de 1740, durante el reinado del hijo de Jaime, Carlos I. En esos tiempos de represión, baños de sangre y guerras libradas en nombre de la religión, la nueva fraternidad decidió sabiamente mantenerse en secreto desde el inicio.

Esta decisión dificulta en gran medida la posibilidad de valorar el espectro completo de las corrientes esotéricas que se fusionaron para formar la orden, y de comprender las diferentes circunstancias imperantes en cada país, que incidieron en los desarrollos locales y nacionales. En Escocia, en principio la orden postuló un régimen democrático y desde entonces continuó por ese camino. Allí, la tradición de preservar la gnosis sagrada estructurada en una jerarquía de niveles ascendentes se mantuvo prácticamente intacta, y evolucionó con un alto grado de sofisticación y complejidad. En última instancia, este hecho condujo al desarrollo de los grados de Arco Real de la Francmasonería Escocesa y la Francmasonería Ritual Escocesa, que aún son preservados de una forma relativamente pura en algunas regiones de la Europa continental y en los Estados Unidos. En Europa, la francmasonería estuvo marcada por una tendencia anticlerical y anticatólica, y durante los primeros dos o tres siglos, mantuvo estrechos lazos con sus hermanos escoceses que residían en el país, aunque también con los que vivían en el exilio.

Esta asociación a largo plazo quedó registrada en el Rito de la Estricta Observancia, donde descubrimos que los masones pertenecientes a logias operativas de los Compagnonnage de Francia visitaron una logia en Aberdeen en 1361, iniciando así una relación que perduró cientos de años. Hasta entonces, las logias francesas sufrieron lo indecible para preservar las enseñanzas originales y esotéricas de la orden, tanto como fuera posible. En Inglaterra, la tendencia anticlerical no fue tan pronunciada y la francmasonería inglesa formó parte integral de la fundación de la Iglesia/Estado. Tras modificar de forma sustancial los rituales y las creencias, se convirtió en un apoyo primordial para la Casa de Hanover después de la expulsión de la dinastía de los Estuardo.

Las tradiciones democráticas de la orden escocesa, que constituyeron la principal influencia para el desarrollo de la francmasonería americana, pueden explicar la importancia de los logros de sus miembros en el nuevo continente. Estos hombres de gran talento poseían una profunda conciencia espiritual y una fuerza moral que dejaron una huella imperecedera en la emergente nación americana, y muy en especial en la Constitución de los Estados Unidos, una categórica declaración de libertad, de democracia y de los derechos del hombre, un legado espiritual que ha perdurado hasta nuestros días en esta rama de la francmasonería.[24] Muchas de las personas que crearon y firmaron la Constitución americana fueron francmasones o rosacruces.[25] Entre ellas podemos citar a George Washington, Benjamin Franklin, Thomas Jefferson, John Adams y Charles Thompson.

El simbolismo alquímico medieval se conservó en el modo de vida americano a través de símbolos como el águila, la rama de olivo, las flechas y los pentagramas; la pirámide truncada y el ojo que todo lo ve decoran los billetes americanos, los edificios y los monumentos, indicando la influencia del pasado místico de la francmasonería en la vida americana.

REX DEUS en el ritual masónico

El conocimiento de dominio público de la francmasonería y sus actividades se limita a lo que ha sido publicado por la logia. Además, está condicionado por la promesa que hicieron sus miembros de guardar el secreto. Por este motivo, tenemos la certeza de que todo cuanto se revela en este libro representa únicamente la punta del iceberg. De todas formas, existen determinadas correspondencias fácilmente identificables entre el ritual masónico y la tradición *Rex Deus*. Por ejemplo, el juramento de la dinastía *Rex Deus*: «Que mi garganta o mi lengua sean cortadas» (en el caso de revelar el secreto) tiene un paralelo en el ritual correspondiente al primer grado de la logia de la francmasonería:

> Juro solemnemente acatar estas diversas cuestiones, sin evasión, equivocación ni reserva mental de ningún tipo bajo pena de ser degollado, que mi lengua sea arrancada de raíz y mi cuerpo enterrado en las ásperas arenas de las profundidades del mar...

La frase «que mi corazón sea destrozado o arrancado de mi pecho», que constituye la segunda parte del castigo del juramento *Rex Deus*, tiene su equivalente en el segundo grado de la francmasonería:

> ...bajo pena de que el lado izquierdo de mi pecho sea seccionado para extraerme el corazón y ofrecerlo como presa a las voraces aves del aire o a las bestias devoradoras de la tierra.

El ritual masónico reproduce otras dos partes del juramento *Rex Deus*: «Que mis ojos sean arrancados» se expresa en el ritual de los Caballeros del Águila Blanca como «...bajo pena de permanecer en una perpetua oscuridad». Los castigos enumerados para el grado de Maestro Pasado incluyen el uso de un cuchillo como amenaza, que aparece también en el juramento *Rex Deus*:

> ...con mis manos cortadas a la altura de las muñecas y mis brazos separados del cuerpo, colgando sobre mi pecho y suspendidos del cuello, hasta que el tiempo y la putrefacción los consuman, como señal de haber perpetrado un acto de infamia.

La práctica de la idolatría –en la forma de adoración de una cabeza– de los Caballeros Templarios y el uso ritual de las calaveras también están presentes en la francmasonería. Los historiadores masónicos Knight y Lomas afirman: «¡La francmasonería posee probablemente alrededor de cincuenta mil calaveras en todo el mundo!».

El apoyo que la dinastía de Hanover otorgó a la francmasonería inglesa provocó que la Gran Logia Unificada de Inglaterra adoptara una bizarra actitud destinada a desalentar las investigaciones serias sobre los orígenes de la logia, pues pretenden eliminar de los registros toda referencia a los orígenes escoceses y a su alianza previa con la causa de los Estuardo. Como resultado, los rituales escoceses fueron cuidadosamente expurgados de las prácticas masónicas inglesas. Gracias al minucioso trabajo del erudito masónico Dimitrije Mitrinovic, que data de los primeros años del siglo XX, es posible reconocer una gran influencia *Rex Deus* en algunos de los rituales enmendados.

En la biblioteca de Mitrinovic hay un libro que trata del cuarto grado de la logia –correspondiente al Maestro Secreto–, que habla de alguien que está de duelo y que permanece anónimo.[26] El ritual de este grado conmemora una época en que el templo se dejó de construir debido a una tragedia. Para esta ceremonia, la logia se viste de negro y blanco, y la estancia se ilumina con la luz de ochenta y una velas. En la joya de este grado está inscrita la letra «Z,» que se refiere a Zadok.[27] Los Rollos del Mar Muerto indican que los hijos de Zadok eran descendientes de los sumos sacerdotes del templo, conocidos como la Semilla de la

Justicia o los Hijos del Amanecer. Esta conexión con Jaime el Justo, que sucedió a Jesús en el puesto de Zadok, o Maestro de la Justicia, forma parte de la antigua tradición que alude a la transmisión heredada de la santidad, preservada por las familias *Rex Deus*.

HIRAM ABIF

La tradición y el ritual masónicos afirman que la logia surgió en la época en que Hiram Abif fue asesinado de un golpe en la sien, por negarse a traicionar un secreto. Esto crea un ineludible paralelo con los detalles de la muerte de Jaime el Justo. Abif fue asesinado inmediatamente antes de que se terminara la construcción del Templo de Salomón; casi mil años más tarde, cuando las obras del Templo herodiano estaban a punto de concluir, la construcción se paralizó temporalmente en señal de respeto por Jaime, el hermano de Jesús, que acababa de ser ritualmente asesinado. En opinión de Chris Knight y Robert Lomas, la tradición concerniente a la muerte de Hiram Abif se utiliza como una alegoría para enmascarar la celebración ritual del asesinato de Jaime el Justo. Por tanto, cuando los francmasones celebran la muerte ritual de Hiram Abif, en realidad están conmemorando a uno de los fundadores de *Rex Deus*.[28]

Otro de los grados suprimidos –relativo al Maestro Perfecto– conmemora presuntamente el nuevo enterramiento del cadáver de Hiram Abif. En este ritual la logia está iluminada por cuatro grupos de cuatro velas, situadas en los puntos cardinales de la brújula. El ritual narra que el rey Salomón ordenó a Adoniram construir una tumba para Hiram Abif, en forma de obelisco, y de mármol negro y blanco. La entrada a la tumba, que fue construida en nueve días, se encuentra entre dos columnas que soportan un dintel cuadrado en el que fue grabada la letra «J», lo cual expresa de manera explícita la asociación existente entre este grado y la muerte de Jaime el Justo. En este grado, la logia se viste de verde; verde y dorado son los colores heráldicos de la Casa Real de David. Verde y dorado también forman parte del grado 15º –correspondiente al Caballero de la Espada y al Caballero del Este– que celebra la construcción del Templo de Zerubbabel. Siempre nos ha sorprendido

Coro secundario, capilla Rosslyn

que en Roslin, un enclave de enorme importancia para la francmasonería, en un dintel cercano al coro secundario se conmemore la construcción del Templo de Zerubbabel y no exista ninguna referencia directa al Templo de Salomón, a excepción de los grabados individuales de interés salomónico.

La fundación de los Caballeros Templarios también ha quedado registrada en uno de los grados suprimidos del ritual masónico, el Caballero del Este y del Oeste. Este ritual establece que dicho grado fue creado en 1118, cuando once caballeros juraron guardar el secreto e hicieron votos de fraternidad y discreción bajo el águila del patriarca de Jerusalén. Estos caballeros eran los nueve fundadores de los Caballeros Templarios, además del conde Fulk d'Anjou y del conde Hugo I de Champagne. En este rito, el oficiante principal es conocido como el Soberano Príncipe Maestro más Equitativo, secundado por el sumo sacerdote. Knight y Lomas sugieren que el Príncipe Maestro más Soberano y Equitativo original fue el rey Balduino II de Jerusalén y, con toda probabilidad, el sumo sacerdote fue el Gran Maestro de la Orden de los Templarios.

Nosotros creemos más probable que el sumo sacerdote de este ritual representara al patriarca de Jerusalén. Durante esta celebración, se coloca una Biblia de gran tamaño con siete sellos sobre un pedestal. En el suelo y junto a ella, hay un diseño que consiste en un heptágono dentro de un círculo, en cuyo centro se ve una figura de un hombre de barba blanca, vestido con una túnica también blanca y con un cinturón dorado alrededor de su cintura. El brazo extendido de la figura sujeta siete estrellas que representan la amistad, la unión, la sumisión, la discreción, la fidelidad, la prudencia y la templanza. Esta extraña figura, con un halo alrededor de la cabeza y de cuya boca sale una espada de dos filos, está rodeada por siete candelabros.[29] Los siete sellos que penden de la Biblia y las siete estrellas corresponden a la importancia del número siete, destacada en la Revelación de San Juan el Divino, uno de los dos Juanes santos reverenciados por los Templarios.

Otro de los grados eliminados –el 20º, perteneciente al Gran Maestro– describe la terrible destrucción del segundo templo de Jerusalén por los romanos en el año 70 d. de C. Su ritual simboliza las penurias experimentadas por los hermanos que vivían en Tierra Santa y la huida de su tierra natal con la intención de erigir un tercer templo, que más que un verdadero edificio sería un templo espiritual.

La creación de este nuevo templo espiritual de Dios en la Tierra se convirtió en una tarea sagrada. La historia narra que se dividieron en una serie de logias antes de dispersarse a lo largo y ancho de Europa. Una de ellas llegó a Escocia y se estableció en Kilwinning, con la tarea sagrada de conservar los registros de la orden. Por tanto, en este grado se describen los antecedentes históricos de las familias *Rex Deus* originales. Como hemos visto, otro de los grados describe la fundación de los Caballeros Templarios, y un tercero conmemora la muerte de Jaime el Justo.

Atesorar los secretos de *Rex Deus* en los diversos grados del complejo simbolismo de la francmasonería puede ser comparado con un hombre en fuga que busca refugio en una enorme y poblada ciudad. Es similar al recurso utilizado por el conde Guillermo para ocultar, de forma aleatoria, una plétora de símbolos templarios y de la tradición *Rex Deus*, en la profusa y aparentemente abigarrada colección de grabados de la capilla Rosslyn. A pesar de los enérgicos intentos de los censores hanoverianos, los rituales utilizados en estos grados han quedado registrados para la posteridad, y es muy probable que aún se utilicen en Francia y América.

La inspiración espiritual de la francmasonería no sólo nos ha donado la Constitución americana, también contribuyó enormemente al establecimiento de los principios de libertad, igualdad y fraternidad que inspiraron la Revolución francesa y, en última instancia, a la transformación del despotismo en democracia. La francmasonería también desempeñó una función relevante en la campaña por la reunificación de Italia a través de su influencia sobre los Carbonari; los dos líderes principales de este movimiento revolucionario, Garibaldi y Mazzini, eran masones activos. Cuando sus ejércitos liberaron Roma de la tiranía del papado, posibilitando que se hicieran realidad los viejos sueños de los Visconti de instaurar un reino unificado en Italia, el papa Pío IX, despojado de todo poder temporal, comenzó su exilio en su voluntaria prisión del Vaticano, que habría de durar hasta el final de sus días.

El papa no tuvo reparos en reconocer que los francmasones habían sido los verdaderos responsables de su humillación, y manifestó su furia contra ellos en varias encíclicas, bulas papales y alocuciones. A diferencia de muchos historiadores masónicos de la logia actual, el anciano papa no se hacía ninguna ilusión sobre los verdaderos orígenes de la diabólica organización que lo había privado de todo poder terrenal. Para él, la francmasonería derivaba directamente de la Orden de los Caballeros Templarios, a los que definía como gnósticos desde sus comienzos y seguidores de la herejía juanista. Tampoco acariciaba ilusión alguna respecto del verdadero propósito de la fraternidad masónica ya que, según su opinión, su objetivo era destruir a la Santa Madre Iglesia. Para él, había muy poca diferencia entre la verdadera ambición de las familias *Rex Deus* –reformar la Iglesia en torno a lo que ellas consideraban las verdaderas enseñanzas de Jesús– y la destrucción de la Iglesia que lo había instalado en las vertiginosas alturas del pontificado. ¿Deberíamos dudar de sus afirmaciones? Ciertamente no, puesto que se trata de Pío IX, el primero en promulgar la doctrina de la infalibilidad del papa.

19

El despertar espiritual en el siglo XXI

Durante los primeros diecinueve siglos del cristianismo –que en gran parte fueron dominados por una Iglesia represiva que pretendía tener el control perpetuo del espíritu, del corazón y de la mente de todos sus feligreses–, las corrientes ocultas de *Rex Deus* hicieron bien su trabajo. Consiguieron preservar, algunas veces con un alto coste, las verdaderas enseñanzas de Jesús y el camino espiritual que fue su sempiterno legado –un camino basado en los antiguos principios de la iniciación, probados y confirmados, que no respondían a un dogma restrictivo y engañoso–. Este camino experimental revelaba a los novicios los pasos necesarios para unificar su «chispa divina» innata e individual con el Dios Todopoderoso, con el fin de alcanzar la iluminación.

No se trataba de un mero ejercicio realizado por miedo al fuego del infierno y a la condenación eterna, sino de un compromiso con la búsqueda de la verdad asumida como un acto de gratitud por el maravilloso don de la vida. La divulgación de las tradiciones *Rex Deus* a través de las sagas del Grial, del tarot, de la francmasonería y de sus diversos vástagos e imitadores dieron su fruto en el resurgir del esoterismo que tuvo lugar a finales del siglo XIX, cuando la Iglesia católica estaba perdiendo visiblemente su poder. Así comenzó un proceso que en la actualidad se está acercando a su culminación.

Las corrientes ocultas de espiritualidad

A finales del siglo XIX el mundo estaba insatisfecho con el trillado y cansino dogma de la Iglesia, que era considerado cada vez menos relevante para el mundo moderno. Al menos durante un tiempo, el atractivo de la ciencia y las tentaciones de la sociedad de consumo de la posguerra parecían idóneos para sustituir la religión como principal interés de la vida. Esta ilusión no fue muy duradera. La curiosidad espiritual aumentó de forma constante a lo largo del siglo XX, y se cristalizó en torno a una creciente y profunda insatisfacción con el materialismo moderno.

Los horrores de los descubrimientos científicos comenzaron a tener más peso que sus beneficios. Esta situación generó temor entre los habitantes de todas las naciones que comenzaron a desconfiar de los «expertos» políticos y científicos, cuyas declaraciones parecían dominar nuestras vidas. Un escritor americano se hizo eco de esta incomodidad con un atisbo de esperanza realista:

> La evolución de la conciencia no solamente nos ha dado la pirámide de Keops, los conciertos de Brandeburgo y la teoría de la relatividad, sino también la quema de brujas, el holocausto y la bomba de Hiroshima. Pero la misma evolución de la conciencia nos ofrece el potencial de vivir en paz y armonía con el mundo natural en el futuro. Nuestra evolución continúa ofreciéndonos libertad de elección. Podemos alterar conscientemente nuestro comportamiento cambiando nuestros valores y actitudes para volver a conquistar la conciencia ecológica y la espiritualidad que hemos perdido.[1]

Y este escritor no fue el único en defender esta posición. Bajo la presión de las crisis a las que tuvo que enfrentarse la humanidad durante la última mitad del siglo XX, muchas personas se dedicaron a reflexionar, mostrándose críticas con los antiguos conceptos, y comenzaron a ver el mundo con otros ojos. En los años cincuenta, P. W. Martin predijo:

> Por primera vez en la historia, el espíritu científico de investigación aborda el otro lado de la conciencia. Existe ahora una buena

perspectiva para que los descubrimientos dejen de ser un secreto perdido y se conviertan en la herencia viviente de los hombres.[2]

La curiosidad sobre los antiguos sistemas de meditación creció a buen ritmo, y el estudio y por fin la disciplina espiritual de la tradición iniciática comenzaron a ver la luz.

El activismo social que caracterizó a los años sesenta y la revolución consciente del comienzo de la década de los setenta, se combinaron para crear una nueva síntesis histórica que reveló la posibilidad de una transformación revolucionaria de la sociedad, derivada de una multiplicidad de formas espirituales individuales de transformación interna. Esta nueva conciencia ha seguido evolucionando e inspira ahora a un grupo cada vez mayor de personas atraídas por el espíritu, quienes, individual y colectivamente, constituyen una creciente reserva de conciencia que conlleva beneficios potenciales para toda la humanidad.

El arzobispo Desmond Tutu, una persona amable y valiente, esbozó el carácter de los problemas con que nos enfrentamos:

Descubrimos que estamos en un delicado marco de relaciones vitales con lo divino, con nuestros prójimos y con el resto de la creación. Violamos la naturaleza poniéndonos en peligro a pesar de que estamos aquí para vivir como miembros de una sola familia. Ésta es la ley de nuestro ser y cuando no la acatamos las cosas comienzan a ir mal.[3]

Las respuestas se pueden encontrar en el camino iniciático de todas las tradiciones:

Estamos a la búsqueda de una amplia y perfecta libertad de máximo nivel. La libertad perfecta es lo que buscamos ahora −y no en el futuro−. La civilización no es tener luz eléctrica ni aviones, ni tampoco producir bombas nucleares. La civilización es tenernos afecto y respetarnos mutuamente.

Nichidatsu Fujii, fundador,
Nipponzan Myohoji, orden budista[4]

Para crear esta civilización debemos aprender a desprendernos de nuestras actitudes dogmáticas asociadas a la religión, la política, la economía y la filosofía, y escapar de la compleja red de relaciones humanas que sostienen dichas disciplinas. En las palabras de Meister Eckhart: «Sólo aquellos que se animan a dejarse ir se atreven a volver a entrar».[5]

Una evidente multitud de opciones

Actualmente, todas las poblaciones tienen acceso al rico tejido de tradiciones místicas de todo el mundo, sea en su forma original o a través de los comentarios de nuestros contemporáneos. Podemos comprar literatura mística en las librerías, en las tiendas de revistas de los aeropuertos, en eruditas ediciones de tapa dura y también en ediciones rústicas. Es muy fácil encontrar cursos que ofrecen instrucción sobre una amplia gama de técnicas meditativas y contemplativas; abundan los cursillos posuniversitarios, los seminarios de fin de semana, los centros budistas y los *ashrams* hindúes; prosperan los teósofos y antropósofos, las conferencias y las publicaciones. Existen escuelas iniciáticas válidas y efectivas, como la Escuela Ramtha de la Antigua Sabiduría, en América y en Beshara, y el Centro Sufí, en Escocia, que ayudan a conectar con las fuentes tradicionales y modernas del cambio espiritual, la transformación personal y la integración. Todo ello contribuye a ofrecer una sensación cada vez mayor de armonía y unidad.

La era de la información actual desempeña asimismo un papel importante en el proceso de transformación, que se ha acelerado de forma exponencial gracias a Internet. Esta explosión de interés por los temas espirituales puede, sin embargo, ser obstaculizada e incluso inhibida por el flujo incesante de información que recibimos. Por tanto, el problema crucial que debe afrontar cualquier persona seria interesada por el crecimiento espiritual es el discernimiento. ¿Cómo se puede discriminar lo verdadero de lo falso? ¿Con qué medios podemos juzgar la gran variedad de opciones que nos ofrecen? Encontramos la respuesta en las palabras de Jesús el Nazareno: «Por sus frutos los conoceréis».

La oleada de interés por el estilo de vida y la filosofía de la así llamada Nueva Era han dado lugar a una vasta gama de publicaciones y a una proliferación de cursos, talleres y seminarios que prometen ser un «curalotodo» instantáneo para cualquier tipo de enfermedades del mundo moderno. Muchos de los libros y cursillos que se ofrecen son meras variantes de prácticas y técnicas nuevas y antiguas, legítimas y falsas. Algunos seminarios son conducidos por instructores de gran capacidad y conciencia, y otros por bribones y charlatanes cuyo interés reside más en aumentar su cuenta en dólares que en el Santo Grial. No es fácil transitar por este laberinto de opciones sin contar con un criterio efectivo para evaluarlas.

Todos los caminos espirituales válidos, independientemente de la cultura a la que pertenezcan o a la jerga técnica en la que se expresen, tienen ciertos principios y valores en común. En primer lugar, sus efectos no son «instantáneos»; por otra parte requieren humildad, paciencia, perseverancia y dedicación, y se basan más en la experiencia que en la información. Todos ellos tienen como objetivo revelar al discípulo lo que ya existe en su interior, el reconocimiento de la chispa de toda creación. La cualidad espiritual, descrita por el talentoso jesuita Pierre Theilhard de Chardin como «lo inherente a todas las cosas», es igual a la fuerza que vincula a los sufís con toda la creación, gracias a la que pueden reconocer la unidad divina en las diversas personas y especies. El verdadero camino espiritual o el Camino conduce a los buscadores por el sendero del servicio a su comunidad, tal como hicieron los iniciados de los misterios del Templo egipcio de la antigüedad, los Caballeros Templarios y los sufís de la era medieval, o los místicos de épocas más recientes como la Madre Teresa.

Los verdaderos viajeros del Camino ya no creen simplemente en Dios; saben que Dios existe y, más aún, que está en todos nosotros. De esta forma, al servir a los demás se sirve a Dios. M. C. Richards habla de la irresistible necesidad de este tipo de transformación y destaca el hecho reconfortante de que en la actualidad se esté produciendo un cambio masivo de la conciencia:

La conciencia humana está atravesando un umbral tan poderoso como el que separó la Edad Media del Renacimiento. Todo el mundo está ávido de experiencias que pueda reconocer como verdaderas, después de haber trabajado tanto por configurar los espacios exteriores del mundo físico. Las personas se animan cada vez más a pedir lo que necesitan: relaciones vitales, una sensación de valía personal, oportunidades compartidas... Están surgiendo nuevos símbolos: representaciones de la totalidad. La libertad canta tanto dentro como fuera de nosotros... Los sabios parecen haber presagiado este «segundo advenimiento». La humanidad no quiere sentirse estancada, quiere ser capaz de cambiar.[6]

El misticismo en la Iglesia

El rechazo de las caducas restricciones del dogma no debería ocultarnos el hecho de que el misticismo y la iniciación han desempeñado un papel relevante en las principales religiones monoteístas. Las obras de los místicos cristianos medievales, como Hildegarde von Bingen, Mechtilde de Magdeburg, Julian de Norwich y el sublime Meister Eckhart, ofrecieron una aguda visión espiritual de los problemas de su época. Actualmente son también muy importantes y vuelven a ser estudiados por millones de personas en todo el mundo. Sin embargo, el conocimiento y la humildad de estos hombres constituyeron un enorme problema para la rígida y corrupta Iglesia de la Edad Media y tuvieron que sufrir por ello. Meister Eckhart aún está incluido en una lista de condenados de la Iglesia católica.

El estudio de una versión cristianizada de la Cábala se hizo muy popular en Europa a partir del siglo XIII, y su camino espiritual todavía ejerce una fascinación que trasciende todas las denominaciones religiosas. La Cábala ha sido uno de los principales pilares de la fe para los Hasidim del judaísmo ortodoxo durante casi tres siglos. La tradición iniciática sufí sigue floreciendo en el islam. Los maestros sufís comenzaron a seducir a los devotos occidentales desde los primeros años del siglo XX. Existe una escuela esotérica en Escocia, la escuela Beshara, basada en las enseñanzas de Bulent Rauf, que promueve un importante aspecto de este respetado camino iniciático.

Hemos escogido estos ejemplos por una buena razón: todos ellos son prácticas o sistemas esotéricos que se pueden evaluar mediante el estilo de vida y la comprensión de sus adherentes. Por otra parte, están irrevocablemente consagrados a la verdad esencial de todo ser –que Dios está en todo y en todos– y sus enseñanzas propician una vida dedicada al servicio, al amor y a la armonía. Los hemos elegido porque sus objetivos y su metodología nos muestran lo esencial del verdadero camino preservado por las familias *Rex Deus* a pesar de su abrumadora persecución. Existe una sola verdad, y los caminos legítimos que conducen a ella sólo parecen diferir en lo que respecta al idioma y a los aspectos culturales. La disciplina, la dedicación y la experiencia que entrañan siguen siendo las mismas. Un aprendizaje basado en la experiencia significa que, para los iniciados, la gnosis espiritual es el motivo principal para la acción en el mundo temporal, lo que supone una marcada diferencia con la experiencia religiosa dominante.

Como es obvio, en todas las grandes religiones existe una maravillosa uniformidad de principios, pues comparten un origen espiritual común a todas sus enseñanzas. Esto se manifiesta en un asombroso grado de unanimidad entre ellas en relación con los temas morales. A pesar de que estos principios morales y religiosos han sido probados y han demostrado ser deficientes, no han fracasado; en general, han sido considerados demasiado difíciles de alcanzar o ideales que están más allá de nuestro alcance. En el Talmud se da una simple instrucción: «No hagas a tus semejantes nada que te resulte detestable. Ésta es la ley en su totalidad, el resto son comentarios». El budismo nos enseña: «No hagas daño a los demás con aquello que te hace daño a ti mismo». En el zoroastrianismo encontramos: «Su naturaleza únicamente es buena cuando no hace a los demás aquello que no es bueno para su propio ser». En el Evangelio de Mateo está escrito: «Haced a los hombres todo lo que querríais que ellos hicieran por vosotros, porque ésta es la ley de los profetas». El islam enseña simplemente: «Ninguno de vosotros será un creyente hasta que desee para su prójimo aquello que desea para sí mismo». En el Mahabarata hindú se lee: «Ésta es la síntesis del deber: no hagas a otras personas nada que pudiera causarles dolor». Y a pesar de esta unanimidad de ideas, citaremos también una triste observación de Aristóteles, que escribió hace más de dos mil años aunque aún sigue vigente hoy en día: «Es más difícil organizar la paz que ganar una guerra».

Existe una imperiosa necesidad de trascender la observancia de rituales religiosos y acceder al mundo del espíritu para actuar conforme a nuestros propios principios y no limitarnos a hablar de ellos sin actuar en consecuencia. En una conferencia sobre meditación que ofreció en 1976 el teólogo católico Anthony Padovano mencionó que esto podría dar lugar a un cambio de perspectiva espiritual:

La respuesta religiosa que se ha producido en el mundo occidental —una revolución que nos ha hecho más sensibles a las religiones orientales— es la comprensión de que cualquier respuesta debe provenir de nosotros mismos. La interioridad que requiere el espíritu causa una gran confusión en las religiones. La fe no está muriendo en Occidente, sencillamente se está dirigiendo hacia el interior.[7]

En 1968, el profesor Joseph Campbell declaró:

La única posibilidad para nuestra época es la libre asociación de hombres y mujeres de espíritu afín... no solamente un puñado de héroes, sino miles de ellos creando la imagen de lo que será la humanidad.[8]

Hace más de ciento cuarenta años Thoreau escribió: «Vive según tus creencias y podrás cambiar el mundo». El ganador del Premio Nobel Ilya Prigogin cree: «Nos encontramos en un momento muy emocionante de la historia, que acaso sea crucial. El estrés y las perturbaciones pueden arrojarnos a un orden nuevo y superior... La ciencia está demostrando que existe una realidad con una profunda visión cultural».[9] En nuestra última reunión con el místico e iniciado francés Frederic Lionel en París en 1997, éste afirmó:

Estáis escribiendo sobre asuntos que sólo conocen muy pocas personas. Tenéis una tarea sagrada, debéis continuar, no queda mucho tiempo.

Ya que nuestro mundo no puede ser transformado en una sociedad justa, global y equitativa, exenta de violencia, codicia y pobreza, ¿por qué habríamos de sobrevivir? Podemos encontrar las respuestas a estos problemas en la sabiduría oculta preservada por la dinastía *Rex Deus* y por aquellos que siguieron los caminos iniciáticos de otras grandes religiones, que les parecían dignos de confianza. La cuestión es: ¿contamos con el ingenio, la humildad y el coraje para aplicarlos?

Vivimos en un mundo de confusión, un mundo de guerra, de hambrunas y de injusticia, pero podemos modificarlo si buscamos los medios para hacerlo. Los sucesos recientes en el norte de Irlanda, la pacífica transición de poder en Sudáfrica, la masiva ayuda internacional frente a los desastres naturales, como el hambre y los terremotos, demuestran que nuestra voluntad anida en nuestros corazones. Los custodios de la verdad de todas las épocas han preservado en nuestro beneficio el motor espiritual que pueden conducirnos a la transformación de nuestro mundo, del mismo modo que modifica nuestra vida interior y exterior. Es lo que nos puede indicar el camino.

Según dicen las profecías, en la nueva Era de Acuario la ciencia actuará al servicio de la humanidad –una era de creciente armonía internacional en la que la humanidad podrá dedicar su generosidad a fines prácticos y humanitarios–. Sólo nosotros, y aquellos semejantes a nosotros, podremos asegurar su materialización cuando seamos capaces de crear un entorno en el que la fraternidad, la compasión y la justicia sean una realidad y no simples ideales. Debemos utilizar esta conciencia espiritual como motor para la acción en el mundo temporal. ¡De hecho, la palabra mágica es acción!

Gracias a Dios nuestro tiempo es ahora,
cuando el mal viene a nuestro encuentro en todas partes
y no nos abandona hasta que damos
el mayor paso que el alma
del hombre haya dado jamás.
Las cuestiones son ahora del tamaño del alma.
La iniciativa
es indagar en dirección a Dios.
¿Adónde vas?
Se necesitan miles de años para despertar,
¡pero despertarás
gracias a la compasión!
«Un sueño de prisioneros»

Christopher Fry

Porque:

Existe una sola religión,
la religión del Amor.
Existe un solo idioma,
el idioma del corazón.
Existe un solo Dios
y es omnipresente.
Existe una sola casta,
la casta de la humanidad.

Sathya Sai Baba

Πoτas

Introducción

1. Publicado en Londres por Jonathan Cape en 1982.
2. Emitida en la serie *Timewatch*.
3. *The Woman with the Alabaster Jar*, Rochester, VT, Bear & Co., 1993.
4. Véase Lawrence Gardner, *Bloodline of the Holy Grail*, Shaftsbury, Reino Unido, Element Books, 1995, y S. A. R. el príncipe Michael de Albania, *The Lost Monarchy of Scotland*, Shaftsbury, Reino Unido, Element Books, 1998.

Capítulo 1

1. Colin Wilson, *From Atlantis to the Sphinx*, Londres, Virgin Books, 1997, p. 81.
2. Bauval Robert y Gilbert Adrian, *The Orion Mystery*, Londres, Heinemann, 1994, p. 58.
3. I. E. S. Edwards, *The Pyramids of Egypt*, Londres, Pelican Books, 1947, p. 150.
4. Robert Bauval y Adrian Gilbert, *The Orion Mystery*, Londres, Heinemann, 1994, p. 59.
5. Gastón Maspero, *Recueil des Travaux Relatifs a la Philologie et l'Archaéologie Égyptiennes et Assyriennes III*, Cairo, Institut d'Égypte, 1887, p. 179.
6. J. H. Breasted, *Development of Religion and Thou in Ancient Egypt*, Filadelfia, University of Pennsylvania Press, 1972, p. 102.
7. Bauval, *The Orion Mystery*, p. 63.
8. Ibíd.
9. Edwards, *The Pyramids of Egypt*, p. 151.
10. R. O. Faulkner, *The Ancient Egyptian Pyramid Texts*, Warminster, Aris & Philips, 1993, p. v.
11. John Anthony West, *Serpent in the Sky*, Wheaton, IL, Quest Books, 1993, p. 1.
12. David Robl, *Legend: the Genesis of Civilisation*, Londres, Century, 1998, p. 310.
13. M. Rice, *Egypt's Making: The Origins of Ancient Egypt 5000-2000 BC*, Londres, Routledge, 1990, p. 33.

14. H. J. Kantor, «The Relative Chronology of Egypt and its Foreign Correlations Before the Late Bronze Age», *Chronologies in Old World Archaelogy*, p. 6.
15. Rohl, *Genesis of Civilisation*, p. 316.
16. D. E. Derry, «The Dynastic Race in Egypt», *Journal of Egyptian Archaeoiogy*, 42 1956, pp. 80-85.
17. H. Frankfort, *Kingship and the Gods*, Chicago, University of Chicago Press, 1948, p. 101.
18. A. E. P. Weighall, *Travels in the Upper Egyptian Desert*, Londres, 1909.
19. H. Winkler, *Rock Drawings of Southern Upper Egypt*, Oxford, Oxford University Press, 1938-1939.
20. Rohl, *Genesis of Civilisation*, p. 274.
21. Ibíd., p. 316.
22. Ibíd., p. 265.
23. Bauval y Hancock, *Keeper of Genesis*, Londres, William Heineman, 1996, p. 203.
24. Ibíd., p. 193.
25. G. Goyon, *Le Secret des Batisseurs des Grandes Pyramides: Kheops*, París, Pygmalion, 1991.
26. Bauval y Hancock, *Keeper of Genesis*, p. 154.
27. Aristóteles, *De Caelo II*.
28. Proclo Diodachus, *Commentaries on the Timaeus*.
29. Bauval y Hancock, *Keeper of Genesis*, p. 154.
30. Edwards, *The Pyramids of Egypt*, pp. 284-286.
31. Wilson, *From Atlantis to the Sphinx*, p. 21.
32. Bauval y Hancock, *Keeper of Genesis*, p. 228.
33. E. A. E. Reymond, *Mythical Origins of the Egyptian Temple*, Manchester, Manchester University Press, 1969, p. 273.
34. André Vanden Broeck, *Al-Kemi*, Nueva York, Lindisfarne Press, 1987.
35. Wilson, *From Atlantis to the Sphinx*, p. 32.
36. René Schwaller de Lubicz, *Sacred Science*, Rochester, VT, Inner Traditions, 1998.
37. Wilson, *From Atlantis to the Sphinx*, p. 14.
38. Louis Pauwels y Jacques Bergier, *The Dawn of Magic*, Londres, Panther, 1964, p. 247.
39. Rohl, *Genesis of Civilisation*, p. 381.
40. Ibíd.

CAPÍTULO 2

1. Rachi, *Pentatuque selon Rachi*, La Genése, París, Samule et Odette Levy, 1993, p. 251.
2. *Sepher Hajashar*, cap. 26, Praga, 1840.
3. «¿Habéis visto al viejo y a la mujer que han recogido un expósito de la calle y ahora afirman que es su hijo?», Isadora Epstein, *The Babylonian Talmud*, Londres, Socino Press, 1952.
4. *El Corán* (Los Profetas), sura 21, 72; también citado por Ahmed Osman, *Out of Egypt*, Londres, Century, 1998, p. 12.
5. Véase Genesis 14, 19.
6. Véase *Midrash Bereshith Rabba*, p. 44.
7. Sigmund Freud, *Moses and Monotheísm*, París, Gallimard, 1939.

8. E. Sellin, *Moses and His Significance for Israelite-Jewish History*.
9. Osman, *Out of Egypt*, pp. 10, 12 y 16.
10. A. Osman, *Stranger in the Valley of the Kings*, Londres, HarperCollins, 1998.
11. A. Weighall, *The Life and Times of Akenhaten*, Nueva York, Cooper Square Publishers, 2000.
12. T. Davis, *The Tomb of Iouiya and Touiya*, Londres, 1907.
13. *Imago*, 1, 1912, pp. 346-347.
14. R. Feather, *The Copper Scroll Decoded*, Londres, Headline, 1999, p. 34. También confirmado por Joseph Popper-Linkeus, *Der Sohn des Konigs von Egypten. Phantasieen eines Realisten*, s. l.: Carl Resiner, 1899.
15. Osman, *Moses: Pharaoh of Egypt*.
16. Ibíd., p. 13.
17. M. Cotterell, *The Tutenkhamun Prophecies*, Londres, Headline, 1999, p. 335.
18. Sigmund Freud, *Moses and Monotheism*, París, Gallimard, 1939.
19. Freud, *Moses and Monotheism*.
20. Citado por Feather, *The Copper Scroll Decoded*, p. 36.
21. F. Petrie, *The Religion of Ancient Egypt*, Belle-Fourche, SD, Kessinger, 2003.
22. M. y R. Sabbah, *Les Secrets de L'Exode*, París, Godefroy, 2000, p. 99.
23. Osman, *Moses Pharaoh of Egypt*, pp. 172-173.
24. Faulkner, *Book of the Dead*, p. 29.
25. Geddes y Grosset, *Ancient Egypt Myth and History*, New Lanark, Geddes & Grosset Ltd., 1997, p. 268.
26. A. E. D'Olivet, *La Langue Hébraique restitué*, París, L'Age d'Hoinme, 1991.
27. Sabbah, *Les Secrets de l'Exode*.
28. Ibíd.
29. Ibíd.
30. David M. Rohl, *A Test of Time*, Londres, Centur, 1995, p. 284.
31. Sabbah, *Les Secrets de l'Exode*, p. 7.
32. Rachi, *Pentatuque selon Rach l'Exode*, París, Samuel et Odette Levy, 1993.
33. M. C. Betro, *Hieroglyphes, Les Mysteres de l'ecriture*, París, Flammarion, 1995, p. 22.
34. Freud, *Moses and Monotheism*.
35. Sabbah, *Les Secrets de l'Exode*, p. 6.
36. Sabbah, *Les Secrets de l'Exode*.
37. Feather, *The Copper Scroll Decoded*, p. 123.
38. Sabbah, *Les Secrets de l'Exode*, p. 112.

CAPÍTULO 3

1. Sigmund Freud, *Moses and Monotheism*, París, Gallimard, 1939.
2. J. M. Allegro, *The Dead Sea Scrolls and the Christian Myth*, Londres, Abacus, 1981, p. 65.
3. N. Cantor, *The Sacred Chain - a history of the Jews*, Londres, Fontana, 1996, p. 7.
4. Ibíd., p. 11.
5. P. Johnson, *A History of the Jews*, Londres, Orion Books, 1993, p. 42.
6. J. M. Allegro, *The Dead Sea Scrolls*, p. 40.
7. Ibíd., p. 173.

8. Ibíd., p. 174.
9. *The Wisdom of Solomon*, cap. 10, v. 17, en los libros apócrifos del Antiguo Testamento.
10. K. Armstrong, *A History of God*, Londres, Mandarin, 1994, p. 82.
11. Josefo, *Antiquities of the Jews*, bk. 3, ii, 3, 49, Edimburgo, Nimmo, 1869.
12. W. Keller, *The Bible as History*, Londres, Hodder & Stoughton, 1956.
13. Cantor, *The Sacred Chain*.
14. R. Lane Fox, *The Unauthorised Version: Truth and Fiction in the Bible*, Londres, Penguin, 1991, pp. 225-233.
15. Ammon Ben Tor (ed.), *The Archaeo of Ancient Israel*, R. Greenberg (trad.), New Haven, CT, Yaie University Press, 1992.
16. Johnson, *A History of the Jews*, p. 43.
17. Armstrong, *A History of God*, p. 19.
18. Rachi, *Pentatuque selon Rachi, l'Exode,* París, Samuel et Odette Levy, 1993.
19. Johnson, *A History of the Jews*, p. 45.
20. Armstrong, *A History of Jerusalem*, p. 27.
21. Ibíd., p. 30; Allegro, *The Dead Sea Scrolls*, p. 61.
22. Armstrong, *A History of Jerusalem*, p. 30.
23. A. Baring y J. Cashford, *The Myth of the Goddess*, Londres, Penguin, 1991, p. 454.
24. *Jerusalem Bible*, Londres, Eyre & Spottiswoode, 1968, p. 419. *La Biblia de Jerusalén (Jerusalem Bible)* ha sido traducida directamente del hebreo y no del griego. Véanse también I. M. Zeitlin, *Ancient Judaism*, Cambridge, Polity Press, 1992, p. 173; G. Hancock, *The Sign and The Seal*, Londres, Mandarin, 1993, pp. 419-420.
25. A. E. Cowiey, *Aramaic Papyri of the Fifth Century BC*, Oxford, Oxford University Press, 1923.
26. Feather, *The Copper Scroll Decoded*, pp. 255-256.
27. Cowley, *Aramaic Papyri*.
28. Armstrong, *A History of Jerusalem*, p. 59.
29. Ibíd., p. 40.
30. D. Ussishkin, «King Solomon's Palaces», *Biblical Archaeologist* 35, 1973.
31. Armstrong, *A History of Jerusalem*, p. 34.
32. S. Sanmell, *Judaism and Christian Beginnings*, Oxford, Oxford University Press, 1978, p. 22.
33. Aristobuius, *Fragment 5*, citado en Eusebio, *Preparatio Evan* 13.12.11.
34. J. Pritchard (ed.), *Solomon and Sheba*, Londres, Phaidon, n.d., p. 13.
35. Pritchard, *Solomon and Sheba*, p. 48.
36. Pritchard, *Solomon and Sheba*, en un capítulo de Edward Ullendorff, p. 104.
37. E. A. Wallis Budge, *The Queen of Sheba and her only son Menelik bein the «Book of the Glory of Kings» (Kebra Nagast)*, Londres, Research Associates School Times Publications, 2000.
38. J. Doresse, *Ancient Cities and Temples of Ethiopia*, Londres, Elek Books, 1959, p. 21.
39. Graham Phillips, *The Moses Legacy*, Londres, Sidgewick & Jackson, 2002, p. 52.
40. Isadore Epstein, *Judaism*, Londres, Pelican, 1964, p. 37.

Capítulo 4

1. Citado en Eli Barnavi (ed.), *The Historical Atlas of the Jewish People*, Londres, Hutchinson, 1992, p. 22.
2. Paul Johnson, *A History of the Jews*, Londres, Orion, 1993, p. 82.
3. Isadore Epstein, *Judaism*, Harmondsworth, Pelican, 1964, p. 83.
4. Robin Lane Fox, *The Unauthorised Version*, Londres, Penguin, 1992, p. 53.
5. Dan Cohn-Sherbok, *A Concise Encyclopedia of Judaism*, Oxford, Oneworld, 1998, pp. 61-62.
6. Ibíd., pp. 43-44.
7. Fox, *The Unauthorised Version*, p. 72.
8. Armstrong, *A History of God*, Londres, Mandarin, 1994, p. 79.
9. Norman Cantor, *The Sacred Chain*, Londres, Fontana, 1996, p. 29. También citado en B. S. J. Isserlin, *The Israelites*, Londres, Thames and Hudson, 1998, p. 204.
10. M. y R. Sabbah, *Les Secrets de L'Exode*, París, Godfroy, 2000, p. 6. Véase también Sigmund Freud, *Moses and Monotheism*, París, Gallimard, 1939, pp. 96 y 123.
11. Cantor, *The Sacred Chain*, p. 29.
12. Armstrong, *A History of Jerusalem*, p. 86.
13. Ibíd., p. 87.
14. Armstrong, *A History of God*, p. 75.
15. Armstrong, *A History of Jerusalem*, p. 96.
16. Epstein, *Judaism*, p. 85.
17. Ibíd., p. 91.

Capítulo 5

1. Josefo, *Antiquities of the Jews*, bk. 18, cap. 1, 2-6, Edimburgo, Nimmo, 1868.
2. Armstrong, *A History of Jerusalem*, Londres, Mandarin, 1994, p. 121.
3. Josefo, *Antiquities*, bk. 18, cap. 1, y 5.
4. Ibíd.
5. Epstein, *Judaism*, p. 112.
6. Johnson, *A History of Christianity*, pp. 15-16.
7. Epstein, *Judaism*, p. 97.
8. Robert Eisenman, *The Dead Sea Scrolls and the First Christians*, Shaftsbury, Reino Unido, Element Books, 1996, p. 227.
9. Epstein, *Judaism*, p. 97.
10. Josefo, *Antiquities*, bk. 18, v. 6.
11. Geza Vermes, *Jesus the Jew*, Londres, HarperCollins, 1973, p. 79.
12. Armstrong, *A History of Jerusalem*, p. 116.
13. Eisenman, *James the Brother of Jesus*, p. 200.
14. Ibíd., p. 133.
15. *Zohar* 59b sobre «Noé».
16. Epstein, *Judaism*, p. 103.
17. Ibíd., p. 105.
18. *Jerusalem Talmud*, Sanedrín, X, 5.
19. Johnson, *A History of Christianity*, p. 10.

20. Strabo, *Geographica*, 16. 2. 46.

21. Peter Richardson, *Herod: King of the Jews and Friend of the Romans*, Columbia, SC, University of South Carolina Press, 1996, pp. 184-185.

22. Josefo, *The Wars of the Jews*, bk. 1, 4, 22; *Antiquities*, bk. 16.1.47.

23. Josefo, *Wars*, 1.4.24; *Antiquities*, 16.1.47.

24. Josefo, *Antiquities*, 15.2. 59-65.

25. Macrobius, *Saturnalia*, 2.4.1.

26. Josefo, *Wars*, 1.6.48-55; *Antiquities*, 17.1.49-67.

27. Trevor Ravenscroft y Tim Wallace-Murphy, *The Mark of the Beast*, Londres, Sphere, 1990, p. 113.

28. Epstein, *Judaism*, p. 106.

29. Josefo, *Antiquities*, bk. 17, cap. 10, 9; Josefo, *Wars*, bk. 2, cap. 5, 1.

30. Josfo, *Antiquities*, bk. 17, cap. 10, 10; *Wars*, bk. 2, cap. 5, 2.

31. Eisenman, *James the Brother of Jesus*, p. xxi.

32. Josefo, *Wars*, 1.1.

33. Mark Allen Powell, *The Jesus Debate*, Londres, Lion, 1998, p. 30.

34. Hugh Schonfield, *The Essene Odyssey*, Shaftsbury, Reino Unido, Element Books, 1985.

35. Johnson, *A History of Christianity*, pp. 19-20.

36. Josefo, *Antiquities*, bk. 18, cap. 5, v. 2.

37. John Dominic Crossan, *Jesus: A Revolutionary Biography*, San Francisco, HarperSanFrancisco, 1994, p. 34.

38. Joan E. Taylor, *The Immerser: John the Baptist in Second Temple Judaism*, Cambridge, Wm. B. Eerdmans-Lightning Source, 1997, p. 278.

39. A. N. Wilson, *Jesus*, Londres, HarperCollins, 1993, p. xvi.

40. Armstrong, *A History of Jerusalem*, p. 145.

41. James Robinson (ed.), «Gospel of Thomas», en *The Nag Hammadi Library*, Londres, HarperCollins, 1990, p. 108.

42. Morton Smith, *The Secret Gospel*, Wellingborough, TJK, Aquarian Press, 1985.

43. Véase Mateo 21, 1-11; Marcos 1, 1-11; Lucas 19, 28-44; Juan 12, 12-19.

44. Véase Mateo 21, 12; Marcos 11, 15; Lucas 19, 45.

45. Filón de Alejandría, *De Legatione ad Gaium*, p. 301; Epstein, *Judaism*, p. 106; Wilson, *Paul: The Mind of the Apostle*, p. 56.

46. Ibíd., p. 107.

47. Tácito, *Annals*, 15, 44.

CAPÍTULO 6

1. James Robinson (ed.), «Gospel of Thomas», en *The Nag Hammadi Library*, Londres, HarperCollins, 1990, p. 12.

2. *Pseudo-Clementine Recognitions*, 1, 4.

3. Epifanio, *Against Heresies*, 78.7.7.

4. Robert Eisenman, *James the Brother of Jesus*, Londres, Faber & Faber, 1997, p. xx.

5. Eusebio, *Ecclesiastical History*, 2, 234-235; Epifanio, *Against Heresies*, 78, 14, 1-2.

6. En una serie sobre san Pablo emitida por Radio 4, de la BBC.

7. A. N. Wilson, *Jesus*, Londres, HarperCollins, 1993, p. 101.

8. Fida Hassnain, *A Search for the Historical Jesus*, Bath, Gateway Books, 1994, p. 84.
9. Ibíd.
10. Publicado en Rochester, VT, por Bear & Co., 1993.
11. Véase Mateo 26, 7; también descrito en Marcos 14, 3.
12. Margaret Starbird, *The Woman with the Alabaster Jar*, Rochester, VT, Bear and Co., 1993, p. 36.
13. Andrew Welburn, *The Beginnings of Christianity*, Edimburgo, Floris Books, 1991, p. 55.
14. Eisenman, *James the Brother of Jesus*, p. xix.
15. Epifanio, *Against Heresies*, A29.4.1.
16. Eisenman, *James the Brother of Jesus*, p. 79.
17. Eisenman, *The Dead Sea Scrolls*, p. 340.
18. Ibíd., p. 146
19. La Regla de la Comunidad, viii, 20 y ss. de los pergaminos originales del mar Muerto.
20. Johnson, *A History of Christianity*, p. 41.
21. Tim Wallace-Murphy y Marilyn Hopkins, *Rosslyn: Guardian of the Secrets of the Holy Grail*, Shaftsbury, Reino Unido, Element Books, 1999, p. 67.
22. Citado por Laurence Gardner en *The Bloodline of the Holy Grail*, Shaftsbury, Reino Unido, Element Books, 1995, p. 154.
23. Robert Eisenman dedica un capítulo completo al ataque de Pablo contra Jaime, citando diversas fuentes en el capítulo 16 de *James the Brother of Jesus*. Véase también *Pseudo-Clementine Recognition*.
24. En Actos 21, 33 se puede leer un relato que resta importancia a este hecho.
25. Wilson, *Paul: The Mind of the Apostle*, p. 54.
26. Josefo, *Antiquities*, bk. 14, cap. 8, v. 3.
27. Eisenman, *The Dead Sea Scrolls*, p. 230.
28. B. San. 81b-82b en el *Mishna Sanhedrin*.
29. Armstrong, *A History of Jerusalem*, p. 151.
30. Jerome, *Lives of Illustrious Men* 2.
31. Eisenman, *The Dead Sea Scrolls*, p. 262.
32. Armstrong, *A History of Jerusalem*, p. 151.
33. Ute Ranke-Heinemann, *Putting Away Childish Things*, San Francisco, HarperSanFrancisco, 1995, p. 173.
34. Josefo, *Wars*, bk. 2, cap. 17, v. 4.
35. Ibíd., cap. 20, v. 1.

Capítulo 7

1. Neil Faulkner, *Apocalypse: The Great Jewish Revolt against Rome*, Stroud, Gloucestershire, Tempus, 2002, p. 276.
2. Robert Eisenman, *James the Brother of Jesus*, Londres, Faber & Faber, 1997, p.xxi.
3. Karen Armstrong, *A History of Jerusalem*, Londres, Mandarin, 1996, p. 156.
4. Véase Levítico 19, 8.
5. Armstrong, *A History of Jerusalem*, pp. 168-169.
6. Eusebio, *Ecclesiastical History*, IV, y.

7. Ibíd., III, xi; véase también Armstrong, *A History of Jerusalem*, p. 153.
8. Fida Hassnain, *A Search for the Historical Jesus*, Bath, Gateway, 1994, pp. 55-60.
9. Marilyn Hopkins, G. Simmans y Tim Wallace-Murphy, *Rex Deus*, Shaftsbury, Reino Unido, Element Books, 2000, p. 79.
10. *Guidebook to Les Saintes Maries de la Mer*, p. 3.
11. Andrew Welburn, *The Beginnings of Christianity*, Edimburgo, Floris Books, 1991, p. 87.
12. Armstrong, *A History of Jerusalem*, p. 155.
13. Ralph Ellis, *Jesus: Last of the Pharaohs*, Dorset, EDFU Books, 1991, p. 208.
14. Mark Allen Powell, *The Jesus Debate*, Oxford, Lion, 1998, p. 41.
15. Eisenman, *James the Brother of Jesus*, p. 54.
16. Hugh Schonfield, *Those Incredible Christians*, Londres, Hutchinson, 1968, p. 56.
17. Burton L. Mack, *The Lost Gospel*, Shaftsburg, Reino Unido, Element Books, 1993, p. 2.
18. Mack, *The Lost Gospel*, p. 4.
19. Schonfield Hugh, *Those Incredible Christians*, p. 48.

CAPÍTULO 8

1. *De Trinitate*, 7.7.10.
2. Matthew Fox, *The Coming of the Cosmic Christ*, San Francisco, HarperSanFrancisco, 1998, pp. 3, 1-32.
3. R. I. Moore, *The Formation of a Persecuting Society*, Oxford, Basil Blackwell & Co., 1990, p. 12.
4. Ibíd.
5. Paul Johnson, *A History of Christianity*, Weidenfeld & Nicolson, 1978, p. 87.
6. Trevor Ravenscroft y Tim Wallace-Murphy, *The Mark of the Beast*, Londres, Sphere, 1990, p. 124.
7. David Christie-Murray, *A History of Heresy*, Oxford, Oxford University Press, 1989, p. 1.
8. Johnson, *A History of Christianity*, p. 117.
9. Ibíd., pp. 116.117.
10. Palabras del cardenal Ratzinger en 1990, citadas en Baigent y Leigh, *The Dead Sea Scrolls Deception*, Londres, Corgi, 1992, p. 191.
11. Hopkins, Simmans y Wallace-Murphy, *Rex Deus*, p. 100.
12. Ravenscroft y Wallace-Murphy, *The Mark of the Beast*, p. 79.
13. Tim Wallace-Murphy, *The Templar Legacy and the Masonic Inheritance within Rosslyn Chapel*, Londres, Friends of Rosslyn, 1994, p. 12.
14. Johnson, *A History of Christianity*, pp. 135-138.
15. Wallace-Murphy, *The Templar Legacy and the Masonic Inheritance*, p. 13.
16. Bede, *A History of the English Church and People*, Londres, Penguin, 1978, p. 66.
17. *Trias Thermaturga*, p. 156b.
18. Isabel Hill Elder, *Celt, Druid & Culdee*, Londres, Covenant, 1994.
19. S. A. R. el príncipe Michael de Albania, *The Forgotten Monarchy of Scotland*, Shaftsbury, Reino Unido, Element Books, 1998, p. 30.
20. Ibíd., p. 19.

Notas

21. Elder, *Celt, Druid & Culdee*, pp. 131-132, 134.
22. Barry Dunford, *The Holy Land of Scotland*, Aberfeldy, Perthshire, Reino Unido, Brigadoon Books, 1996.
23. Wallace-Murphy y Hopkins, *Rosslyn: Guardian of the Secrets of the Holy Grail*, Shaftsbury, Reino Unido, Element Books, 1998, p. 83.
24. Ravenscroft y Wallace-Murphy, *The Mark of the Beast*, p. 132.
25. George Holmes (ed.), *The Oxford Illustrated History of Medieval Europe*, Oxford, Oxford University Press, s. a., p. 4.
26. Marcus Hattstein y Peter Delius (eds.), *Islam Art & Architecture*, Colonia, Konemann, 2000, p. 211.
27. Godfrey Goodwin, *Islamic Spain*, San Francisco, Chronicle Books, 1990, pp. 8-9.
28. Karen Armstrong, *Muhammad*, San Francisco, HarperSanFrancisco, 1993, pp. 23-24.
29. Ibíd., p. 22.
30. Holmes, *The Oxford Illustrated History of Medieval Europe*, p. 15.
31. Goodwin, *Islamic Spain*, p. 5.
32. S. W. Ahmed Akbar, *Discovering Islam*, Nueva York, Routledge, 2002, p. 4.
33. Goodwin, *Islamic Spain*, p. 43.
34. Alfred Guillaume, *Islam*, Edimburgo, Penguin, 1956, p. 84.
35. Hattstein y Delius, *Islam Art & Architecture*, p. 210.
36. Goodwin, *Islamic Spain*, p. 10.
37. Holmes, *The Oxford Illustrated History of Medieval Europe*, pp. 57 y 59.
38. Ibíd., p. 32.
39. Goodwin, *Islamic Spain*, p. 12.
40. Ibíd., pp. 42-43.
41. Holmes, *The Oxford Illustrated History of Medieval Europe*, p. 61.
42. Ravenscroft y Wallace-Murphy, *The Mark of the Beast*, p. 125.
43. Holmes, *The Oxford Illustrated History of Medieval Europe*, p. 208.
44. Ibíd., pp. 207-208.
45. Armstrong, *Muhammad*, p. 29.
46. Hattstein y Delius, *Islam Art & Architecture*, p. 12.
47. Ibíd., p. 14.
48. Ibíd., p. 16.

CAPÍTULO 9

1. Marilyn Hopkins, G. Simmans y Tim Wallace-Murphy, *Rex Deus*, Shaftsbury; Reino Unido, Element Books, 2000, p. 105.
2. Ibíd.
3. Trevor Ravenscroft, *The Spear of Destiny*, York Beach, ME, Weiser Books, 1982, pp. 206-207.
4. Ibíd., p. 45.
5. Cecil Roth, *A Short History of the Jewish People*, Londres, East West Library, 1953, p. 165-166.
6. A. J. A. Zuckerman, *A Jewish Princedom in Feudal France 768-900*, Nueva York, Columbia University Press, 1972, p. 37.
7. Ibíd., p. 49.

8. Roth, *A Short History of the Jewish People*, p. 165.
9. Haim Beinart, *Atlas of Medieval Jewish History*, Nueva York, Robert Lafont, 1970, p. 23.
10. Zuckerman, *A Jewish Princedom in Feudal France*, p. 60.
11. Beinart, *Atlas of Medieval Jewish History*, p. 23.
12. Zuckerman, *A Jewish Princedom in Feudal France*, p. 34.
13. Ibíd., p. 112.
14. Ibíd., p. 165.
15. *Tractatus adversus Judaeorum inveteratam duritiem*, PL CLXXXIX, col. 560 (documento eclesiástico).
16. M. N. Adier, *The Itinerary of Benjamin of Tudela 459-467*, s. l.: Joseph Simon, 1983.
17. G. Saige, *Les Juifs du Languedoc*, Farnborough, Reino Unido, Gregg International, 1971, pp. 272-293; véase también J. Regne, *Etude sur la Condition des Juifs de Narbonne*, Marsella, Lafitte Reprints, 1981, pp. 127-132.
18. T. Hodgekin, *The Barbarian Invasion of the Roman Empire*, vol. 8, *The Frankish Empire*, Londres, Folio Society, 2002, p. 127.
19. Edward Gibbon, *The Decline and Fall of the Roman Empire*, vol. 6, Londres, Folio Society, 2001, p. 170.
20. Robert Fossier (ed.), *The Middle Ages*, Cambridge, Cambridge University Press, 1989, p. 422.
21. Ibíd., p. 484.
22. Ibíd., pp. 426-427.
23. Ibíd., p. 424.
24. Hopkins, Simmans y Wallace-Murphy, *Rex Deus*, p. 106.
25. Wallace-Murphy, *The Templar Legacy and Masonic Inheritance*, p. 25.
26. Wallace-Murphy y Hopkins, *Rosslyn: Guardian of the Secrets of the Holy Grail*, p. 199.
27. L.-A. de St. Clair, *Histoire Généalogique de la Famille de St. Clair*, París, 1905.
28. Ibíd.
29. Ibíd., p. 8.
30. Ibíd., p. 8.
31. Ibíd., p. 9.
32. Hopkins, Simmans y Wallace-Murphy, *Rex Deus*, p. 105.
33. Ibíd., pp. 107-108.
34. St. Clair, *Histoire Généalogique de la Famille de St. Clair*.
35. Emile Mâle, *Notre Dame de Chartres*, París, Flammarion, 1983, p. 9.
36. Colin Ward, *Chartres: The Making of a Miracle*, Londres, Folio Society, 1986, p. 7.
37. Gordon Strachan, *Chartres*, Edimburgo, Floris Books, 2003, p. 9.
38. Ward, *Chartres: The Making of a Miracle*, p. 8.
39. Ravenscroft y Wallace-Murphy, *The Mark of the Beast*, p. 75.
40. Ward, *Chartres: The Making of a Miracle*, pp. 8-9.
41. Ravenscroft y Wallace-Murphy, *The Mark of the Beast*, pp. 74-75.
42. Michel Kubler, «Une Vie par réforme l'église», *Bernard de Clairvaux*, les editions de l'Argonante.
43. Ibíd.
44. St. Clair, *Histoire Généalogique de la Famille de St. Clair*.
45. Barnavi, *A Historical Atlas of the Jewish People*, p. 78.
46. Ibíd., pp. 98-99.

47. Wallace-Murphy, *The Templar Legacy and the Masonic Inheritance*, p. 18.
48. Michael Baigent, Richard Leigh y Henry Lincoln, *Holy Blood, Holy Grail*, Londres, Jonathan Cape, 1982, p. 61.

CAPÍTULO 10

1. Renee Querido, *The Golden Age of Chartres*, Edimburgo, Floris Books, 1987, p. 84.
2. Hopkins, Simmans y Wallace-Murphy, *Rex Deus*, p. 113.
3. Querido, *The Golden Age of Chartres*, 114.
4. William of Tyre, lib. xii, cap. 7.
5. John J. Robinson, *Dungeon, Fire and Sword*, Londres, Brockhampton, 1999, p. 31.
6. Charles G. Addison, *The Knights Templar*, Londres, Black Books, 1995, p. 5.
7. C. Knight y R. Lomas, *The Second Messiah*, Londres, Century, 1997, p. 73.
8. Helen Nicholsori, *The Knights Templar*, Woodbridge, Suffolk, The Boydeil Press, 2001, p. 22.
9. Leroy Thierry, *Hughes de Payns, Chevalier Champenois, Fondateur de L'Ordre des Templiers*, s. l.: Editions de la Maison du Boulanger, 1997, pp. 34-35.
10. J. Laurent (ed.), *Cartulaire de Molésme*, p. 214.
11. Robinson, *Dungeon, Fire and Sword*, p. 36.
12. Gardner, *The Bloodline of the Holy Grail*, p. 256.
13. Thierry, *Hughes de Payns*, pp. 107-108.
14. Hopkins, Simmans y Wallace-Murphy, *Rex Deus*, p. 112.
15. Hopkins, Simmans y Wallace-Murphy, *Rex Deus*.
16. Nicholson, *The Knights Templar*, p. 22.
17. Anónimo, *Secret Societies of the Middle Ages*, Whitefish, MT, Kessinger Publishing, 2003, p. 190; véase también Nicholson, *The Knights Templar*, p. 26.
18. Graham Hancock, *The Sign and the Seal*, Londres, Sphere, 1990, pp. 94 y 99; véase también Ravenscroft y Wallace-Murphy, *The Mark of the Beast*, p. 52.
19. Hancock, *Sign and Seal*, pp. 49-51.
20. Ravenscroft y Wallace-Murphy, *The Mark of the Beast*, p. 52.
21. Robinson, *Dungeon, Pire and Sword*, p. 37.
22. Georges Bordonove, *La vie quotidienne des Templiers*, París, Hatchette, 1975, p. 29.
23. Anon, *Secret Societies of the Middle Ages*, p. 195.
24. Nicholson, *The Knignts Templar*, p. 96.
25. Anon, *Secret Societies of the Middle Ages*, p. 199.
26. *Liber ad milites Templi: De laude novae militiae*.
27. S. T. Bruno, *Templar Organization* (autopublicado), p. 65.
28. Ibíd., p. 165.
29. Peterlay, *Road to Riches*, Weidenfeld and Nicolson, 2000, p. 118.

CAPÍTULO 11

1. Ean Begg, *The Cult of the Black Madonna*, Londres, Arkana, 1985, p. 103.
2. Tim Wallace-Murphy y Marilyn Hopkins, *Rosslyn: Guardian of the Secrets of the Holy Grau*, Shaftsbury, Reino Unido, Element Books, 1999, p. 105.

3. Wallace-Murphy y Hopkins, *Rosslyn: Guardian of the Secrets of the Holy Grail*.
4. Ibíd., p. 62.
5. Ibíd., pp. 181-1 82.
6. Begg, *The Cult of the Black Madonna*, Londres, Bloomsbury, 1994, p. 13.
7. Malcolm Godwin, *The Holy Grail*, p. 14.
8. Ibíd., p. 16.
9. Emile Mâle, *Notre Dame de Chartres*, París, Flammarion, 1983, p. 141.
10. Godwin, *The Holy Grail*, p. 12.
11. Ibíd., p. 18.
12. Trevor Ravenscroft y Tim Wallace-Murphy, *The Mark of the Beast*, Londres, Sphere, 1990, p. 52.
13. Andrew Sinclair, *The Discovery of the Grail*, Londres, Century, 1998, p. 27.
14. Ibíd., pp. 27-28.
15. Godwin, *The Holy Grail*, p. 6.
16. Joseph Campbell y Bill Moyers, *The Power of Myth*, Nueva York, Doubieday, 1990, pp. 197-200.
17. Publicado por Weiser Books, York Beach, ME, 1995.
18. John Robinson (ed.), «The Gospel of Thomas», *The Nag Hammadi Library*, Londres, HarperCollins, 1990.
19. Campbell y Moyers, *The Power of Myth*, pp. 197-200.
20. Michael Baigent, Richard Leigh y Henry Lincoln, *Holy Blood, Holy Grail*, Londres, Jonathan Cape, 1982, pp. 262-268.
21. Ibíd., p. 163.
22. Ibíd.
23. Citado por Fritjof Capra, *The Turning Point*, Londres, Flamingo, 1983, p. 410.
24. Ibíd.
25. Citado por Ted Roszak, *Where the Wasteland Ends*, Nueva York, Doubleday, 1978, p. 154.
26. Louis Charpentier, *The Mysteries of Chartres Cathedral*, p. 86.
27. Ian Dunlop, *The Cathedrals Crusade*, Londres, Hamish Hamilton, 1982, p. 6.
28. Información proporcionada por el erudito templario provenzal Guy Jourdan.
29. *La Régle de St Devoir de Dieu et de la Croissade* (documento medieval).
30. Fred Gettings, *The Secret Zodiac*, Londres, Routledge & Keegan Paul, 1987.
31. J. F. Colfs, *La Filiation généalogique de toutes les Écoles Gothiques*, citado por Fulcanelli, *Le Mystère des Cathédrales*.
32. Wallace-Murphy y Hopkins, *The Templar Legacy and the Masonic Inheritance*.
33. Gordon Strachan, *Chartres*, Edimburgo, Floris Books, 2003, p. 14.
34. Idries Shah, *The Sufis*, Londres, Jonathan Cape, 1969, pp. 166-193.
35. Ibíd., p. 29.
36. P. D. Ouspensky, *A New Model of the Universe*, Londres, Arkana, 1931, p. 345.
37. Fulcanelli, *Le Mystère des Cathédrales*, Sudbury, Inglaterra, Neville Spearman, 1977, p. 36
38. Ibíd., pp. 39-41.
39. Charpentier, *The Mysteries of Chartres*, p. 81.
40. Ibíd., p. 165.
41. Ibíd., p. 139.

42. Blanche Mertz, *Points of Cosmic Energy*, Chartres, Francia, Editions Houvert, 1965, p. 105.
43. Y. Delaporte, *Les Trois Notre Dames de Chartres*, Chartres, Francia, E. Houvet, s. a.), p. 11.
44. Fulcanelli, *Le Mystère des Cathédrales*, p. 123.
45. Wallace-Murphy y Hopkins, *Rosslyn: Guardian of the Secrets of the Holy Grail*, p. 176.
46. G. Quespel, «Gnosticism», *Man, Myth and Magic*, pp. 40 y 115.

Capítulo 12

1. J. Regne, *Études sur la condition des Juifs de Narbonne*, Marsella, Lafitte, 1981, pp. 3-8.
2. Ibíd., pp. 27-9.
3. Ibíd., pp. 90-91.
4. M. N. Adler, *The Itinerary of Benjamin Tudela*, Nueva York, Phillip Feldheim, 1907, p. 459.
5. A. J. Zuckerman, *A Jewish Princedom in Feudal France*, Nueva York, Columbia University Press, 1972, p. 96.
6. Michael Costen, *The Cathars and the Albigensian Crusade*, Manchester, Manchester University Press, p. 38.
7. Zoé Oldenbourg, *Massacre at Montségur*, Londres, Phoenix/Orion Books, 1999, pp. 24-25.
8. Costen, *The Cathars and the Albigensian Crusade*, p. 38.
9. Ibíd., p. 37.
10. Malcolm Barber, *The Cathars*, Londres, Pearson Education, Ltd., 2000, p. 53.
11. Oldenbourg, *Massacre at Montségur*, p. 2.
12. Oldenbourg, *Massacre at Montségur*.
13. Barber, *The Cathars*, p. 11.
14. Oldenbourg, *Massacre at Montségur*, p. 29.
15. Ibíd., p. 27.
16. Costen, *The Cathars and the Albigensian Crusade*, p. 73.
17. Arthur Guirdham, *The Great Heresy*, Saifron Waiden, Reino Unido, CW Daniel, 1993, p. 23.
18. Michele Aué, Simon Pleasance (trad.), *Cathar Country*, Vic en Bigorre, Francia, MSM Publishing, 1995.
19. Costen, *The Cathars and the Albigensian Crusade*, p. 65.
20. Oldenbourg, *Massacre at Montségur*, p. 69.
21. Stephen O'Shea, *The Perfect Heresy*, Londres, Profile Books, 2000, p. 12.
22. Oldenbourg, *Massacre at Montségur* pp. 41-42.
23. Costen, *The Cathars and the Albigensian Crusade*, p. 59.
24. Simon DeVries, *Cathars, Country Customs and Castles*, s. l.: Comtal Press, 1993, p. 2.
25. Oldenbourg, *Massacre at Montségur*, p. 50.
26. Ibíd., pp. 56-57.
27. Barber, *The Cathars*, p. 96.
28. Oldenbourg, *Massacre at Montségur*, pp. 58-59.
29. Guirdham, *The Great Heresy*, p. 38.

30. Véase James Robinson (ed.), «The Gospel of Thomas», *The Nag Hammadi Library*, Londres, HarperCollins, 1990.
31. Guirdham, *The Great Heresy*, pp. 45-47.
32. Barber, *The Cathars*, p. 74.
33. Guirdham, *The Great Heresy*, p. 19.
34. Ibíd., p. 18.
35. Guirdham, *The Great Heresy*.
36. Yuri Stoyanov, *The Hidden Tradition in Europe*, Londres, Arkana, 1994, p. 160.
37. Aué, *Cathar Country*, p. 13.
38. Guebin y Moisoineuve, *Histoire Albigeoise de Pierre des Vaux-de-Chernay*, París, Libraries Philosophique, s. a.).
39. Guirdham, *The Great Heresy*, p. 16.
40. Oldenbourg, *Massacre at Montségur*, pp. 59-60.
41. Stoyanov, *The Hidden Tradition in Europe*, p. 159.
42. Carta de Bernardo citada por Wakenfield y Evans, *Heresies of the Middle Ages*, Nueva York, Columbia University Press, 1991, pp. 122-124.
43. Stoyanov, *The Hidden Tradition in Europe*, p. 156.
44. Wakefield y Evans, *Heresies of the Middle Ages*, pp. 140-141.
45. Costen, *The Cathars and the Albigensian Crusade*, pp. 112-114.
46. Ibíd., p. 114.
47. Georges Serrus, *The Land of the Cathars*, Portet-sur-Garonne, Francia, Editions Loubati, 1990, p. 15.
48. Costen, *The Cathars and the Albigensian Crusade*, p. 23.
49. *Innocentii III Registrorum sive Epistolarum*, vol. 215, cols. 1354-1358.
50. Aué, *Cathar Country*, p. 15.
51. Stoyanov, *The Hidden Tradition in Europe*, p. 173.
52. Raymonde Reznikov, *Cathars et Templiers*, Portet-sur-Garonne, Francia, Editions Loubatiéres, s. a.).
53. Información proporcionada por Nicole Dawe, del Abraxus Templar Research Group.
54. Lyn Picknett y Clive Prince, *The Templar Revelation*, Londres, Bantam, 1997, p. 104.
55. Guirdham, *The Great Heresy*, p. 55.
56. Costen, *The Cathars and the Albigensian Crusade*, p. 43.
57. Arnauld Aimer, *Patrología Latina*, vol. 216, col. 139; también *Caesarius of Heisterbach*, vol. 2, pp. 296-298.
58. Guebin y Moisoineuve, *Hístoire Albigeoise de Pierre des Vaux-de-Chernay*.
59. Serrus, *The Land of the Cathars*, p. 20.
60. Costen, *The Cathars and the Albigensian Crusade*, p. 128.
61. Guirdham, *The Great Heresy*, p. 63.
62. Costen, *The Cathars and the Albigensian Crusade*, p. 132.
63. Ibíd., p. 160.
64. Guirdham, *The Great Heresy*, p. 83.

CAPÍTULO 13

1. Peter de Rosa, *Vicars of Christ*, Londres, Corgi, 1989, p. 226.
2. Michael Baigent y Richard Leigh, *The Inquisition*, Londres, Penguin, 1991, pp. 20-21.
3. Yuri Stoyanov, *The Hidden Tradition in Europe*, Londres, Arkana, 1996, p. 178.
4. Edward Burman, *The Inquisition: The Hammer of Heresy*, Wellingborough, Reino Unido, Aquarian Press, 1986, p. 39.
5. Bula papal de Inocencio IV, *Super Extirpatione*.
6. Burman, *The Inquisition: The Hammer of Heresy*, pp. 42-43.
7. H. C. Lea, *The Inquisition of the Middle Ages*, Nueva York, 1955.
8. Paul Johnson, *A History of Christianity*, Londres, Weidenfeld & Nicolson, 1978, p. 253.
9. Douglas Lockhart, *The Dark Side of God*, Shaftsbury, Reino Unido, Element Books.
10. Bulas papales de Inocencio IV, 1252, *Cum negocium* y *Licet sicut accepimus* (documento de la Iglesia).
11. Bula papal de Inocencio IV, *Ad Extirpanda* (documento de la Iglesia).
12. Burman, *The Inquisition: The Hammer of Heresy*, p. 62.
13. Baigent y Leigh, *The Inquisition*, pp. 27-28.
14. Johnson, *A History of Christianity*, p. 254.
15. Citado por Peter de Rosa, *Vicars of Christ*, Londres, Corgi, 1989, p. 228.
16. Johnson, *A History of Christianity*, pp. 253-255.
17. Lea, *The Inquisition in the Middle Ages*.
18. De Rosa, *Vicars of Christ*, p. 249.
19. Ibíd.
20. Rollo Ahmed, *The Black Art*, Taiwán, Senate Books, 1994.
21. Citado por Lockhart, *The Dark Side of God*, p. 75, en Mariano de Luca, *Institutions of Public and Eccclesiastical Law*.
22. Baigent y Leigh, *The Inquisition*, p. 38.

CAPÍTULO 14

1. Geoffrey Regan, *Lionharts, Saladin and Richard I*, Londres, Constable Publishing, 1998, p. 91.
2. Malcolm Barber, *The Trial of the Templars*, Cambridge, Cambridge University Press, p. 11.
3. John J. Robinson, *Dungeon, Pire and Sword*, Londres, Brockhampton, 1999, p. 405.
4. Barber, *The Trial of the Templars*, p. 24.
5. L. L. Borelli De Serres, *Les Variations monétaires sous Philippe le Bel*, París, 1902, pp. 293-294.
6. Trevor Ravenscroft y Tim Wallace-Murphy, *The Mark of the Beast*, Londres, Sphere, 1990, p. 52.
7. Barber, *The Trial of the Templars*, p. 40.
8. Haim Beinart, *Atlas of Medieval Jewish History*, Nueva York, Robert Lafont, 1970, p. 59.
9. Chris Knight y Robert Lomas, *The Second Messiah*, Londres, Century, 1997, pp. 127-128.
10. Ibíd., p. 133.

11. Noei Currer-Brigs, *The Shroud and the Grail*, Londres, Weidenfeld & Nicolson, 1987, p. 95.
12. F. W. Bussell, *Religious Thought and Heresy in the Middle Ages*, Londres, Robert Scott, 1918.
13. Currer-Brigs, *The Shroud and the Grail*, p. 96.
14. Barber, *The Trial of the Templars*, p. 47.
15. Ibíd., p. 45.
16. Baigent, Leigh y Lincoln, *Holy Blood, Holy Grail*, p. 46.
17. Lizerand, *Le Dossier de l'Affaire des Templiers*, París, Belles Lettres, 1989, p. 16.
18. Barber, *The Trial of the Templars*, p. 45.
19. Ibíd., p. 47.
20. Ibíd., pp. 47-48.
21. Ibíd., p. 57.
22. Bula papal de Clemente V, *Pastorales Praeminentiae*.
23. Barber, *The Trial of the Templars*, pp. 193-195.
24. Ibíd., p. 200.
25. Tim Wallace-Murphy, *The Templar Legacy and the Masonic Inheritance within Rosslyn Chapel*, Londres, Friends of Rosslyn, p. 22.
26. Wallace-Murphy, *The Templar Legacy and the Masonic Inheritance*.
27. Peter Partner, *The Knights Templar and their Myth*, Rochester, VT, Destiny Books, p. 82.
28. Hopkins, Simmans y Wallace-Murphy, *Rex Deus*, p. 172.
29. Partner, *The Knights Templar and their Myth*, p. 83.
30. Ravenscroft y Wallace-Murphy, *The Mark of the Beast*, p. 53.
31. Barber, *The Trial of the Templars*, pp. 178-193.
32. «Les Templiers dans les Alpes Maritimes», *Nice Historique*, enero-febrero 1938.
33. Currer-Briggs, *The Shroud and the Grail*.
34. Leonicio Garza-Valdez, *The DNA of God*.
35. Bula papal de Clemente V, *Vox in excelso*.
36. Stephen Dafoe y Alan Butler, *The Warriors and the Bankers*, Ontario, Warrior Books, 1998.
37. Wallace-Murphy y Hopkins, *Rosslyn: Guardian of the Secrets of the Holy Grail*, p. 106.
38. Robinson, *Born in Blood*, pp. 164-166.
39. S. A. R. el príncipe Michael de Albania, *The Forgotten Monarchy of Scotland*, Shaftsbury, Reino Unido, Element Books, 1998, pp. 65 y 150.
40. Wallace-Murphy, *The Templar Legacy and the Masonic Inheritance*, p. 22.
41. Fr. Hay, *The Genealogie of the St. Clairs of Roslin*, Edimburgo, Maidement, 1865.

CAPÍTULO 15

1. Barber, *The Trial of the Templars*, Cambridge, Cambridge University Press, 1994, p. 46.
2. Marilyn Hopkins, G. Simmans y Tim Wallace-Murphy, *Rex Deus*, Shaftsbury, Reino Unido, Element Books, 2000, p. 229.
3. Michael Baigent y Richard Leigh, *The Temple and the Lodge*, Londres, Corgi, p. 135.
4. Ibíd., p. 148.
5. Ibíd., p. 149.

6. Ibíd., pp. 149-150.
7. S. A. R. el príncipe Michael de Albania, *The Forgotten Monarchy of Scotland*, Shaftsbury, Reino Unido, Element Books, 1998, p. 125.
8. Baigent y Leigh, *The Temple and the Lodge*, p. 150.
9. Ibíd., p. 152.
10. Ibíd., p. 155.
11. Tim Wallace-Murphy y Marilyn Hopkins, *Rosslyn: Guardian of the Secrets of the Holy Grail*, Shaftsbury, Reino Unido, Element Books, 1999, p. 7.
12. Wallace-Murphy, *The Templar Legacy and the Masonic Inheritance*.
13. S. A. R. el príncipe Michael de Albania, *The Forgotten Monarchy of Scotland*, p. 102.
14. Michael Foss, *Chivalry*, Londres, Michael Joseph, 1975, p. 189.
15. Foss, *Chivalry*.
16. Lawrence Gardner, *Genesis of the Grail Kings*, Londres, Bantam, 1999, p. 225.
17. Michael Baigent, Richard Leigh y Henry Lincoln, *Holy Blood, Holy Grail*, Londres, Jonathan Cape, 1982, p. 106.

Capítulo 16

1. Ian Wilson, *The Blood and the Shroud*, Londres, Weidenfeld & Nicolson, 1998, p. 185.
2. Ibíd., p. 8.
3. Ibíd., p. 9.
4. H. Kersten y E. R. Gruber, *The Jesus Conspiracy*, Shaftsbury, Reino Unido, Element Books, 1994.
5. Robert de Clari, *The Conquest of Constantinople*, E. H. Neal (trad.), Toronto, University of Toronto Press, 1997.
6. Hopkins, Simmans y Wallace-Murphy, *Rex Deus*, p. 182.
7. S. J. Herbert Thurston, (trad.), *Memorandum of P D'Arcis* (información verificada).
8. Noel Currer-Briggs, *The Shroud and the Grail*, Londres, Weidenfeld and Nicolson, 1987, p. 106.
9. Lyn Picknet y Clive Prince, *Turin Shroud: In Whose Image?*, Londres, Bloomsbury 1994, p. 118.
10. Hopkins, Simmans y Wallace-Murphy, *Rex Deus*, p. 182.
11. Wilson, *The Blood and the Shroud*, p. 117.
12. Papa Sixto IV, *de Sanguine Christi*.
13. Wilson, *The Turin Shroud*, p. 190.
14. Wilson, *The Blood and the Shroud*, pp. 64-67.
15. Wilson, *The Turin Shroud*, pp. 14-15.
16. Ibíd., pp. 52-54.
17. Ibíd., pp. 60-62.
18. Ibíd., p. 62.
19. Wilson, *The Blood and the Shroud*, p. 105.
20. Ibíd., p. 202.
21. Tim Wallace-Murphy y Marilyn Hopkins, *Templars in America*, York Beach, ME, Weiser Books, 2004.
22. Wilson, *The Blood and the Shroud*, pp. 225-227.
23. Wilson, *The Turin Shroud*, p. 8.

24. L. A. Garza-Valdes, *The DNA of God*, Londres, Hodder & Stoughton, 1998, pp. 32-37.

25. Wilson, *The Blood and the Shroud*, p. 226.

26. Garza-Valdes, *The DNA of God*, pp. 16-19.

27. Ibíd., p. 69.

28. Ibíd., p. 26.

29. Pierluigi Bauma-Bollone, «Identification of the Group of the Traces of Blood found on the Shroud» *Shroud Spectrum International*, 6 de marzo de 1983, pp. 3-6.

30. Wilson, *The Blood and the Shroud*, p. 88.

31. Garza-Valdes, *The DNA of God*, p. 39.

32. Ibíd., p. 57.

33. Conferencia pública en París, *La Imagen de Cristo visible en el Sudario Santo de Turín*, del 21 de abril de 1902, por el profesor Yves Delage.

34. David Sox, *The File on the Shroud*, Londres, Coronet, 1978, p. 66.

35. Wilson, *The Turin Shroud*, pp. 25-26.

36. Ibíd., pp. 26-27.

37. Ibíd., p. 21.

38. Ibíd., p. 22.

39. Robert Wilcox, *Shroud*, Londres, Bantam, 1978, p. 136.

40. Wilson, *The Turin Shroud*, p. 23.

41. Ibíd., p. 24.

42. Ibíd., pp. 2-25.

43. Ibíd., p. 29.

44. Ibíd., p. 30.

45. Fr. Roland de Vaux, *Fouille au Khirbet Qumran*, publicado en *Revue Biblique*, vol. 60, 1953, p. 102.

46. Ireneo, *Against Heresies*.

CAPÍTULO 17

1. Previte Orton, *Outlines of Medieval History*, Cambridge, Cambridge University Press, 1916, p. 457.

2. H. A. L. Fisher, *A History of Europe*, Londres, Edward Arnoid & Co., 1936, p. 389.

3. Robert Fossier, *The Middle Ages*, vol. III, Cambridge, Cambridge University Press, 1989, p. 77.

4. Orton, *Outlines of Medieval History*, pp. 463-465.

5. Fisher, *A History of Europe*, p. 388.

6. Margaret Starbird, *The Tarot Trumps and the Holy Grail*, Lakewood, WA, Woven Word Press, p. x.

7. Richard Cavendish, *The Tarot*, Londres, Michael Joseph, 1975, p. 17.

8. Marilyn Hopkins, G. Simmans y Tim Wallace-Murphy, *Rex Deus*, Shaftsbury, Reino Unido, Element Books, 2000, p. 148.

9. Starbird, *The Tarot Trumps and the Holy Grail*, p xi.

10. Hopkins, Simmans y Wallace-Murphy, *Rex Deus*, p. 148.

11. Malcolm Godwin, *The Holy Grail*, Londres, Bloomsbury, 1996, p. 234.

12. Starbird, *The Tarot Trumps and the Holy Grail*, p. x.

13. Ibíd., p. 3.
14. Ibíd., p. 5.
15. Godwin, *The Holy Grail*, p. 236.
16. Ibíd., p. 338.
17. Orton, *Outlines of Medieval History*, p. 467.
18. Fisher, *A History of Europe*, p. 393.
19. Esmond Wright, *Medieval and Renaissance World*, Londres, Hamlyn, 1979, p. 218.
20. Michael Baigent, Richard Leigh y Henry Lincoln, *Holy Blood, Holy Grail*, Londres, Jonathan Cape, 1982, p. 378.
21. Eh Barnavi, *A Historical Atlas of the Jewish People*, Londres, Hutchinson, 1992, p. 126.
22. Haim Beinart, *Atlas of Medieval Jewish History*, Nueva York, Robert Lafont, 1970, p. 77.
23. Barnavi, *A Historical Atlas of the Jewish People*, p. 126.
24. Ibíd., p. 127.
25. Baigent, Leigh y Lincoln, *Holy Blood, Holy Grail*, p. 109.
26. Orton, *Outlines of Medieval History*, p. 469.
27. Godfrey Goodwin, *Islamic Spain*, San Francisco, Chronicle Books, 1990, p. vii.
28. Robert Fossier, *The Middle Ages*, vol. 3, Cambridge, Cambridge University Press, 1989, p. 504.
29. Esmond Wright, *Medieval and Renaissance World*, Londres, Hamlyn, 1979, p. 218.
30. Fossier, *The Middle Ages*, vol. 3, pp. 504-505.
31. Ibíd., p. 505.

Capítulo 18

1. Tim Wallace-Murphy, *The Templar Legacy and the Masonic Inheritance within Rosslyn Chapel*, Londres, Friends of Rosslyn, 1996, p. 25.
2. L.-A. de St. Clair, *Histoire Généalogique de la Famille de St. Clair*, París, 1905.
3. Tim Wallace-Murphy, *An Illustrated Guidebook to Rosslyn Chapel*, Londres, Friends of Rosslyn, 1993, p. 3.
4. Wallace-Murphy, *An illustrated Guidebook to Rosslyn Chapel*.
5. Ibíd.
6. Ravenscoft y Wallace-Murphy, *The Mark of the Beast*, p. 64.
7. Wallace-Murphy, *An Illustrated Guidebook to Rosslyn Chapel*, p. 3.
8. Wallace-Murphy, *An Illustrated Guidebook to Rosslyn Chapel*.
9. Fr. Augustine Hay, *The Genealogy of the Saint Claires of Roslin*, Escocia, Maidement, 1865.
10. Citado por Chris Knight y Robert Lomas, *The Second Messiah*, Londres, Century, 1997, p. 32.
11. Wallace-Murphy, *An Illustrated Guidebook to Rosslyn Chapel*, p. 6.
12. Artículo de la revista *Interiors*, 1982.
13. J.-A. Durbec, «Les Templiers dans Les-Alpes Maritime», *Nice Historique*, enero-febrero de 1938, pp. 4-6.
14. Durbec, «Les Templiers dans Les Alpes Maritime».
15. Tim Wallace-Murphy y Marilyn Hopkins, *Rosslyn: Guardian of the Secrets of the Holy Grail*, Shaftsbury, Reino Unido, Element Books, 1999, p. 121.

16. Introducción de Robert Graves a la primera edición de *The Sufis* de Idris Shah, Londres, Jonathan Cape & Co., 1969.

17. Ibíd.

18. De una conferencia de Rudolph Steiner que tuvo lugar en Berlín el 2 de diciembre de 1904, publicada como *Die Tempellegend und die Goldene Legende*, n° 93.

19. Geddrike, historiador del siglo XVIII de la francmasonería.

20. S. A. R. el príncipe Michael de Albania, *The Forgotten Monarchy*, Shaftsbury, Reino Unido, Element Books, 1998, p. 120.

21. S. A. R. el príncipe Michael, *The Forgotten Monarchy*.

22. Archivos masónicos, en *Freemasons Hall*, Edimburgo.

23. Knight y Lomas, *The Second Messiah*, p. 53.

24. Wallace-Murphy, *The Templar Legacy and Masonic Inheritance*, p. 31.

25. Wallace-Murphy, *The Templar Legacy and Masonic Inheritance*.

26. J. S. M. Ward, *Freemasonry and the Ancient Gods*, Londres, Simkin, Marshall, Hamilton, Kent & Co., 1921.

27. Knight y Lomas, *The Second Messiah*, p. 203.

28. Ibíd., p. 204.

29. Ibíd., pp. 207-209.

Capítulo 19

1. Fritjof Capra, *The Turning Point*, Londres, Flamingo, 1983, p. 326.

2. Citado por Marilyn Ferguson, *The Aquarian Conspiracy*, Londres, Paladin Books, 1982, p. 47.

3. E. Barnaby (ed.), *The Gaia Peace Atlas*, Londres, Pan Books, 1988.

4. Citado por Marilyn Ferguson, *The Aquarian Conspiracy*.

5. Citado por Matthew, *Original Blessing*, Rochester, VT, Bear and Co., 1983.

6. M. C. Richards, *The Crossing Point*, Middleton, CT, Weslyan University Press, 1973.

7. Fergusson, *The Aquarian Conspiracy*.

8. Joseph Campbell, *The Hero with a Thousand Faces*, Princeton, NJ, Princeton University Press, 1972.

9. Trevor Ravenscroft y Tim Wallace-Murphy, *The Mark of the Beast*, Londres, Sphere, 1990, p. 188.

Bibliografía

ADDISON, Charles G., *The History of the Knights Templars*, Londres, Black Books, 1995.

AHMED, Rollo, *The Black Art*, Taiwán, Senate Books, 1971.

AKBAR, S. W. Ahmed, *Discovering Islam*, Nueva York, Routledge, 2002.

ALLEGRO, J. M., *The Dead Sea Scrolls and the Christian Myth*, Londres, Abacus, 1981.

ALLEGRO, John, *The Dead Sea Scrolls*, Londres, Penguin, 1964.

ALLEN, Grant, *The Evolution of the Idea of God*, Londres, Watts, 1931.

ANON, *Secret Societies of the Middle Ages*, Whitefish, MT, Kessinger Publishing, 2003.

AMBELAIN, Robert, *Jesus ou le Mortel Sécret des Templiers*, París, Robert Lafont, 1970.

ANDERSON, William, *The Rise of the Gothic*, Londres, Hutchinson, 1985.

ARISTOTIE, *De Caelo II*, disponible en la mayoría de las bibliotecas de referencia.

ARMSTRONG, Karen, *Muhammad*, San Francisco, HarperSanFrancisco, 1993.

———— *A History of God*, Londres, Mandarin, 1994.

———— *A History of Jerusalem*, Londres, HarperCollins, 1996.

ASHE, Geoffrey, *The Ancient Wisdom*, Londres, MacMillan, 1977.

AUÉ, Michael, *Cathar Country*, Vic-en-Bigorre, Francia, MSM, 1995.

BAIGENT, Michael, Richard Leigh y Henry Lincoln, *Holy Blood, Holy Grail*, Londres, Jonathan Cape, 1982.

BAIGENT, Michael y Richard Leigh, *The Dead Sea Scrolls Deception*, Londres, Corgi, 1992.

———— *The Inquisition*, Londres, Penguin, 1999.

———— *The Temple and the Lodge*, Londres, Corgi, 1992.

BARBER, Malcolm, *The Trial of the Templars*, Cambridge, Cambridge University Press, 1994.

———— *The Cathars*, Harlow, Reino Unido, Pearson Education Ltd., 2000.

BARING, Anne y Jules Cashford, *The Myth of the Goddess*, Londres, Penguin, 1993.

BARNABY, doctor Frank (ed.), *The Gaia Peace Atlas*, Londres, Pan Books, 1988.

BARNAVI, Eli, *A Historical Atlas of the Jewish People*, Londres, Hutchinson, 1992.

BAUVAL, Robert y Adrian Gilbert, *Tite Orion Mystery*, Londres, Heinmann, 1994.

BAUVAL, R. y G. Hancock, *Keeper of Genesis*, Londres, William Heineman, 1996.

BEDE, *A History of the English Church and People*, Londres, Penguin, 1978.

BEGG, Ean, *The Cult of the Black Virgin*, Londres, Arkana, 1985.

BEINART, Haim, *Atlas of Medieval Jewish History*, Nueva York, Robert Lafont, 1970.

BETRO, M. C., *Hieroglyphes, Les Mysteres de l'ecriture*, París, Flammarion, 1995.

BIRKS, Norman y R. A. Gilbert, *The Treasure of Montségur*, Wellingborough, Reino Unido, Aquarian Press, 1990.

BOCK, Emil, *Moses*, Edimburgo, Floris Books, 1986.

BOEHME, Jacob, *Signatura Rerum*, Cambridge, James Clarke, 1981.

BORDONOVE, Georges, *La vie quotidienne des Templiers*, París, Librairie Hachette, 1975.

BREASTED, J. H., *Development of Religion and Thought in Ancient Egypt*, Filadelfia, University of Pennsylvania Press, 1972.

BROWN, R. Allen, *The Normans*, London, Guild Publishing, 1984.

BRUNO, S. T., *Templar Organization*, publicación privada.

BURMAN, Edward, *The Templars: Knights of God*, Rochester, VT, Destiny Books, 1990.

——— *The Inquisition: The Hammer of Heresy*, Wellingborough, Reino Unido, Aquarian Press, 1984.

BUSSELL, F. W., *Religious Thought and Heresy in the Middle Ages*, Londres, Robert Scott, 1918.

CAMPBELL, Joseph, *Occidental Mythology*, Londres, Arkana, 1991.

———*The Hero with a Thousand Faces*, Princeton, NJ, Princeton University Press, 1972.

CAMPBELL, Joseph y Bill Moyers, *The Power of Myth*, Nueva York, Doubleday, 1990.

CANNON, Dolores, *Jesus and the Essenes*, Bath, Reino Unido, Gateway Books, 1992.

CANTOR, N., *The Sacred Chain: A History of the Jews*, Londres, Fontana, 1996.

CAPRA, Fritjof, *The Tao of Physics*, Londres, Fontana, 1983.

——— *The Turning Point*, Londres, Flamingo, 1983.

CAVENDISH, Richard, *The Tarot*, Londres, Michael Joseph, Ltd., 1975.

CHARPENTIER, Louis, *Les Mystères Templiers*, París, Lafont, 1993.

——— *The Mysteries of Chartres Cathedral*, Londres, RILKO, 1993.

CHRISTIE-MURRAY, David, *A History of Heresy*, Oxford, Oxford University Press, 1989.

COHN-SHERBOK, Dan, *A Concise Encyclopedia of Judaism*, Oxford, Oneworld, 1998.

COSTEN, Michael, *The Cathars and the Albigensian Crusade*, Manchester, Manchester University Press, 1997.

COTTERELL, M., *The Tutenkhamun Prophecies*, Londres, Headline, London, 1999.

COWLEY, A. E., *Aramaic Papyri of the Fifth Century BC*, Oxford, 1923.

CROSSAN, John Dominic, *Jesus: A Revolutionary Biography*, San Francisco, HarperSanFrancisco, 1994.

CURRER-BRIGS, Noel, *The Shroud and the Grail*, London, Weidenfeld and Nicholson, 1987.

DAFOE, Stephen y Alan Butler, *The Warriors and the Bankers*, Ontario, Templar Books, 1998.

DAVIS, T., *The Tomb of Iouiya and Touiya*, Londres, 1907.

DAWKINS, Peter, *Arcadia*, Tysoe, Warwick, Reino Unido, The Francis Bacon Research Trust, 1988.

DE CHARDIN, Pierre Teilhard, *L'Avenír de l'Homme*, París, Editions de Seuil, 1959.

——— *The Phenomenon of Man*, Nueva York, Wm Collins, 1959.

DE CLAN, Robert, *The Conquest of Constantinople*, E. H. Neal (trad.), Toronto, University of Toronto, 1997.

DELAPORTE, Y., *Les Trois Notre Dames de Chartres*, Chartres, Francia, E. Houvet, s. a.

DE LUBICZ, Rene Schwaller, *Sacred Science*, Rochester, VT, Inner Traditions International, 1988.

DE ROSA, Peter, *Vicars of Christ*, Londres, Corgi, 1989.

DE VRIES, Simon, *Cathars*, Country, Customs and Castles. s. l.: Comtal Press, 1993.

DENTON, William, *The Soul of Things*, Nueva York, Stenling, 1988.

DESGNIS, Alain, *L'Ordre de Templiers et la Chevalerie Macconique Templière*, París, Guy Trédaniel, 1995.

D'OLIVET, A. F., *La Langue Hebraique Restitue*, París, L'Age d'Homme, 1991.

DORESSE, Jean, *Ancient Cities and Temples of Ethiopia*, Londres, Elek Books, 1959.

―― *Les Livres Secrets des Gnostiques d'Egpte*, París, Librainie Plon, 1958.

DOUGLAS, David C., *The Norman Achievement*. s. l.: Collins/Fontana, 1972.

DOWLEY, Tim (ed.), *The History of Christianity*, Herts, Lion Publishing, 1977.

DUBOS, Rene, *A God Within*, Londres, Abacus/Sphere, 1976.

DUNFORD, Barry, *The Holy Land of Scotland*, Aberfeldy, Perthshire, Reino Unido, Brigadoon Books, 1996.

DUNLOP, Ian, *The Cathedrals Crusade*, Londres, Hammish Hamilton, 1982.

EDWARDS, I. E. S., *The Pyramids of Egypt*, Londres, Penguin, 1997.

EISENMAN, Robert, *James the Brother of Jesus*, Londres, Faber and Faber, 1997.

―― *Maccabbeess, Zadokites, Christians and Qumran*, s. l.: E. J. Brill, 1983.

―― *The Dead Sea Scrolls and the First Christians*, Shaftsbury, Reino Unido, Element Books, 1996.

EISENMAN, Robert y Michael Wise, *The Dead Sea Scrolls Uncovered*, Shaftsbury, Reino Unido, Element Books, 1992.

ELDER, Isabel Hill, *Celt, Druid & Culdee*, Londres, Covenant Publishing Co. Ltd, 1994.

ELLIS, Ralph, *Jesus: Last of the Pharaohs*, Dorset, Reino Unido, Edfu Books, 1999.

ELKINGTON, David, *In the Name of the Gods*, Bath, Reino Unido, Green Man Press, 2001.

EUSEBIO, *Ecclesiastical History*, disponible en la mayoría de las bibliotecas de referencia.

EVANS, Hilary, *Alternate States of Consciousness*, Wellingborough, Reino Unido, Aquarian Press, 1989.

EPSTEIN, Isadore, *Judaism*, Harmondsworth, Reino Unido, Penguin, 1964.

FAULKNER, Robert, *The Ancient Egyptian Book of the Dead*, Londres, British Museum Press, 1972.

―― *The Ancient Egyptian Pyramid Texts*, Warminster, Aris & Philips, 1993.

FAULKNER, Neil, *Apocalypse - The Great jewish Revolt against Rome, AD 66-73*, Stroud, Gloucestershire, Reino Unido, Tempus Publishing Ltd, 2002.

FEATHER, R., *The Copper Scroll Decoded*, Londres, Thorsons, 1999.

FEILD, Reshad, *The Alchemy of the Heart*, Shaftsbury, Reino Unido, Element Books, 1990.

―― *The Invisible Way*, Shaftsbury, Reino Unido, Element Books, 1992.

―― *The Last Barrier*, Great Barrington, MA, Lindisfarne Books.

FERGUSON, Marilyn, *The Aquarian Conspiracy*, Londres, Paladin Books, 1982.

FISHER, H. A. L., *A History of Europe*, Londres, Edward Arnold & Co, 1936.

Fieming, Ursula (ed.), *Meister Eckhart*, Londres, Collins, 1998.

Forbes-Leith, W., *The Scots Men-at-Arms and Life Guards in France*, Edimburgo, 1882.

Fortune, Dion, *Esoteric Orders and Their Work*, Wellingborough, Reino Unido, Aquarian Press, 1987.

Foss, Michael, *Chivalry*, Londres, Michael Joseph, 1975.

Fossier, Robert (ed.), *The Middle Ages*, 3 vols., Cambridge, Cambridge University Press, 1989.

Fox, Mathew, *The Original Biessing*, Rochester, VT, Bear & Co., 1983.

—— *Creation Spirituaiity*, San Francisco, HarperSanFrancisco, 1991.

—— *The Coming of the Cosmic Christ*, San Francisco, HarperSanFrancisco, 1998.

Fox, Robin Lane, *Pagans and Christians*, Londres, Penguin, 1988.

—— *The Unauthorised Version: Truth and Fiction in the Bible*, Londres, Penguin, 1991.

Frager, Sheik Ragip, *Love Is the Wine: Talks of a Sufi Master in America*, Los Ángeles, Philosophical Research Society 1999.

Franke, Sylvia y Thomas Cawthorne, *The Tree of Life and the Holy Grail*, Londres, T. Lodge, 1996.

Frankfort, H., *Kingship and the Gods*, Chicago, University of Chicago Press, 1948.

Frazer, James, *The Golden Bough*, Ware, Dorset, Reino Unido, Wordsworth Editions, 1993.

Freud, Sigmund, *Moses and Monotheism*, París, Gallimard, 1939.

Fulcanelli, *Le Myst des Cathédrales*, Sudbury, Reino Unido, Neville Spearman, 1977.

—— *Les Demeures Philosophales*, 2 vols., París, Jean-Jaques Pauvert, 1964.

Gardner, Lawrence, *Bloodline of the Holy Grail*, Shaftsbury, Reino Unido, Element Books, 1995.

Gardner, Lawrence, *Genesis of the Grail Kings*, Londres, Bantam, 1999.

Garza-Valdes, Leonicio, *The DNA of God?*, Londres, Hodder & Stoughton, 1998.

Gauthier, M., *Highways of the Faith*, Secaucus, NJ, Wellfleet, 1983.

Gedes Grosset, *Ancient Egypt Myth and History*, New Lanark, Geddes & Grosset Ltd., 1997.

Gettings, Fred, *The Secret Zodiac*, Londres, Routledge, Keegan & Paul, 1987.

Gibbon, Edward, *The History of the Decline and Fall of the Roman Empire*, 8 vols. Londres, The Folio Society, 2001.

Gimpell, Jean, *The Cathedral Builders*, Londres, Cresset, 1988.

Glover, T. R., *The Conflict of Rel in the Early Roman Empire*, Londres, Methuen and Co., Ltd., 1909.

Godwin, Malcolm, *The Holy Grail*, Londres, Bloomsbury, 1994.

Golb, Norman, *Who Wrote the Dead Sea Scrolls?*, Nueva York, Simon & Schuster, 1996.

Goodwin, Godfrey, *Islamic Spain*, San Francisco, Chronicle Books, 1990.

Goyon, G., *Le Secret des Batisseurs des Grandes Pyramides: Kheops*, París, Pygmalion, 1991.

Graves, Robert, *The White Goddess*, Londres, Faber & Faber, 1961.

Graffin, Robert, *L'Art Templier des Cathédrales*, Chartres, Francia, Jean-Michel Garnier, 1993.

Gruber, Elmer R. y Holger Kersten, *The Original Jesus,* Shaftsbury, Reino Unido, Element Books, 1995.

Guébin & Moisoineuve, *Histoire Albigeoise de Pierre des Vaux-de-Cernay*, París, 1951.

Guillaume, Alfred, *Islam*, Edimburgo, Reino Unido, Penguin, 1956.

Guirdham, Arthur, *The Great Heresy*, Saffron Walden, Reino Unido, C. W. Daniel, 1993.

Halam, Elizabeth (ed.), *The Chronicles of the Crusades*, Surrey, Reino Unido, Bramley Books, 1997.

Hamill, John y Gilbert, *World Freemasonry*, Wellingborough, Reino Unido, Aquarian Press, 1991.

Hamilton, B., *The Albigensian Crusade*, Londres, The Historical Association, 1974.

Hancock, Graham, *The Sign and the Seal*, Londres, Mandarin Paperbacks, 1993.

Hassnain, Fida, *A Search for the Historical Jesus*, Bath, Reino Unido, Gateway Books, 1994.

Hattstein, Marcus y Peter Delius (eds.), *Islam Art & Architecture*, Colonia, Kónemann, 2000.

Hay, Fr., *The Genealogie of the St. Clairs of Roslin*, Edimburgo, Maidement, 1865.

Hodgekin, T., *The Barbarian Invasion of the Roman Empire*, 3 vols., Londres, The Folio Society.

Holmes, George (ed.), *The Oxford Illustrated History of Medieval Europe*, Oxford, Oxford University Press, s. a.

Isserlin, B. S. J., *The Israelites*, Londres, Thames & Hudson, 1998.

Jackson, Keith B., *Beyond the Craft*, Sheperton, Middlesex, Reino Unido, Lewis Masonic, 1982.

James, Bruno S., *St. Bernard of Clairvaux*, Londres, Hodder and Stoughton, 1957.

Jedin, Hubert (ed.), *The History of the Church*, vol 1, Tunbridge, Well, Reino Unido, Burns and Oats, 1989.

Jennings, Hargrave, *The Rosicrucians: Their Rites and Mysteries*, Londres, Chatto & Windus, 1879.

Johnson, Paul, *A History of Christianity*, Londres, Weidenfeld and Nicolson, 1978.

—————— *A History of the Jews*, Londres, Orion Books, 1993.

Johnson, Kenneth Rayner, *The Fulcanelli Phenomenon*, Londres, Neville Spearman, 1980.

Josefo, *The Antiquities of the Jews and The Wars of the Jews*, Edimburgo, Nimmo, 1869.

Kersten, H. y E. R. Gruber, *The Jesus Conspiracy*, Shaftsbury, Reino Unido, Element Books, 1994.

Koestler, Arthur, *The Sleepwalkers*, Londres, Hutchinson and Co., 1959.

Knight, Chris y Robert Lomas, *The Hiram Key*, Londres, Century, 1996.

—————— *The Second Messiah*, Londres, Century, 1997.

Knoup, James, *The Genesis of Freemasonry*, Manchester, Manchester University Press, 1947.

Lacroix, P., *Military and Religious Life in the Middle Ages*, Nueva York, Chapman & Hall, 1974.

Lea, Henry Charles, *The Inquisition in the Middle Ages*, 3 vols. Nueva York, 1955.

Leroy Thierry, *Hughues de Payns, Chevalier Champenois, Fondateur de L'Ordre des Templiers*, s. l., Editions de la Maison du Boulanger, 1997.

Levi, Eliphas, *The Key of the Mysteries*, Londres, Rider & Co., 1969.

Lionel, Frederic, *Mirrors of Truth*, París, Archedigm, 1991.

Lizerand, George, *Le Dossier de l'Affaire des Templiers*, París, Belles Lettres, 1989.

LOCKHART, Douglas, *The Dark Side of God*, Shaftsbury, Reino Unido, Element Books, 1999.

—— *The Lost Books of the Bible*, Nueva York, Gramercy Books, 1979.

MACK, Burton L., *The Lost Gospel*, Shaftsbury, Reino Unido, Element Books, 1993.

MACINTOSH, Christopher, *The Rosicrucians*, Londres, Crucible, Thorensons, 1987.

MACKENZIE, Kenneth, *The Royal Masonic Cyclopedia*, Wellingborough, Reino Unido, Aquarian Press, 1987.

McMANNERS, John (ed.), *The Oxford History of Christianity*, Oxford, Oxford University Press, 1993.

MÂLE, Emile, *Notre Dame de Chartres*, París, Flammarion, 1983.

MARCEL, Gabriel, *The Decline of Wisdom*, s. l., Philosophical Library, 1955.

MASPERO, Gastón, *Recueil des Travaux Relatifs a la Philolpgie et l'Archaeologie Egyptiennes et Assyriennes, III*, El Cairo, Institut d'Egypt, 1887.

MATHEWS, John, *The Grail Tradition*, Shaftsbury, Reino Unido, Element Books, 1990.

MATRASSO, Pauline (trad.), *The Quest of the Holy Grail*, Londres, Penguin Classics, 1977.

MERTZ, Blanche, *Points of Cosmic Ener Saffton Waiden*, Reino Unido, C. W. Daniel, 1995.

MICHAEL de Albania, *The Forgotten Monarchy of Scotland*, Shaftsbury, Reino Unido, Element Books, 1998.

Midrash Bereshith Rabba (Genesis Rabba), Cambridge, Cambridge University Press, 1902.

MILLAR, Hamish y Paul Broadhurst, *The Sun and the Serpent*, Launceston, Reino Unido, Pendragon Press, 1994.

MILLER, Malcolm, *Chartres Cathedral*, Andover, Reino Unido, Pitkin Pictorials, 1992.

MITCHELL, Ann, *Cathedrals of Europe*, Londres, Hamlyn, 1996.

MOUNTFIELD, David, *Les Grandes Cathédrales*, París, Editions PML, 1995.

MOORE, L. David, *The Christian Conspiracy*, Atlanta, GA, Pendulum Press, 1983.

MOORE, R. I., *The Formation of a Persecuting Society*, Oxford, Basil Blackwell & Co., 1990.

MURPHY, Roald, *Wisdom Literature*, Grand Rapids, Michigan, 1981.

NICHOLSON, Helen, *The Knights Templar*, Woodbridge, Suffolk, Reino Unido, The Boydeil Press, 2001.

NIEUWBARN, M. C., *Church Symbolism*, Londres, Sands and Co., 1910.

OLDENBOURG, Zoé, *Massacre at Montségur*, Londres, Phoenix/Orion Books, 1999.

ORTON, Previte, *Outlines of Medieval History*, Cambridge, Cambridge University Press, 1916.

O'SHEA, Stephen, *The Perfect Heresy*, Londres, Profile Books Ltd., 2000.

OSMAN, Ahmed, *Moses: Pharaoh of Egypt*, Londres, Paladin, 1991.

—— *Out of Egypt*, Londres, Century, 1998.

—— *Stranger in the Valley of the Kings*, Londres, HarperCollins, 1988.

OUSPENSKY, P. D., *A New Model of the Universe*, Londres, Arkana, 1931.

PARFITT, Will, *The Living Quaballah*, Shaftsbury, Reino Unido, Element Books, 1988.

PARTNER, Peter, *The Knights Templar and their Myth*, Rochester, VT, Destiny Books, 1990.

PAUWELS, Louis y Jacques Bergier, *The Dawn of Magic*, Londres, Panther, 1963.

PETRIE, E., *The Religion of Ancient Egypt*, Londres, Constable, 1908.

Philips, Graham, *The Moses Legacy*, Londres, Sidgewick & Jackson, 2002.

Picknet, Lynn y Clive Prince, *Turin Shroud: In Whose Image?*, Londres, Bloomsbury, 1994.

—— *The Templar Revelation*, Londres, Bantam, 1997.

Powell, Mark Allen, *The Jesus Debate*, Oxford, Lion Publishing, 1998.

Proclo Diodachus, *Commentaries on the Timaeus*, disponible en la mayoría de las bibliotecas de referencia.

Querido, René, *The Golden Age of Chartres*, Edimburgo, Floris Books, 1987.

—— *The Masters of Chartres*, Edimburgo, Floris Books, 1987.

—— *The Mystery of the Holy Grail*, Vancouver, Rudolf Steiner Publications, 1991.

Rachi, *Pentatuque selon Rachi, La Genese*, París, Samuel et Odette Levy, 1993.

—— *Pentatu que selon Rachi l'Exode*, París, Samuel et Odette Levy, 1993.

Ramtha, *A Beginner's Guide to Creating Reality: An Introduction to Ramtha and His Teachings*, Yelm, WA, JZK Publishing, 2001.

Ranke-Heninemann, Ute, *Putting Away Childish Things*, San Francisco, HarperSanFrancisco, 1995.

Ravenscroft, Trevor, *The Cup of Destiny*, York Beach, ME, Samuel Weiser, 1982.

—— *The Spear of Destiny*, York Beach, ME, Samuel Weiser, 1982.

Ravenscroft, Trevor y Tim Wallace-Murphy, *The Mark of the Beast*, Londres, Sphere Books, 1990.

Regan, Geoffi, *Lionharts, Saladin and Richard I*, Londres, Constable, 1998.

Regne, J., *Étude sur la Condition des Ju de Narbonne*, Marsella, Lafitte Reprints, 1981.

Reymond, E. A. E., *The Mythical Origin of the Egyptian Temple*, Manchester, Manchester University Press, 1969.

Reznikov, Raymonde, *Cathars et Templiers*, Portet-sur-Garonne, Francia, Editions Loubati, 1993.

Rice, M., *Egypt's Making: The Origins of Ancient Egypt 5000-2000 BC*, Londres, Routledge, 1991.

Richards, Mary C., *The Crossing Point*, New Haven, CT, Wesleyan University Press, 1973.

Richardson, Peter, *Herod: King of the Jews and Friend of the Romans*, Columbia, SC, University of South Carolina Press, 1996.

Robertson, Roland, *Sociology of Religion*, Londres, Penguin Books, 1969.

Robinson, James M. (ed.), *The Nag-Hammadi Library*, Londres, HarperCollins, 1990.

Robinson, John J., *Born in Blood*, Londres, Arrow Books, 1993.

—— *Dungeon, Fire and Sword*, Londres, Brockhampton Press, 1999.

—— *The Priority of John*, Londres, SCM Press, 1985.

Rohl, David M. A., *Test of Time*, Londres, Century, 1995.

Roszak, Theodore, *The Making of a Counter-Culture*, Londres, Faber & Faber, 1971.

—— *Unfinished Animal - The Aquarian Frontier and the Evolution of Consciousness*, Londres, Faber & Faber, 1976.

—— *Where the Wasteland Ends: Politics and Transcendence in Post industrial Society*, Nueva York, Doubleday, 1978.

Roth, Cecil, *A Short History of the Jewish People*, Londres, East West Library, 1953.

Runciman, Stephen, *A History of the Crusades*, 3 vols., Harmondsworth, Middlessex, Reino Unido, Pelican, 1971.

Russel, Bertrand, *The Wisdom of the West*, Londres, Macdonald, 1959.

SABBAH, M. y R., *Les Secrets de L'Exode*, París, Godefroy, 2000.

SAIGE, G., *Les Juifs du Languedoc*, Farnborough, Reino Unido, Gregg International, 1971.

SCHONFIELD, Hugh, *The Essene Odyssey*, Shaftsbury, Reino Unido, Element Books, 1985.

—— *The Passover Plot*, Shaftsbury, Reino Unido, Element Books, 1985.

—— *The Pentecost Revolution*, Shaftsbury, Reino Unido, Element Books, 1985.

SERRUS, Georges, *The Land of the Cathars*, Portet-sur-Garonne, Editions Loubati, 1990.

SHAH, Idries, *The Way of the Sufi*, Londres, Penguin Books, 1982.

—— *The Sufis*, Londres, Jonathan Cape & Co., 1969.

SINCLAIR, Andrew, *The Discovery of the Grail*, Londres, Centur, 1998.

—— *The Sword and the Grail*, Nueva York, Crown Publishers, 1992.

SZEKELY, E. B., *Essene Teaching from Enoch to the Dead Sea Scrolls*, Saffron Walden, Reino Unido, C. W. Daniel.

SMITH, Morton, *The Secret Gospel*, Wellingborough, Reino Unido, Aquarian Press, 1985.

SOX, David, *The File on the Shroud*, Londres, Coronet, 1978.

ST. CLAIR, L.-A. de, *Histoire Genealogique de la Famille de St Clair*, París, 1905.

STARBIRD, Margaret, *The Tarot Trumps and the Holy Grail*, Lakewood, WA, Woven Word Press, 2000.

—— *The Woman with the Alabaste Jar*, Rochester, VT, Bear & Co., 1993.

STEVENSON, David, *The First Freemasons*, Aberdeen, Aberdeen University Press, 1989.

STOURM, *Notre Dame d'Amiens*, París, Hachette, 1960.

STOYANOV, Yuri, *The Hidden Tradition in Europe*, Londres, Arkana, 1994.

STRACHAN, Gordon, *Chartres*, Edimburgo, Floris Books, 2003.

SWAN, James A., *The Power of Place*, Wheaton, IL, Quest Books, 1991.

TAYLOR, Joan E., *The Immerser: John the Baptist in Second Temple Judaism*, Cambridge, Wm. B. Eerdmans Publishing Co, 1997.

THIERING, Barbara, *Jesus the Man*, Londres, Corgi, 1992.

THURSTON, Herbert (trad.), *Memorandum of P D'Arcis*, información no comparable.

TREVOR-ROPER, Hugh, *The Rise of Christian Europe*, Londres, Thames and Hudson, 1965.

UHLEIN, Gabriel, *Meditations with Hildegarde of Bingen*, Rochester, VT, Bear & Co., 1982.

UPTON-WARD, J. M., *The Rule of the Templars*, Woodbridge, Suffolk, Reino Unido, Boydeil Press, 1992.

VANDEN Broeck, Andre, *Al-Kemi*, Nueva York, Lindisfarne Press, 1987.

VERMES, Geza, *Jesus the Jew*, Londres, HarperCollins, 1973.

WAITE, A. E., *The Holy Kabbalah*, Londres, Oracle, 1996.

WAKEFIELD, Walter y Austin P. Evans, *Heresies of Middle Ages*, Nueva York, Columbia University Press, 1991.

WALLACE-MURPHY, Tim, *An Illustrated Guidebook to Rosslyn Chapel*, Londres, Friends of Rosslyn, 1993.

—— *The Templar Legacy and the Masonic Inheritance within Rosslyn Chapel*, Londres, Friends of Rosslyn, 1994.

WALLACE-MURPHY, Tim y Marilyn Hopkins, *Rosslyn: Guardian of the Secrets of the Holy Grail*, Shaftsbury, Reino Unido, Element Books, 1999.

WALLACE-MURPHY, Tim, Marilyn Hopkins y G. Simmans, *Rex Deus*, Shaftsbury, Reino Unido, Element Books, 2000.

WAKEFIELD & Evans, *Heresies of the Middle Ages*, Nueva York, Columbia University Press, 1991

WARD, Colin, *Chartres: The Making of a Miracle*, Londres, Folio Society, 1986.

WARD, J. S. M., *Freemasonry and the Ancient Gods*, Londres, Simkin, Marshall, Hamilton, Kent & Co., 1921.

WEIGHALL, A. E. P., *The Life and Times of Akenhaten*, Nueva York, Cooper Square Publishers, 2000.

——— *Travels in the Upper Egyptian Desert*, Londres, 1909.

WELBURN, Andrew, *The Beginings of Chrsitianity*, Edimburgo, Floris, 1991.

WEST, John A., *Serpent in the Sky*, Wheaton, IL, Quest Book, 1993.

WILCOX, Robert K., *Shroud*, Londres, Bantam, 1978.

WILSON, A. N., *From Atlantis to the Sphinx*, Londres, Virgin Books, 1997.

——— *Jesus*, Londres, HarperCollins, 1993.

——— *(ed.) Men of Mystery*, Londres, W. H. Allen, 1977.

——— *The Occult*, Londres, Grafton Books, 1979.

——— *Paul, the Mind of the Apostle*, Londres, Pimlico, 1998.

WILSON, Ian, *The Blood on the Shroud*, Londres, Weidenfeld & Nicolson, 1998.

——— *The Turin Shroud*, Weidenfeld & Nicolson, 1998.

WINKLER, H., *Rock Drawings of Southern Upper Egypt*, Oxford, Oxford University Press, 1938.

WOODS, Richard, *Understanding Mysticism*, Nueva York, Doubleday/Image, 1980.

WRIGHT, Esmond, *The Medieval and Renaissance World*, Londres, Hamlyn, 1979.

ZUCKERMAN, A. J., *A Jewish Princedom in Feudal France 768-900*, Nueva York, Columbia University Press, 1972.

Índice temático

Sobre los autores

Tim Wallace-Murphy estudió medicina en la University College de Dublín antes de especializarse en psicología. Ha servido a su comunidad como director de la Universidad Técnica local y como miembro del Servicio de Asesoría de Orientación Profesional del Consejo de la Ciudad de Totnes. Durante más de dieciséis años trabajó en la Consejería de Salud de la Comunidad del Distrito de Torbay, una entidad responsable de supervisar la calidad de los servicios de salud en todo el distrito.

Tim es un escritor y conferenciante de fama mundial, y sus trabajos han sido traducidos a varios idiomas europeos. Ha dado conferencias en los Estados Unidos, el Reino Unido, Francia e Italia, y fue el impulsor de la fundación de la

European Templar Heritage Research Network (Red de Investigaciones de la Herencia Templaria Europea) que vincula a los eruditos de todo el continente. Organizó el seminario «¿Quién fue Jesús?», celebrado en el 2003 en Darlington Hall, cerca de Totnes, y oficia de guía en muchos de los principales lugares sagrados de Francia. Es el autor de *The Mark of the Beast* en colaboración con Trevor Ravenscroft; *An Illustrated Guidebook to Rosslyn Chapel; Rosslyn: Guardian of the Secrets of the Holy Grail,* con Mary Hopkins; *Rex Deus: The True Mistery of Rennes-le-Chateau* con Mary Hopkins y Graham Simmans, y *Templars in America,* con Mary Hopkins.

Mary Hopkins ha estudiado historia antigua y medieval, así como espiritualidad esotérica, durante nueve años, aunque su interés por estos contenidos se remonta a veinte años atrás. Ha colaborado en seminarios, conferencias y mesas redondas sobre temas que incluyen los Caballeros Templarios, Rennes-le-Chateau, la capilla Rosslyn, la espiritualidad esotérica occidental y los primeros viajes a América. Es coautora de *Rosslyn: Guardian of the Secrets of the Holy Grail* y de *Templars in America,* con Tim Wallace-Murphy, y de *Rex Deus: The True Mistery of Rennes-le-Chateau,* con Tim Wallace-Murphy y Graham Simmans. Practica el chamanismo y el masaje hindú de la cabeza; es sanadora espiritual y zahorí natural.

Índice